Beiträge zur Wirtschaftsinformatik

Band 1: Lore Alkier
Zukunftsweisende Konzepte
für die EDV-Ausbildung
1992, VIII / 207 Seiten, Brosch. DM 75,-
ISBN 3-7908-0568-8

Band 2: Ulrich Ludwig Küsters
Entwicklung von regelbasierten
Expertensystemen in APL2
1992, VIII / 238 Seiten, Brosch. DM 79,-
ISBN 3-7908-0589-0

Rudolf J. N. Hildebrand

Betriebswirtschaftliche Schwachstellendiagnosen im Fertigungsbereich mit wissensbasierten Systemen

Mit 75 Abbildungen

Physica-Verlag Heidelberg

Ein Unternehmen des Springer-Verlags

Reihenherausgeber
Werner A. Müller
Peter Schuster

Autor
Dr. Rudolf J. N. Hildebrand
Abteilung Wirtschaftsinformatik
Lange Gasse 20
D-8500 Nürnberg

ISBN-13: 978-3-7908-0594-9 e-ISBN-13: 978-3-642-46930-5
DOI: 10.1007/978-3-642-46930-5

Die Deutsche Bibliothek - CIP-Einheitsaufnahme

Hildebrand, Rudolf J. N.:
Betriebswirtschaftliche Schwachstellendiagnosen im Fertigungsbereich mit wissensbasierten Systemen / Rudolf J. N. Hildebrand. - Heidelberg: Physica-Verl., 1992
(Beiträge zur Wirtschaftsinformatik; Bd. 3)

NE: GT

7120/7130-543210 - Gedruckt auf säurefreiem Papier

1 Einleitung

1.1 Problemstellung

Die Produktionsplanung und -steuerung gehört in Fertigungsbetrieben aufgrund ihrer Komplexität zu den schwierigsten Planungs- und Überwachungsaufgaben. Insbesondere in Unternehmen, deren Fertigung nach dem Werkstattprinzip organisiert ist, sehen sich menschliche Entscheidungsträger häufig überfordert. An den Einsatz DV-gestützter PPS-Systeme knüpften sich zwar anfänglich große Erwartungen. Es zeigte sich jedoch, daß sie aus betriebswirtschaftlicher Sicht nicht die erhofften Erfolge brachten (vgl. PABST 85, FOX 85 und VOLLMER 89, S. 9).

Die unbefriedigende Situation hat ihren Grund vor allem darin, daß es angesichts der großen Datenmengen vielfach schwerfällt, die Übersicht über das Produktionsgeschehen zu wahren. Disponenten werden auf Defizite häufig erst dann aufmerksam, wenn sich bereits bedenkliche Epiphänomene, wie etwa überquellende Zwischenlagerflächen, Leerlauf nachgeschalteter Arbeitsplätze oder Kundenbeschwerden wegen verzögerter Lieferungen, eingestellt haben (vgl. KRAUTZIG 82, S. 191). Programmpakete zur Schwachstellendiagnose erweisen sich hier als vielversprechender Ansatzpunkt, um den für die Fertigung verantwortlichen Instanzen zu einem gezielteren Überblick zu verhelfen. Dadurch eröffnet sich die Möglichkeit, Mängel zu erkennen und zu beheben, noch ehe sie dem Unternehmen schwerwiegenden Schaden zugefügt haben.

Die vorliegende Arbeit beschreibt in ihren zentralen Kapiteln die Konzeption und Realisierung zweier prototypischer Expertensysteme zur Schwachstellendiagnose. Das Schwergewicht der Abhandlung liegt auf dem **betriebswirtschaftlichen** Bereich; die technische Diagnostik, auf die sich bislang ein Großteil der anwendungsorientierten Expertensystem-Forschung konzentriert hat (vgl. z. B. LEDER/TREPTOW 88, BECKS/CREMERS/HEMKER 89, BUNSE/JUDICA 89, ZELEWSKI 89), bleibt dagegen weitgehend ausgeklammert.

1.2 Aufbau der Arbeit

Das einführende zweite Kapitel gibt einen Überblick über die in Fertigungsbetrieben auftretenden Defizite und systematisiert die verfügbaren Gegenstrategien. Kapitel 3 legt den aktuellen Stand der Schwachstellendiagnose dar und ordnet die Eigenentwicklungen in die gegenwärtigen Forschungsaktivitäten ein. In den Abschnitten 4 bis 9, die den Schwerpunkt dieser Arbeit bilden, werden zwei Expertensysteme vorgestellt, von denen das eine **periodische** und das andere **aperiodische** [1)] Betriebsuntersuchungen unterstützt. Die Systembeschreibungen weisen in beiden Fällen weitreichende Ähnlichkeiten auf: Die Kapitel 4 und 7 befassen sich mit der jeweiligen Diagnosemethodik; in den Abschnitten 5 und 8 schließen sich Dokumentationen der beiden Wissensbasen und in den Kapiteln 6 und 9 Anmerkungen zur Implementierung der Prototypen an. Abschnitt 10 knüpft an die Ausführungen von Kapitel 2 an und erörtert die Frage, auf welche Weise Diagnosesysteme, wie sie zuvor exemplarisch behandelt worden sind, zusammen mit Programmbausteinen zur Parametereinstellung und

---

1) Im weiteren Verlauf der Arbeit werden die Begriffe "aperiodische Betriebsuntersuchungen" und "fallweise Betriebsuntersuchungen" synonym verwendet.

zur kurzfristigen Umdisposition dazu beitragen können, die in Abschnitt 2 erläuterten Strategien durchzusetzen. Kapitel 11 nimmt eine Wertung der Arbeitsergebnisse vor und versucht einen Ausblick auf mögliche Weiterentwicklungen.

2 Schwachstellen im Fertigungsbereich

2.1 Überblick über den Fertigungsbereich

Die **Fertigung** ist ein zentraler Bestandteil der **Auftragsabwicklung**. Zwischen beiden Bereichen herrscht eine reziproke Abhängigkeit: Einerseits nimmt die Fertigung von der ihr übergeordneten Auftragsabwicklung zahlreiche Vorgaben, etwa in bezug auf Mengen und Termine, entgegen, andererseits entscheidet ihre Leistungsfähigkeit maßgeblich darüber, wie effizient jene die ihr zugedachten Funktionen erfüllen kann. Es ist deshalb zweckmäßig, in die vorliegende Untersuchung nicht nur den eigentlichen Fertigungsbereich, in dem sich die physischen Produktionsvorgänge abspielen, sondern auch dessen Rahmenbedingungen einzubeziehen.

Der betrieblichen Auftragsabwicklung fällt die Aufgabe zu, die Material- und Informationsflüsse so zu lenken, daß die Produkte in der gewünschten Menge, zum richtigen Zeitpunkt und am richtigen Ort bereitstehen. Sie sollte sich an den allgemeinen fertigungswirtschaftlichen Zielen ausrichten, die niedrige Bestände, eine gute Termineinhaltung und kurze Durchlaufzeiten postulieren; das früher häufig genannte Ziel einer hohen Kapazitätsauslastung tritt demgegenüber zunehmend in den Hintergrund (vgl. RENNINGHOFF 87, KNOLMAYER 87 und WILDEMANN 87b).

Hinsichtlich der Auftragsabwicklung haben sich verschiedene Sichtweisen herausgebildet (vgl. WIENDAHL 87a). Während der **CIM-Ansatz** die Integration von technischen und betriebswirtschaftlichen Abläufen anstrebt, betont die **logistische Betrachtung** die Notwendigkeit einer bedarfsgerechten Kundenversorgung; sie stellt darauf ab, die gesamte Durchlaufzeit vom Eingang des Kunden- bzw. Betriebsauftrages bis zur Auslieferung an den Abnehmer zu überwachen. Der logistische Ansatz schlägt sich zum Beispiel in der Forderung nieder, bei der Analyse des Fertigungsbereiches Materialflüsse und Bestände als Ausgangspunkt zu wählen (vgl. BUSCH 87, S. 20). Da sich angesichts der oben erwähnten fertigungswirtschaftlichen Ziele der logistische Ansatz besser zur Schwachstellendiagnose eignet, liegt er dieser Arbeit zugrunde.

Die Auftragsabwicklung durchdringt eine Vielzahl von Unternehmensbereichen (vgl. WILDEMANN 87a, S. 8). Ihre zentralen Elemente sind

- die **Angebots- und Auftragsbearbeitung**,
- die **Beschaffung** sowie
- die **Fertigung**.

Weitet man die Betrachtung auch auf jene Tätigkeiten aus, von denen die Fertigungsstammdaten geliefert werden, so kommen die **Konstruktion** und die **Arbeitsvorbereitung** hinzu. Ein anderer wichtiger Baustein ist die **Distribution**, welche die Auslieferung der hergestellten Güter besorgt. Da dieser Bereich der Produktion nachgelagert ist und sie daher nicht unmittelbar beeinflußt, wird er im folgenden nicht weiter behandelt.

Die **Angebots- und Auftragsbearbeitung** erfüllt eine zweifache Funktion: Sie soll einerseits den anderen Bausteinen frühzeitig Informationen über die abzuwickelnden Aufträge zur Verfügung stellen und andererseits bereits in die Angebotserstellung die Restriktionen der Fertigung einfließen lassen (vgl. MERTENS/STEPPAN 88 und STEPPAN 90). Die **Beschaffung** hat die rechtzeitige Versorgung mit Fremdbezugsteilen zu gewährleisten. Dabei gilt es, die Termin- und Qualitätstreue der Lieferanten zu beachten. Die letzte Stelle im Leistungsprozeß, die vor der Distribution auf die Einhaltung der betrieblichen Ziele einwirken kann, ist die **Fertigung**. In ihr überlagern sich in komplexer Weise Einflüsse, die von vorgelagerten Stufen, insbesondere von der Konstruktion und der Arbeitsvorbereitung, der Angebots- und Auftragsbearbeitung sowie der Beschaffung, ausgehen. Darüber hinaus ist sie an zahlreiche **strukturelle Vorgaben** gebunden, die beispielsweise von den Fertigungseinrichtungen und dem eingesetzten Planungs- und Steuerungsverfahren herrühren.

2.2 Klassifikationsschema für Schwachstellen im Fertigungsbereich

2.2.1 Überblick über das Schema

Bei der Analyse der Auftragsabwicklung zeigte sich, daß es aufgrund der Wechselbeziehungen zwischen den betrieblichen Teilfunktionen nicht ratsam ist, aus Untersuchungen der Fertigung die Strukturen, in denen sie operieren muß, gänzlich auszublenden. Sofern sich die Schwachstellendiagnose nicht mit der Konstatierung von Defiziten begnügt, sondern darüber hinaus Hinweise auf mögliche Gegenmaßnahmen geben möchte, erweist es sich als nützlich, die im Produktionsprozeß beobachteten Mängel nach ihrem Ursprung zu klassifizieren. Dadurch wird es möglich, Aussagen über ihre Beeinflußbarkeit und Remanenz zu treffen. In Abbildung 2.2.1/1 ist ein Klassifikationsschema wiedergegeben, das diesen Anforderungen genügt (vgl. MIEBACH 90, S. 1).

Die Schwachstellen zerfallen demnach in zwei Kategorien:

a) Die erste Klasse umfaßt jene Defizite, für welche die **Rahmenbedingungen der Fertigung** verantwortlich sind. Zu ihrer Beseitigung bedarf es langfristig ausgerichteter Gegenmaßnahmen.

b) Der zweiten Klasse gehören diejenigen Mängel an, die in der **Produktionsplanung und -steuerung** begründet liegen. Zum Teil können sie mit kurzfristigen dispositiven Eingriffen, wie etwa Modifikationen an Parametern, bekämpft werden, zum Teil sind weitreichendere Maßnahmen, beispielsweise die Auswechslung von PPS-Modulen oder PPS-Verfahren, erforderlich.

2.2.2 Diskussion des Schemas

Die nächsten beiden Unterabschnitte dienen dazu, das Schema näher zu erläutern. Die ausführliche Darstellung der Schwachstellen sowie ihrer Ursachen und wechselseitigen Zusammenhänge bleibt weitgehend jenen Teilkapiteln vorbehalten, in denen die Wissensbasen der Expertensysteme dokumentiert sind. Daher beschränken sich die nachfolgenden Ausführungen darauf, die wichtigsten Gesichtspunkte holzschnittartig herauszuarbeiten.

Abb. 2.2.1/1	Klassifikationsschema für Schwachstellen im Fertigungsbereich

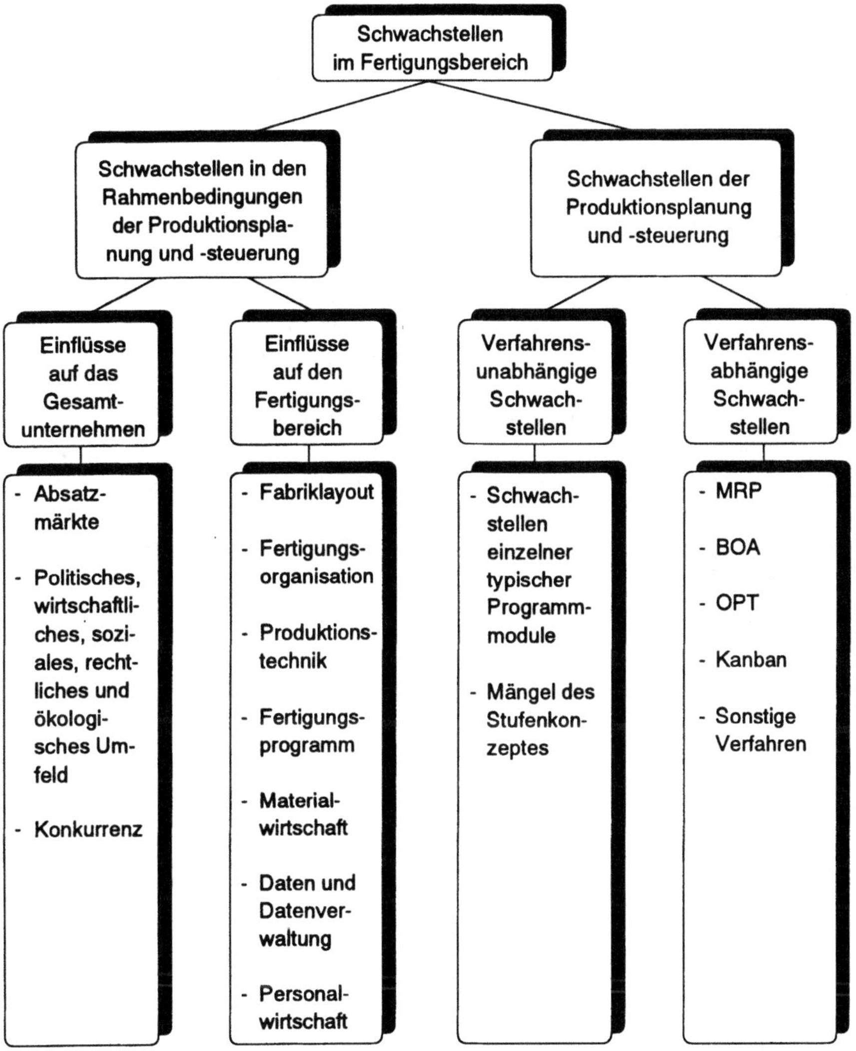

Legende

MRP	Material Requirements Planning
BOA	Belastungsorientierte Auftragsfreigabe
OPT	Optimized Production Technology

2.2.2.1 Schwachstellen in den PPS-Rahmenbedingungen

Schwachstellen des Fertigungsbereiches gehen vielfach auf die Einsatzumgebung zurück, in der die Produktionsprozesse operieren. Sind bereits diese Rahmenbedingungen mit Mängeln behaftet, so können daraus schwerwiegende Störungen resultieren, die sich mit den planerischen und dispositiven Therapeutika, die in nachgelagerten Stufen verfügbar sind, nur noch unzureichend kompensieren lassen. Umgekehrt bergen organisatorische Umgestaltungen, wie etwa die Einführung von Fertigungssegmenten oder materialflußgerechter Fertigungsinseln, beträchtliche Potentiale für Produktivitätssteigerungen in sich (vgl. HEISMANN 89). Einige Autoren vertreten sogar die Ansicht, das PPS-Verfahren übe auf die Fertigung einen weit geringeren Einfluß aus als die Umgebung, in die sie eingebunden ist (vgl. KRAJEWSKI/KING/RITZMANN/WONG 87, S. 39). Bisweilen erliegen die für die Produktion verantwortlichen Stellen der Versuchung, Symptome, deren Ursprung in anderen Bereichen liegt, mit den Mitteln der Produktionsplanung und -steuerung bekämpfen zu wollen. Analysen der PPS-Rahmenbedingungen können dazu beitragen, derartige Fehleinschätzungen zu vermeiden. Sie erstrecken sich auf folgende Schwachstellenkategorien:

a) Ein Teil der in den PPS-Rahmenbedingungen angesiedelten Defizite strahlt auf das Unternehmen in toto aus. Hier sind als mögliche Faktoren vor allem die **Absatzmärkte**, das **politische und soziale Umfeld** sowie die **Konkurrenz** von Bedeutung. Obwohl es nicht an Bestrebungen fehlt, den Einsatz von DV-Hilfsmitteln auf die strategische Unternehmensplanung auszudehnen (vgl. PLATTFAUT 88), wird dieser Bereich wegen seines ausgesprochen langfristigen und schwer eingrenzbaren Charakters aus den weiteren Betrachtungen ausgeklammert.

Abb. 2.2.2.1/1	Beispiele für strukturelle Einflüsse auf den Fertigungsbereich
FABRIKLAYOUT räumliche Anordnung, kapazitätsmäßige Dimensionierung und technologische Eignung der Betriebsmittel FERTIGUNGSORGANISATION Aufbau- und Ablauforganisation PRODUKTIONSTECHNIK Fortschrittlichkeit, Produktivität und Flexibilität der Betriebsmittel FERTIGUNGSPROGRAMM Programmbreite, Programmdichte, Programmtiefe MATERIALWIRTSCHAFT Einkauf, Lagerung, Materialfluß DATEN UND DATENVERWALTUNG Qualität, Quantität und Struktur der Daten PERSONALWIRTSCHAFT Höhe der Personalausstattung, Qualifikation und Leistungsbereitschaft der Mitarbeiter	

b) Ein anderer Teil der Schwachstellen rührt von Ursachen her, die sich unmittelbar auf den Fertigungsbereich auswirken. Diese Mängel betreffen das **Fabriklayout**, die **Fertigungsorganisation**, die **Produktionstechnik**, das **Fertigungsprogramm**, die **Materialwirtschaft**, die **Produktionsdaten und deren Verwaltung** sowie das **Personal**. In Abbildung 2.2.2.1/1 sind für jeden Bereich einige exemplarische Unterscheidungen aufgeführt.

2.2.2.2 Schwachstellen in der Produktionsplanung und -steuerung

Die Schwachstellen, deren Ursachen der Produktionsplanung und -steuerung zugerechnet werden können, gliedern sich in **verfahrensunabhängige** und in **verfahrensabhängige** Defizite.

Erstere betreffen alle PPS-Verfahren. Sie werden entweder durch **Eigenheiten von PPS-Modulen** oder durch **Mängel des Stufenkonzeptes** hervorgerufen:

a) Im Rahmen der Produktionsplanung und -steuerung fällt eine Reihe weitgehend standardisierter Grundfunktionen an (vgl. z. B. VINRICH 85, S. 2 und MERTENS 91); dazu zählen die **Prognoserechnung für Erzeugnisse**, die **Kapazitätsgrobplanung**, die **Stücklistenauflösung**, die **Losbildung**, die **Durchlaufterminierung**, der **Kapazitätsausgleich**, die **Verfügbarkeitsprüfung**, die **Auftragsfreigabe** und die **Kapazitätsterminierung**. Neuere PPS-Systeme weisen meist eine modulare Struktur auf, so daß der Anwender die genannten Bereiche mit Hilfe vorgefertigter Programmbausteine abdekken kann. Je nach dem Grad der DV-Durchdringung ist die Fertigung von zwei Schwachstellenarten bedroht:

- Sofern eine PPS-Teilfunktion manuell abgewickelt wird, laufen die Disponenten Gefahr, den Überblick zu verlieren. Dadurch können sich Defizite einschleichen, die ursächlich auf die **fehlende DV-Unterstützung** zurückgehen und sich durch die Einführung eines entsprechenden Moduls mindern lassen. So ist etwa für Kapazitätsprobleme bisweilen der Umstand verantwortlich, daß die Fertigung über kein Kapazitätsgrobplanungs-Modul verfügt.

- Wird eine Teilfunktion durch einen Programmbaustein übernommen, so treten häufig **modulspezifische Schwächen** zutage. Sie gehen in der Regel auf unangemessene Parametereinstellungen zurück. Beispielsweise können falsch dimensionierte Losgrößenparameter dazu führen, daß die Lose zu groß ausfallen und die Bestände über Gebühr ansteigen (vgl. WEDEL 90).

b) Die Mängel des Stufenkonzeptes rühren daher, daß den heutigen PPS-Systemen sequentielle Planungskonzepte zugrunde liegen (vgl. ZÄPFEL/MISSBAUER 88, S. 25). Wegen des hohen Rechenaufwandes werden die Bausteine während eines Planungslaufes nur einmal durchlaufen, ohne daß die Möglichkeit von Rückkoppelungen besteht. Daher unterbleiben Revisionen der von der jeweils vorgelagerten Stufe errechneten Eckdaten, selbst wenn sich diese zwischenzeitlich als unrealistisch erwiesen haben sollten (vgl. ADAM 87, S. 22 ff).

Die zweite große Gruppe innerhalb der in der Produktionsplanung und -steuerung angesiedelten Schwachstellen sind die verfahrensabhängigen Defizite. Sie beziehen sich auf Besonderheiten der PPS-Verfahren und beruhen entweder auf **methodologischen Unzulänglichkeiten** oder auf **Verstößen gegen Einsatzvoraussetzungen**:

a) Aufgrund von Mängeln, die den jeweiligen Planungsparadigmata innewohnen, bilden PPS-Systeme den Auftragsdurchlauf oft nur unzureichend ab. Zudem können sie meist nicht flexibel an wechselnde betriebliche Ziele angepaßt werden. Beispielsweise ist der Planungsalgorithmus des PPS-Pakets CAPOSS-E so ausgelegt, daß aufgrund der sogenannten Vorziehregel das Ziel einer hohen Kapazitätsauslastung stets höchste Priorität genießt (vgl. PABST 85).

b) Daneben gilt es zu überprüfen, inwieweit die Fertigung den Einsatzvoraussetzungen des PPS-Verfahrens genügt. Je stärker die realen von den als wünschenswert postulierten Bedingungen abweichen, um so mehr wächst die Gefahr, daß sich unbefriedigende Resultate einstellen.

Auf dem Markt wird eine große Anzahl von PPS-Systemen angeboten; in einer neueren Marktübersicht sind nicht weniger als 121 Programmpakete verzeichnet (vgl. GEITNER/CHEN 90). Ungeachtet dieser verwirrenden Vielfalt entpuppen sich die meisten PPS-Systeme bei näherer Betrachtung als Ausprägungen einiger weniger Grundschemata. Dadurch eröffnet sich die Möglichkeit, die verfahrensspezifischen Schwächen für die einzelnen Systemklassen jeweils gemeinsam abzuhandeln und sie damit auf eine überschaubare Anzahl zu reduzieren. Die wichtigsten PPS-Ansätze sind in Abbildung 2.2.2.2/1 systematisiert (vgl. ZÄPFEL/MISSBAUER 87a, S. 897) [2)].

Während bei rein zentralen Verfahren ein auf einem Zentralrechner installiertes System sämtliche Planungs- und Steuerungsaufgaben übernimmt, legt bei bereichsweise zentralen Systemen eine zentrale Planungsinstanz lediglich für gewisse kritische Produktionsstellen fest, wie die Aufträge im Detail abgearbeitet werden sollen. Dezentrale PPS-Systeme zeichnen sich dadurch aus, daß eine zentrale Planungseinheit ausschließlich die Mengen- und Zeitplanung ausführt und die Ablaufplanung untergeordneten Stellen überläßt (vgl. MISSBAUER 89 und ZÄPFEL 89). Je nachdem, ob das Verfahren zeitpunktbezogene Größen, wie etwa Bestände, Durchlaufzeiten oder Kapazitätsauslastungen, überwacht oder auf derartige Kontrollen verzichtet, unterscheidet man zwischen Systemen mit Bestandsregelung und solchen ohne explizite Regelung des Gesamtbestandes. Verfahren mit Bestandsregelung lassen sich in Systeme mit zentraler und solche mit dezentraler Bestandsregelung unterteilen. Die erstgenannte Gruppe zerfällt in Ansätze, die den Gesamtbestand, d. h. die Arbeitsbelastung aller freigegebenen Aufträge, welche einen Arbeitsplatz anlaufen werden, konstant zu halten versuchen, und in solche, die den Direktbestand, d. h. die physisch vor einem Arbeitsplatz stehende Belastung, regulieren.

---

2) Gegenüber dem Original wurden der Übersicht weitere PPS-Ansätze hinzugefügt.

Abb. 2.2.2.2/1 | Systematisierung von PPS-Ansätzen

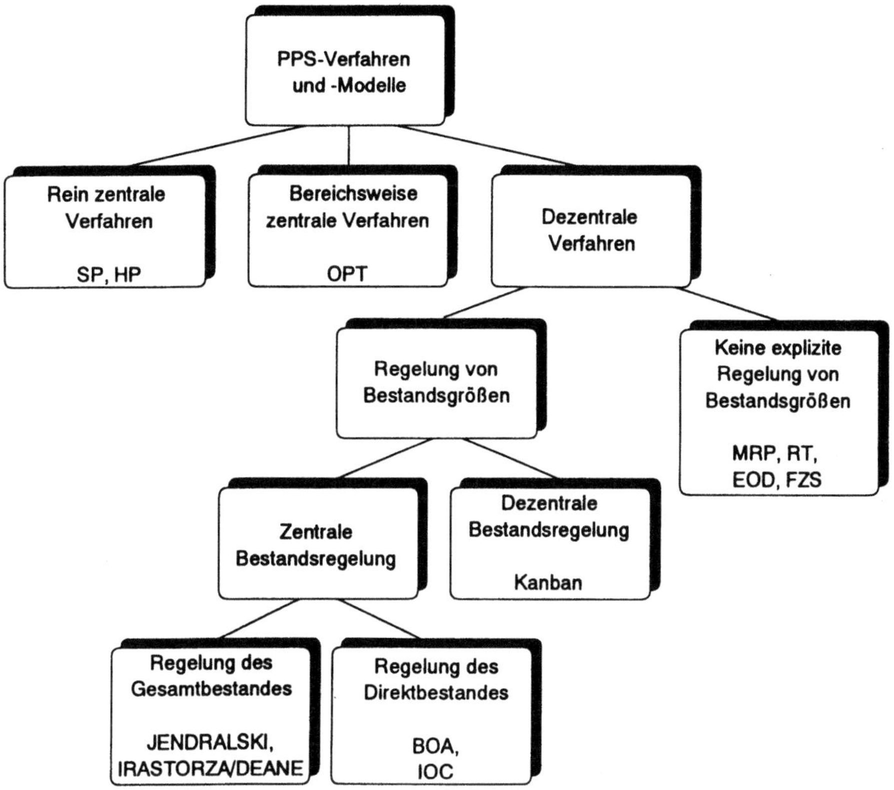

Bezeichnung	Abkürzung	Quellen
Simultanplanung	SP	ZÄPFEL 82, S. 297
Hierarchische Produktionsplanung	HP	KISTNER/SWITALSKI 89
Optimized Production Technology	OPT	BROWNE/HARHEN/SHIVNAN 88, S. 217 ff.
Verfahren von Jendralski	-	JENDRALSKI 84
Verfahren von Irastorza/Deane	-	IRASTORZA/DEANE 74
Belastungsorientierte Auftragsfreigabe	BOA	WIENDAHL 87b
Input-Output-Control	IOC	BELT 76, KARNI 82
Kanban	-	BROWNE/HARHEN/SHIVNAN 88, S. 189 ff.
Material Requirements Planning	MRP	BROWNE/HARHEN/SHIVNAN 88, S. 57 ff.
Retrograde Terminierung	RT	ADAM 87, S. 40 ff., ADAM 88a
Engpaßorientierte Disposition	EOD	ZIMMERMANN 87, S. 443 ff., ZIMMERMANN 89
Fortschrittszahlensteuerung	FZS	HEINEMEYER 84, HEINEMEYER 85

2.3 Strategien zur Schwachstellenanalyse und -beseitigung

2.3.1 Überblick

Das an den Schwachstellenursachen ausgerichtete Klassifikationsschema gestattet es, den in der Fertigung auftretenden Defiziten zeitliche Horizonte zuzuordnen und kurzfristige Mängel, die auf schlecht eingestellten PPS-Parametern beruhen, von langfristigen, durch die Struktur des Fertigungssystems bedingten Schwächen abzugrenzen. Die Zeithorizonte legen nicht nur fest, wie rasch Gegenmaßnahmen voraussichtlich greifen werden, sondern in der Regel auch, mit welchen Kosten diese verbunden sind: Im allgemeinen gilt, daß sich kurzfristige Defizite mit geringerem Aufwand beseitigen lassen als langfristige. Dementsprechend haben sich unterschiedliche Vorgehensweisen bei der Schwachstellenanalyse und -beseitigung herausgebildet. Je nachdem, wie radikal die von ihnen empfohlenen Eingriffe sind, stehen sie tendenziell entweder den **aktiven** oder den **reaktiven** Strategien nahe: Während sich letztere bei dem Versuch, der Produktion mehr Effizienz zu verleihen, auf **kurzfristig wirksame Stellgrößen** beschränken, streben erstere danach, die **Struktur des Fertigungssystems**, beispielsweise die PPS-Rahmenbedingungen oder die Auslegung des eingesetzten PPS-Paketes, zu verbessern. Die in der Praxis anzutreffenden Vorgehensweisen stellen sich meist als Mixta composita dar, die Elemente der beiden idealtypischen Strategietypen in sich vereinen.

2.3.2 Reaktive Strategien

2.3.2.1 Vorgehensweise

Reaktive Strategien belassen die vorgegebenen Strukturen unverändert und bemühen sich, die Fertigung ausschließlich mit dispositiven Mitteln zu beeinflussen. Im Sinne der Trichter-Metaphorik, wie sie sich im Zusammenhang mit der Belastungsorientierten Auftragsfreigabe eingebürgert hat, zielen sie darauf ab, das durch die starre Trichteröffnung bereitgestellte Potential mit Hilfe einer ausgefeilten Planung möglichst vollständig auszunutzen. Derartige Vorgehensweisen sind in der Praxis weit verbreitet. Die folgenden drei Beispiele deuten das reichhaltige Maßnahmenspektrum an, das durch reaktive Strategien abgedeckt werden kann:

a) Um die Produktionsprozesse gegen Störungen zu schützen, werden den Planungen häufig großzügig dimensionierte Puffer zugrunde gelegt. Dieses Sicherheitsstreben äußert sich zum Beispiel in Form hoher Zuschläge bei den Bestellmengen und Plan-Durchlaufzeiten.

b) Vielen der im Produktionsbereich eingesetzten Optimierungsmodelle ist gemeinsam, daß die Konstanten strukturelle Rahmenbedingungen und die Entscheidungsvariablen kurzfristig beeinflußbare Faktoren repräsentieren. So gehen etwa die üblichen Algorithmen zur Bestimmung kostenminimaler oder rentabilitätsmaximaler Losgrößen davon aus, daß die Rüstkosten fest vorgegeben sind (zu rentabilitätsmaximalen Losgrößen vgl. PACK 89); falls aufgrund der Beschaffenheit der Produktionsmittel Umrüstungen einen hohen Aufwand erfordern, leitet sich daraus zwangsläufig die Empfehlung ab, die Bedarfe zu großen Losen zusammenzufassen.

c) Die Fertigungssteuerung muß stets bestrebt sein, die Plan-Werte so festzusetzen, daß sie das reale Fertigungsgeschehen zutreffend vorwegnehmen. In der Regel passen daher die Disponenten die Plan- an die jeweiligen Ist-Werte an, ohne tiefergehende Nachforschungen anzustellen, welche Gründe für einen als unbefriedigend empfundenen Ist-Zustand ausschlaggebend sind.

2.3.2.2 Beurteilung

In vielen Fällen scheinen reaktive Strategien der einzig gangbare Weg, die Fertigung zu verbessern. Allerdings birgt die Ausklammerung langfristiger Gegenmaßnahmen die Gefahr in sich, daß eine Ursachenforschung, die zu den Gründen für kritikwürdige Ist-Zustände vorstößt, völlig unterbleibt. Es besteht deshalb die Gefahr, daß von fehlspezifizierten Entscheidungsfeldern ausgegangen und mit formal richtigen Verfahren Aufgaben gelöst werden, die den Kern des Problems verfehlen (vgl. BRETZKE 89, S. 26 f.). Dies wirkt sich um so nachteiliger aus, als eine vordergründige Anpassung an den Status quo häufig nachteilige Konsequenzen nach sich zieht. Zum Beispiel verlängern zeitliche Sicherheitspuffer die Durchlaufzeiten, erhöhen die Bestände und mindern letztendlich die Reagibilität des Unternehmens, die als strategischer Faktor zunehmend an Bedeutung gewinnt (vgl. KUHN 90); hohe Losgrößen führen ebenfalls zu einem Bestandsanstieg; durch eine Verlängerung der Plan-Durchlaufzeiten droht man in den Circulus vitiosus des sogenannten Durchlaufzeit-Syndroms zu geraten (vgl. MATHER/PLOSSL 78 und TATSIOPOULOS/KINGSMAN 83, S. 356): Die Aufträge gelangen früher in die Fertigung, der Auftragsbestand nimmt zu, die Warteschlangen vor den Kapazitätseinheiten wachsen an, und infolgedessen werden die Ist-Durchlaufzeiten noch länger [3)].

2.3.3 Aktive Strategien

2.3.3.1 Vorgehensweise

Die entgegengesetzte Denkweise stellt darauf ab, auch jene Restriktionen, die nur längerfristig änderbar sind, in die Entscheidungsfindung einzubeziehen. Diese aktiven Strategien sind insbesondere im Zusammenhang mit neueren Just-in-Time-Konzepten in das Blickfeld gerückt. Während die klassische MRP-Steuerung danach strebt, Unzulänglichkeiten der Fertigung durch Sicherheitspuffer auszugleichen, und insofern den in Abschnitt 2.3.2 beschriebenen reaktiven Strategien verhaftet ist (vgl. GELDERS/WASSENHOVE 81, S. 104), trachtet das Just-in-Time-Paradigma danach, schrittweise alle Hemmnisse zu beseitigen, die seiner Verwirklichung entgegenstehen (vgl. GELDERS/WASSENHOVE 85, BROWNE/HARHEN/SHIVNAN 88, S. 147 ff., GRAF 89 und WILDEMANN 90). Dazu sind zum Beispiel ein modularer Produktaufbau, die Einführung von Teilefamilien, eine flußorientierte Gestaltung des Produktionssystems und eine enge Zusammenarbeit mit den Lieferanten erforderlich. In der Trichter-Metaphorik kommt eine derartige Vorgehensweise dem Versuch gleich, die Trichter-

3) Die meisten Untersuchungen, die sich mit der Problematik der Durchlaufzeiten befassen, bestätigen die im Durchlaufzeit-Syndrom postulierten Zusammenhänge. Anderslautende Resultate, wie sie etwa von Kanet und Hayya berichtet werden (vgl. KANET/HAYYA 82, S. 173), scheinen auf Besonderheiten der verwendeten Simulationsmodelle zurückzugehen.

öffnung durch strukturelle Veränderungen zu erweitern. Die folgenden Beispiele, die sich an die Ausführungen in Abschnitt 2.3.2.1 anlehnen, illustrieren den weitreichenden Anspruch, der sich mit aktiven Strategien verbindet:

a) Statt Planungsunsicherheiten mit zeitlichen oder mengenmäßigen Puffern abzufangen, wird versucht, zu den eigentlichen Ursachen vorzudringen und auf jene Faktoren einzuwirken, von denen die Störungen ausgehen. Treffen etwa Fremdbezugsteile häufig verspätet ein, so ist zu erwägen, die verantwortlichen Lieferanten zu einem disziplinierteren Verhalten zu bewegen und notfalls durch zuverlässigere Bezugsquellen zu ersetzen.

b) Eine den aktiven Strategien gemäße Lösung der Losgrößenproblematik zielt auf eine Verringerung der Rüstzeiten und -kosten ab. Gelingt es, diese zu senken, so eröffnet sich die Möglichkeit, die Losgrößen ebenfalls zu reduzieren. Methodisch läuft ein solches Vorgehen darauf hinaus, Konstanten in Entscheidungsvariablen zu überführen.

c) Aus dem Durchlaufzeit-Syndrom kann ein Betrieb nur dann ausbrechen, wenn seine Gegenmaßnahmen bei den tatsächlichen Ursachen, nämlich bei der Auftragsannahme und der Auftragsfreigabe, ansetzen. Um einem Anstieg der Ist-Durchlaufzeiten nachhaltig vorzubeugen, müssen die in die Fertigung gelangenden Arbeitsinhalte fortwährend kontrolliert und auf ein gewisses Höchstniveau begrenzt werden.

2.3.3.2 Beurteilung

Obgleich aktive Strategien zu beträchtlichen Effizienzsteigerungen führen können, sind sie nicht frei von Unzulänglichkeiten. Dafür sind vor allem folgende drei Faktoren verantwortlich:

a) Maßnahmen, die in die Struktur des Fertigungssystems eingreifen, nehmen in der Regel viel Zeit in Anspruch. Will man etwa neue Maschinen anschaffen oder am Layout der Betriebsmittel Verbesserungen vornehmen, so ist dies einzig im Rahmen umfangreicher und langdauernder Investitionsvorhaben möglich.

b) Es verstreicht häufig geraume Zeit, bis sich nach der Durchführung der Projekte die erhofften Nutzeffekte einstellen. Beispielsweise entfalten Schritte, die auf eine Bestandssenkung gerichtet sind, die gewünschte Wirkung meist nur mit großen Verzögerungen, weil sich in der Produktion noch Altbestände befinden, die nur allmählich abgebaut werden können.

c) Nicht zuletzt sind Maßnahmen, wie sie im Rahmen aktiver Strategien erforderlich sind, üblicherweise sehr teuer, so daß viele Betriebe vor ihnen zurückschrecken dürften. Hinzu kommt, daß es große Schwierigkeiten bereitet, ihre Nutzeffekte verläßlich zu quantifizieren (vgl. SCHUMANN 90).

2.3.4 Hybride Strategien

Unternehmen sehen sich stets dem Zwang ausgesetzt, einerseits hinreichend schnell auf kurzfristige Veränderungen zu reagieren und andererseits ihre Wettbewerbsposition langfristig abzusichern. Daher sind aktive und reaktive Vorgehensweisen keine einander ausschließenden Alternativen, sondern komplementäre Strategiebausteine. Angesichts der Vor- und Nachteile beider Verfahren müssen die für die Fertigung verantwortlichen Stellen fallweise entscheiden, ob sie zum jeweiligen Zeitpunkt kürzer- oder längerfristigen Aspekten stärkeres Gewicht einräumen wollen. Es gilt darauf zu achten, daß beide Strategien in einem ausgewogenen Verhältnis zum Zuge kommen. So sollte man bei Bestandssenkungsaktionen stets im Auge behalten, daß Bestände kleinere Störungen überbrücken helfen und deshalb dazu beitragen können, bestehende strukturelle Mängel zu kompensieren (vgl. CONWAY/ MAXWELL/MCCLAIN/THOMAS 88, S. 229 f. und SIPPER/SHAPIRA 89). Obgleich der Just-in-Time-Gedanke eine nützliche Heuristik darstellt, ist es nicht ungefährlich, ihn kritiklos als konkrete Handlungsanweisung aufzufassen und vorschnell sämtliche Pufferläger zu eliminieren (vgl. GELDERS/WASSENHOVE 85, S. 206, BRETZKE 89 und HAHN 90).

Es empfiehlt sich, für die diagnostizierten Schwächen Gegenmaßnahmen zu erarbeiten und in Form von Katalogen zusammenzustellen. Anschließend werden die Einzelmaßnahmen oder Maßnahmenkombinationen hinsichtlich ihrer Kosten-/Nutzenrelation bewertet und in der Reihenfolge ihrer Potentiale aufgelistet (vgl. STAHL/WIEDENMANN 89). Dabei ist zu berücksichtigen, daß unterschiedliche Gegenmaßnahmen einander substituieren können; es ist zum Beispiel möglich, auf Maschinenausfälle mit flexiblerem Personaleinsatz zu reagieren und so Instandhaltungs- durch Personalkosten zu ersetzen.

3 Hilfsmittel zur Schwachstellendiagnose im Fertigungsbereich

Im folgenden wird versucht, in einer Tour d'horizon den gegenwärtigen Stand auf dem Gebiet der PPS-Schwachstellendiagnose zu umreißen und mögliche Entwicklungslinien aufzuzeigen. Abschnitt 3.1 geht kurz auf konventionelle Diagnose-Hilfsmittel ein, die als Vorläufer neuerer computergestützter Werkzeuge gelten dürfen. In Abschnitt 3.2 werden Programmpakete für aperiodische sowie für periodische Betriebsanalysen vorgestellt. Abschnitt 3.3 ordnet die beiden in den Kapiteln 4 bis 9 beschriebenen Diagnostik-Expertensysteme in den Kontext der aktuellen Forschungen ein.

3.1 Konventionelle Hilfsmittel

3.1.1 Kennzahlen und Kennzahlensysteme

3.1.1.1 Überblick und Beschreibung ausgewählter Beispiele

Unter den konventionellen Hilfsmitteln zur betrieblichen Schwachstellendiagnose nehmen Kennzahlen und Kennzahlensysteme eine herausragende Stellung ein. Mit ihrer theoretischen Fundierung und ihren praktischen Anwendungsmöglichkeiten befassen sich zahlreiche Publikationen (vgl. z. B. SCHOTT 65, SCHEUING 67, MEYER 76, MALUCHE 79, SCHOTT 81 und GROCHLA 83). In der Literatur hat sich folgender Sprachgebrauch eingebürgert:

a) **Kennzahlen** sind einzelne Zahlenwerte, die betriebswirtschaftliche Sachverhalte numerisch ausdrücken. In der Regel handelt es sich um Verhältniszahlen.

b) Als **Kennzahlensysteme** werden inhaltlich zusammengehörige Gruppen von Kennzahlen bezeichnet, die hierarchisch angeordnet und über Rechenvorschriften miteinander verknüpft sind (vgl. BOTTA 84). Meist bauen sie auf dem bekannten DuPont-Schema auf, das der Finanzwirtschaft entstammt. Ein Beispiel dafür ist das ZVEI-Kennzahlensystem, das jedoch im Gegensatz zum DuPont-Schema produktionsspezifische Aspekte berücksichtigt (vgl. ZVEI 71). Ein weiteres aus der DuPont-Pyramide abgeleitetes Kennzahlensystem geht auf Pabst zurück, der dem ursprünglichen Schema die sogenannten Logistik-Kosten hinzugefügt hat (vgl. PABST 85); er versteht darunter jene Kosten, die sich unmittelbar durch die Fertigungssteuerung beeinflussen lassen und durch Halbfabrikatebestände, Mehrarbeit, zu bezahlende Konventionalstrafen und Inanspruchnahme von Fremdkapazitäten zustande kommen.

c) Einige Autoren weichen den Begriff der Kennzahlensysteme auf, indem sie die Forderung fallenlassen, es müsse eine mathematische Verknüpfung vorliegen (vgl. REICHMANN/LACHNIT 76, S. 710). Die Hierarchiestufen sind dann nicht mehr zwingend durch quantitative, sondern unter Umständen nur noch durch qualitative Zusammenhänge verbunden. Man könnte hier von "**Kennzahlensystemen im weiteren Sinne**" sprechen.

3.1.1.2 Beurteilung

Waren Kennzahlen und Kennzahlensysteme traditionell vor allem in der finanzwirtschaftlichen Sphäre anzutreffen, so werden sie seit einiger Zeit zunehmend auch in produktionsnahen Bereichen angewendet. Ihrem erfolgreichen Einsatz stehen allerdings folgende Hindernisse entgegen:

a) Ihre Interpretation bereitet im allgemeinen beträchtliche Schwierigkeiten. Den Benutzern müssen sowohl die relevanten produktionswirtschaftlichen Zusammenhänge als auch die Wechselwirkungen zwischen den Kennzahlen bekannt sein.

b) Angesichts der großen Datenfülle besteht die Gefahr, daß die Bereitschaft, die in ihnen enthaltenen Informationen durchzuarbeiten, rasch erlahmt.

Trotz dieser Einschränkungen sind Kennzahlen und Kennzahlensysteme wertvolle Hilfsmittel bei der Lokalisierung von Schwachstellen. Um ihre Nachteile abzumildern, gilt es jedoch, sie in komfortable DV-gestützte Werkzeuge einzubetten und ihnen dadurch eine größere Benutzerfreundlichkeit zu verleihen.

3.1.2 Checklisten

3.1.2.1 Überblick und Beschreibung ausgewählter Beispiele

Um Betriebsuntersuchungen zu erleichtern und zu vereinheitlichen, wurde verschiedentlich der Versuch unternommen, Ursache-Wirkungs-Ketten systematisch in Checklisten zusammenzufassen. Derartige Übersichten haben zum Beispiel der Ausschuß für wirtschaftliche Fertigung e. V. (vgl. AWF o. J.), der Verband Deutscher Maschinen- und Anlagenbau e. V. (vgl. VDMA 83) und das Rationalisierungs-Kuratorium der deutschen Wirtschaft e.V. entworfen (vgl. FUHRMANN/HEISTERKAMP/SCHRÖTER 83a und FUHRMANN/HEISTERKAMP/SCHRÖTER 83b). Während Kennzahlen und Kennzahlensysteme dazu dienen, betriebliche Tatbestände zu **quantifizieren**, beschränken sich Checklisten auf die Erfassung **qualitativer Einflußgrößen** und zielen in erster Linie darauf ab, Betriebsanalytikern eine Gedankenstütze zu bieten.

3.1.2.2 Beurteilung

Der Vorzug von Checklisten besteht vor allem darin, daß sie einen beliebig reproduzierbaren Wissensfundus bereitstellen, auf den Analytiker bei der Schwachstellensuche zurückgreifen können. Dieser Vorteil wird allerdings dadurch geschmälert, daß die Übersicht wegen ihres großen Umfangs und ihrer zahlreichen Querverweise leicht verlorengeht. Daher scheint es angezeigt, Checklisten - ähnlich wie Kennzahlen und Kennzahlensysteme - nicht als isolierte Analyseinstrumente, sondern als Bestandteil von DV-Hilfsmitteln einzusetzen, die einen größeren Bedienungskomfort gewähren.

3.2 Rechnergestützte Hilfsmittel

3.2.1 Hilfsmittel zur Unterstützung fallweiser Betriebsanalysen

3.2.1.1 Überblick

Wenn in der Fertigung vermehrt Schwachstellensymptome auftreten, sehen sich die verantwortlichen Stellen häufig zur Durchführung fallweiser Betriebsanalysen veranlaßt. Sofern

Abb. 3.2.1.1/1 Datenflußplan fallweiser Betriebsanalysen

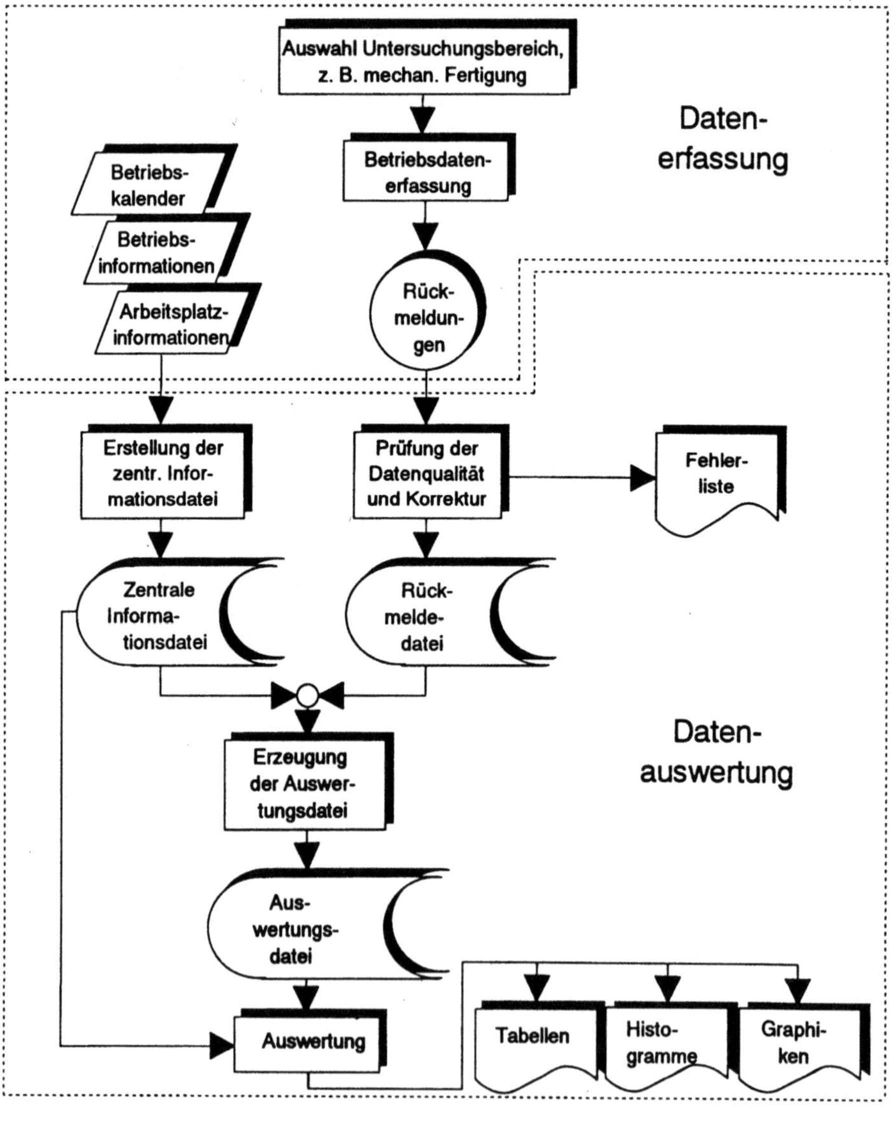

diese Untersuchungen DV-gestützt abgewickelt werden, lehnen sie sich meist an den in Abbildung 3.2.1.1/1 skizzierten Datenflußplan an (vgl. WIENDAHL 87b, S. 137 f.). Ihn kennzeichnet insbesondere die dichotome Aufteilung in eine **Erfassungs-** und eine **Auswertungsphase**:

a) Zunächst werden innerhalb eines abgesteckten Untersuchungsbereiches über einen festgelegten Zeitraum hinweg Rückmeldungen gesammelt und auf Speichermedien festgehalten. Als weitere Daten kommen betriebsspezifische Informationen, wie der Betriebskalender oder Angaben zu den Arbeitsplätzen, hinzu.

b) An die Datenerfassung schließt sich die Auswertung an, die entweder eine betriebliche Stabsstelle oder eine außerbetriebliche Beratungsinstanz vornimmt. Nachdem die Rohdaten einer Plausibilitätskontrolle unterzogen worden sind, entsteht aus den korrigierten Rückmeldungen und den betriebsspezifischen Informationen die sogenannte Auswertungsdatei. Auf der Grundlage der in dieser Datei enthaltenen Informationen veranschaulichen Analyseprogramme das Fertigungsgeschehen in Form von Listen, Häufigkeitsverteilungen und Graphiken. Der nächste Schritt, den die Untersuchungsmethodik jedoch nicht mehr unmittelbar unterstützt, besteht in der Verwirklichung und Kontrolle der vom Anwender erarbeiteten Maßnahmen.

Bei den Analyseprogrammen handelt es sich um speziell auf produktionsspezifische Erfordernisse zugeschnittene Statistik-Pakete. Sie zielen nicht darauf ab, Diagnosen vollautomatisch zu erstellen; vielmehr soll der Benutzer mit ihrer Hilfe Hypothesen über mögliche Schwachstellen überprüfen und sich auf diese Weise allmählich zu den Ursachen für den unbefriedigenden Zustand der Fertigung vortasten.

3.2.1.2 Beschreibung ausgewählter Beispiele

Zum richtungweisenden Archetypus für Programmpakete, die bei der Durchführung fallweiser Betriebsanalysen assistieren, wurde das an der Universität Hannover entwickelte System DUBAF (**Du**rchlaufzeit- und **B**estands**a**nalyse im **F**ertigungsbereich) (vgl. KETTNER 76, KETTNER/KREUTZFELDT 78, BECHTE 79, KRAUTZIG 82, DOMBROWSKI 84 und BECHTE 84). DUBAF wandelt die Rückmeldedaten in eine von der Fertigungsart unabhängige Form um und berechnet daraus Kennzahlen, die der Benutzer anschließend mit standardisierten Modulen auswerten kann. Daneben eignet sich das System auch zur Aufbereitung von Simulationsergebnissen (vgl. KETTNER/WEGNER 79).

In DUBAF sind folgende Analyse- und Darstellungsformen vorgesehen:

a) Hinsichtlich des **Auswertungsbezuges** wird zwischen auftrags-, arbeitsvorgangs- und arbeitssystembezogenen Auswertungen unterschieden.

b) Neben dem Auswertungsbezug sind die **auszugebenden Kennzahlen** die zweite Determinante, die den Gehalt der Untersuchungen festlegt. Es handelt sich im wesentlichen um die Größen "Bestand", "Durchlaufzeit", "Auslastung" und "Terminabweichung".

c) Charakterisieren der Auswertungsbezug und die Kennzahlen die Analysen in materialer Hinsicht, so bestimmt die **Darstellungsform** die externe Repräsentation. Es stehen Tabellen, Histogramme und statistische Auswertungen zur Verfügung; um die Abläufe an den Kapazitätseinheiten plastisch abzubilden, bietet DUBAF darüber hinaus Durchlaufdiagramme und periodenweise gruppierte Kennzahlen an.

Die Ergebnisse der Betriebsanalyse gliedern sich in die in Abbildung 3.2.1.2/1 gezeigten Kategorien.

Abb. 3.2.1.2/1	Auswertungsergebnisse von DUBAF

DATENBASIS
Untersuchungszeitraum, Aufträge, Arbeitsgänge, Untersuchungsbereich, Rückmeldefehler

AUFTRAGSDATEN
Mengen, Zeiten (Stückzeiten, Rüstzeiten), Losgröße, Anzahl der Arbeitsgänge

DURCHLAUFZEITEN
gewichtete und ungewichtete Werte, Durchführungszeit, Übergangszeit, Durchführungszeitanteil

FERTIGUNGSABLAUF
periodenbezogene Kennzahlen, Durchlaufdiagramme

TERMINE
Soll-Ist-Abweichungen

MATERIALFLUSS
Beziehungsmatrix, Materialflußschaubild, Trichtermodell

DUBAF diente mehreren ähnlich gearteten Hilfsmitteln als Vorbild. Sein Einfluß ist unter anderem in folgenden drei Programmpaketen erkennbar:

a) Das ebenfalls an der Universität Hannover entworfene System AMBER (**A**nalyse der **M**ontage-**Ber**eitstellung) konzentriert sich auf Umschlagsanalysen in Rohstoff- und Teilelagern (vgl. KETTNER 76, S. 214 ff.). Die von ihm errechneten Kennzahlen geben über den Bereitstellungsprozeß Auskunft und gestatten es, den auftragsbezogenen Komplettierungsverlauf im Hinblick auf Zeitdauer, Termingenauigkeit und Kapitalbindung zu durchleuchten.

b) PC-DUBAF ist eine auf einem PC der AT-Klasse lauffähige Version von DUBAF. Das Programmpaket weist einen gegenüber seinem Vorläufer reduzierten Funktionsumfang auf und ist aufgrund seiner geringen Hardware-Anforderungen insbesondere für mittelständische Unternehmen geeignet (vgl. NYHUIS 86). Der Benutzer kann entweder in Batch-Läufen die vordefinierten Analysen durchführen lassen oder im Dialog-Betrieb individuelle Auswertungen vornehmen.

c) Pabst untersuchte in Simulationsexperimenten die Effizienz des PPS-Pakets CA-POSS-E. Zur Evaluierung der Meßreihen benutzte er ein selbsterstelltes Programmsystem, dessen Architektur sich an den modularen Aufbau von DUBAF anlehnt (vgl. PABST 85 und HESS 83).

3.2.1.3 Beurteilung

Mit Programmsystemen zur Unterstützung fallweiser Betriebsanalysen verbindet sich in erster Linie die Absicht, ad hoc erhobene Rückmeldedaten zu Diagrammen aufzubereiten, die den Fertigungsablauf plastisch wiedergeben. Dadurch sollen erfahrene Analytiker in die Lage versetzt werden, die in der Produktion vorhandenen Defizite aufzuspüren. Zu den Vorzügen dieser Pakete zählen ihre **Anschaulichkeit** und ihre **Flexibilität**:

a) Die reichhaltigen Darstellungsmöglichkeiten, die sowohl Tabellen als auch Graphiken umfassen, tragen zur Visualisierung des Produktionsgeschehens bei und helfen so die Unanschaulichkeit vermeiden, die Kennzahlen und Kennzahlensystemen anhaftet.

b) Daneben zeichnen sich die Programmpakete durch ihren flexiblen und anwendungsneutralen Aufbau aus, der keinen konkreten Untersuchungsgegenstand vorwegnimmt. Es steht dem Benutzer frei, die Zielsetzung, den Diagnosebereich, den Erfassungszeitraum und die zu evaluierenden Daten gezielt auf die jeweilige Analyse zuzuschneiden und sich bei den Auswertungen nach Belieben der bereitgestellten Programmbausteine zu bedienen.

Ungeachtet dieser Vorteile sind die Programme nicht frei von Unzulänglichkeiten. Die Kritik richtet sich gegen folgende Punkte:

a) Sollen die Betriebsanalysen befriedigende Resultate erbringen, so bedarf es aufwendiger Vorbereitungen (vgl. NYHUIS 84); dies wiegt um so schwerer, als derartige Präliminarien für jede Untersuchung stets von neuem anfallen.

b) Zwischen dem Beginn der Datenerfassung und der Präsentation der Ergebnisse liegt meist ein längerer Zeitraum. So berichtet Holzkämper von einer DUBAF-Analyse, die sich über nicht weniger als 20 Monate erstreckt hat (vgl. HOLZKÄMPER 84, S. 451). Je größer die Verzögerung ist, um so mehr wächst die Gefahr, daß sich die Bedingungen im Produktionsbereich zwischenzeitlich gewandelt haben und die Schlußfolgerungen auf veralteten Daten aufbauen.

c) Obwohl sich der Gehalt der Kennzahlen durch graphische Auswertungen, wie sie etwa DUBAF anbietet, leichter erschließt als durch reine Zahlenkolonnen, bleibt der Einwand bestehen, daß sich ihre Interpretation oftmals schwierig gestaltet und die Analytiker über ein umfangreiches Diagnose-Know-how verfügen müssen.

3.2.2 Hilfsmittel zur Unterstützung periodischer Betriebsanalysen

3.2.2.1 Monitorsysteme

3.2.2.1.1 Überblick

Um die schwerwiegenden Nachteile fallweiser Betriebsanalysen - insbesondere den hohen Vorbereitungsaufwand und die zeitlichen Verzögerungen - zumindest teilweise abzumildern, liegt es nahe, den Produktionsbereich mit Hilfe fest im Unternehmen installierter Kontrollsysteme **regelmäßig** auf Schwachstellen zu überprüfen (vgl. z. B. WIENDAHL 87b, S. 158 ff. und WIENDAHL 90, S. 622 ff.). Solche Programmpakete, für die sich in der Literatur die Bezeichnungen **"Monitorsysteme"**, **"Kontrollsysteme"** oder **"PPS-Controlling-Systeme"** eingebürgert haben, berechnen aus den Fertigungsrückmeldungen periodisch Kennzahlen. Dem Benutzer fällt anschließend die Aufgabe zu, unter Verwendung der graphischen und tabellarischen Auswertungsmöglichkeiten, die ihm das Monitorsystem anbietet, nach Auffälligkeiten im Fertigungsablauf zu suchen und deren Ursachen zu ergründen.

Ein wirkungsvoller Einsatz von Monitorsystemen ist nur dann gewährleistet, wenn der Betrieb über eine funktionierende Betriebsdatenerfassung verfügt und die Rückmeldungen mit hinreichender Genauigkeit vorgenommen werden (vgl. HOLZKÄMPER 85). Dies ist um so wichtiger, als es bei Monitorsystemen - anders als bei Programmpaketen für fallweise Betriebsanalysen - nicht praktikabel scheint, die Rückmeldequalität andauernd durch Kontrollerhebungen abzusichern.

Je nach der Perspektive, aus welcher der Analytiker das Produktionsgeschehen zu durchleuchten wünscht, lassen sich zwei Auswertungsebenen unterscheiden (vgl. WIENDAHL 87b, S. 160):

a) Bei **arbeitssystembezogenen Kontrollen** steht der Fertigungsablauf an den einzelnen Kapazitätseinheiten im Vordergrund.

b) Im Gegensatz dazu zielen **auftragsbezogene Kontrollen** darauf ab, aufeinanderfolgende Arbeitssysteme zu untersuchen, die bestimmte Aufträge entweder bereits durchlaufen haben oder in absehbarer Zeit durchlaufen werden. Sie sollen über die bisherige und die für die nähere Zukunft zu erwartende Termintreue Auskunft geben.

3.2.2.1.2 Beschreibung ausgewählter Beispiele

Das Monitorsystem MONI-F geht auf Ullmann zurück (vgl ULLMANN 89). Als Ausgaben stehen dem Benutzer Statistiken, Berichte und verschiedene Graphiken zur Verfügung. Mit Hilfe eines Menüs kann er die Optionen **"Stammdaten-Verwaltung"**, **"Arbeitssystem-Monitor"** und **"Auftrags-Monitor"** anwählen. Die Stammdaten-Verwaltung erlaubt es ihm, sich entsprechend der Betriebshierarchie einen Überblick über die vorhandenen Arbeitsplatz- und Kapazitätsinformationen zu verschaffen, wohingegen der Arbeitssystem-Monitor der Überwachung des Fertigungsablaufes an den einzelnen Kapazitätseinheiten und der Auftrags-

Monitor einer flußorientierten Auftragsfortschrittskontrolle dient. Abbildung 3.2.2.1.2/1 vermittelt einen Eindruck vom Aufbau des Systems (vgl. ULLMANN 89, S. 184).

Abb. 3.2.2.1.2/1 Aufbau von MONI-F

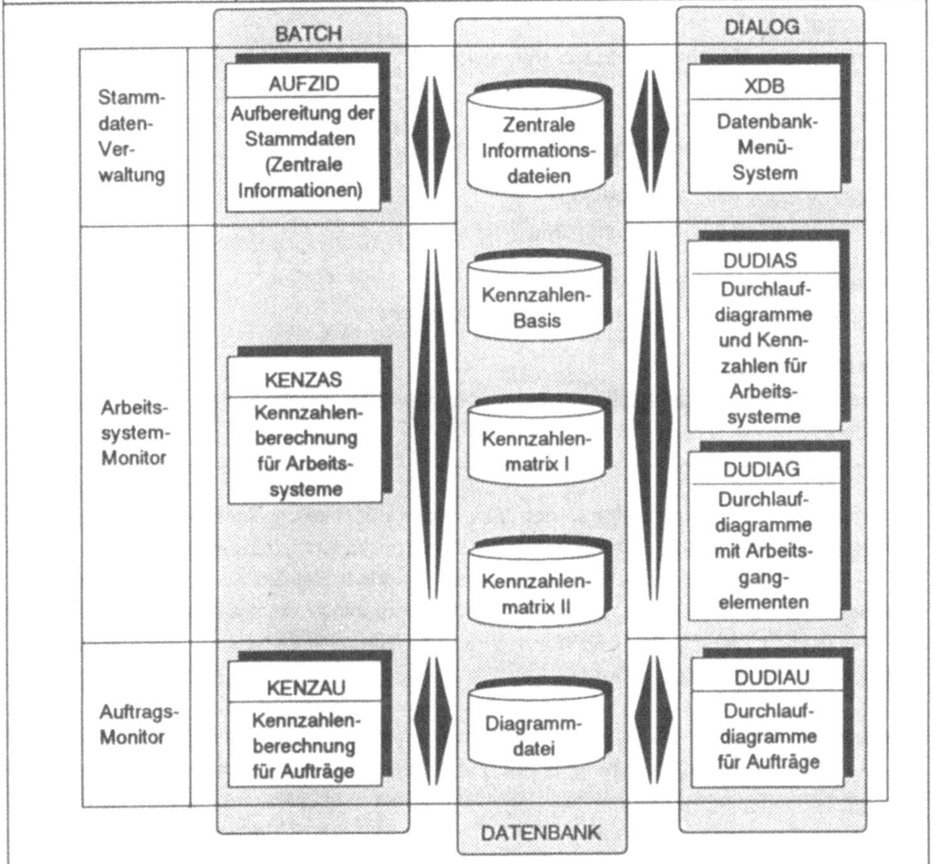

Ein anderes Monitorsystem, das den Namen KOSYF trägt, wurde von Bechte entworfen (vgl. BECHTE 85 und WIENDAHL 87b, S. 161 ff.). Die Unterscheidung zwischen tabellarischen und graphischen Darstellungen spiegelt sich bei KOSYF deutlich in den drei Programmkomponenten wider, mit denen der Benutzer in Berührung kommt: **Kontrolltabellen** enthalten, gegliedert nach Betriebsbereichen, Kennzahlen, die den Zu- und Abgang von Arbeitsinhalten charakterisieren, während **Kontrolldiagramme** den Auftragsdurchlauf in Form von Durchlaufdiagrammen veranschaulichen und **Kennzahlengraphiken** wichtige Kenngrößen in Säulenform visualisieren.

Das Monitorsystem KODIS stammt von Holzkämper (vgl. HOLZKÄMPER 84 und HOLZKÄMPER 87). Auch hier wird zwischen einer kapazitäts- und einer auftragsbezogenen Überwachung des Fertigungsablaufes differenziert. Für die Ausgabe von Kennzahlen sind **Mo-**

mentaufnahmen, **Zeitreihen** und **Prozeßgraphiken** vorgesehen. KODIS greift dazu auf die in Abbildung 3.2.2.1.2/2 genannten Darstellungsformen zurück.

Abb. 3.2.2.1.2/2	Darstellungsformen von KODIS
KONTROLLTAFEL hierarchisch aufgebaute Kennzahlenübersichten **KONTROLLTABELLEN** Kennzahlen der einzelnen Kontrollbereiche **KONTROLLKENNZAHLENGRAPHIKEN** aus Kennzahlen gebildete Zeitreihen **KONTROLLDIAGRAMME** Durchlaufdiagramme der einzelnen Kontrollbereiche **KONTROLLNETZE** Veranschaulichung der wechselseitigen Abhängigkeiten zwischen den Werkstattaufträgen	

Der realisierte Prototyp gestattet es dem Anwender, mit Hilfe von Menüs den Fertigungsablauf kapazitätsbezogen zu überwachen: Der Benutzer konsultiert zunächst die Kontrolltafel, um gezielt jene Maschinen zu selektieren, bei denen Auffälligkeiten zu verzeichnen sind. Nachdem er einen Arbeitsplatz ausgewählt hat, untersucht er die zugehörigen Durchlaufdiagramme, Kennzahlentabellen und Kennzahlenzeitreihen und bildet sich so schrittweise ein Urteil über die Lage in der Fertigung.

Alle bisher behandelten Monitorsysteme gehören dem Umkreis des Instituts für Fabrikanlagen der Universität Hannover an und sind von den Modellvorstellungen, die sich dort in bezug auf die Fertigungssteuerung herausgebildet haben, maßgeblich geprägt. Der Gedanke, die Fertigungssteuerung durch Monitorsysteme zu ergänzen, ist jedoch keineswegs an eine bestimmte Lehrmeinung gebunden. So hat etwa Baitella ein Kontrollsystem konzipiert, das sich trotz seiner andersartigen Beschaffenheit zwanglos unter die Monitorsysteme einreihen läßt (vgl. BAITELLA 87). Die drei wesentlichen Elemente seines Systems sind der **Basisraum**, der - ähnlich einer Datenbank - die Rückmeldedaten in einer anwendungsneutralen Form aufnimmt, die **Schwachstellen-Einflußgrößen-Matrix**, welche die Zusammenhänge zwischen Defiziten und möglichen Ursachen aufzeigt, sowie das **Methodenentwicklungsraster**, das ein flexibles Schema bereitstellt, um auf den jeweiligen Fall zugeschnittene Analysemethoden zu entwickeln. Ebenso wie die oben besprochenen Monitorsysteme zielt auch Baitellas Konzept nicht darauf ab, automatisiert Diagnosen zu erstellen, sondern darauf, dem Benutzer die flexible Auswertung von Rückmeldedaten zu erleichtern und ihm so beim Auffinden von Defiziten zu helfen.

3.2.2.1.3 Beurteilung

Monitorsysteme lassen weitreichende Ähnlichkeiten mit den in Abschnitt 3.2.1 behandelten Programmpaketen für fallweise Betriebsanalysen erkennen. Die Unterschiede liegen hauptsächlich darin begründet, daß Monitorsysteme in einem Betrieb fest installiert und daher an die beim Systementwurf festgelegte Datenbasis gebunden sind, während bei fallweisen Betriebsuntersuchungen dem Analytiker die Möglichkeit offensteht, die Datenerhebung flexibel der jeweiligen Zielsetzung anzupassen. Vor der Einführung von Monitorsystemen gilt es daher sorgfältig abzuwägen, welchen Umfang und Inhalt der Datenbestand, auf den die Auswertungen zugreifen, aufweisen soll.

Was die Analysedauer und den Untersuchungsaufwand anbelangt, so stellen Monitorsysteme zweifellos einen Fortschritt gegenüber Programmen für fallweise Betriebsanalysen dar. Dennoch sind auch sie mit dem Nachteil behaftet, daß die Interpretation der Kennzahlen große Erfahrung erfordert und deshalb die Gefahr gegeben ist, daß der Benutzer wichtige Datenkonstellationen übersieht.

Im Zusammenhang mit Monitorsystemen wird in der Literatur zunehmend die Forderung erhoben, sie als integralen Bestandteil der Fertigungssteuerung aufzufassen (vgl. z. B. PAUL 90). Damit wird es möglich, periodisch die Realitätsnähe der Planung zu überprüfen. Es steht zu erwarten, daß das PPS-Controlling zusehends als eigenständige Teilfunktion neben die anderen PPS-Aufgaben treten wird (vgl. KERNLER 89, S. 103 ff.). Daß sich derartige Vorstellungen zwischenzeitlich auch in der Praxis durchzusetzen beginnen, geht beispielsweise daraus hervor, daß das in Abschnitt 3.2.2.1.2 vorgestellte Monitorsystem KOSYF seit 1987 als fakultative Ergänzung zum COPICS-Baustein BOA, der auf den Konzepten der Belastungsorientierten Auftragsfreigabe beruht, angeboten wird (vgl. IBM 87). In das Kontroll- und Planungssystem KPSF ist KOSYF bereits als fester Bestandteil integriert (vgl O. V. 89 und BECHTE/TIETJENS 90).

3.2.2.2 Diagnostik-Expertensysteme

3.2.2.2.1 Überblick

An der vergleichsweise geringen Anzahl von Systemen, die im Bereich der PPS-Schwachstellendiagnose nachzuweisen sind, läßt sich ablesen, daß dieses Gebiet bislang nicht zu den Schwerpunkten des betriebswirtschaftlichen Expertensystem-Einsatzes rechnet. Eine neuere Expertensystem-Bibliographie nennt die in Abb. 3.2.2.2.1/1 aufgelisteten Systeme (vgl. MERTENS/BORKOWSKI/GEIS 90, S. 145 f.) [4]. Die Programme, deren Namen in der Übersicht fett gedruckt sind, werden in Abschnitt 3.2.2.2.2 näher beschrieben.

---

4) Die Tabelle weicht vom Original in folgenden Punkten ab: Das System DIPSEX-II fehlt, weil es einen vorläufigen Prototypen von DIPSEX-P darstellt; ein Expertensystem, das bei Spitzenbelastungen in Stromnetzen Gegenmaßnahmen ermittelt, blieb wegen seines mangelnden Bezuges zum Produktionsbereich unberücksichtigt; das von Baitella entworfene System wurde aus sachlichen Gründen nicht unter die Expertensysteme, sondern unter die Monitorsysteme eingereiht (siehe Kap. 3.2.2.1.2).

Abb. 3.2.2.2.1/1	Expertensysteme zur PPS-Schwachstellendiagnose	
SYSTEMNAME	**KURZBESCHREIBUNG**	**QUELLEN**
DIPSEX	Diagnose von Schwachstellen in der Produktion	ALLGEYER 87
BDX	Interpretation von Betriebsdaten aus der Fertigung mit dem Ziel der Schwachstellendiagnose	SAGRALOFF 89
MELDEANALYSE	Prozeßdiagnose im Kraftwerk	BAUMGÄRTNER/ KUNKEL 89
FERDIS	XPS zur Diagnose des Fertigungsablaufs	WIENDAHL/LUDWIG 87, LUDWIG 89, WIENDAHL/LUDWIG 90a
FLAT SHADOW MASK PROCESS ADVISOR	Prozeßdiagnose anhand von Fehlern am Produkt	HLAVSA/GILS 89, S. 68
XPS ZUR DIAGNOSE DES HERSTELL-PROZESSES VON FERNSCHREIBERN		HLAVSA/GILS 89, S. 64
ROGER	Prozeßanalyse durch Produktfehlerdiagnose	HLAVSA/GILS 89, S. 71
EXPERT CONTROLLER	Fehlerdiagnose und -behebung in Fertigungsprozessen	WEISSENFLUH 87
EQUIP	Diagnose von Fertigungsprozessen	HLAVSA/GILS 89, S. 59
FLOPAS	Analyse und Leistungsbewertung bei Fließfertigung	HLAVSA/GILS 89, S. 83
META-CAF	Fehler-, Schwachstellen- und Produktionsanalyse	RÜCKERT/LEDER/ BODE 87
TQA	Diagnose und Reparaturanleitung für Produktionsanlagen zur Reifenherstellung	BUCHANAN 88
CONTIGLÜHE	XPS zur Diagnose des Stahlformprozesses	mündliche Auskunft
SOMA	Analyse der Parameter einer Montageanlage und Ermittlung der Engpaßkomponente	WIENDAHL/WALENDA 88 WIENDAHL/WALENDA/ MAYER 88

3.2.2.2.2 Beschreibung ausgewählter Beispiele

DIPSEX (**Di**agnose von **P**roduktions**s**chwachstellen durch ein **Ex**pertensystem) entstand als Prototyp an der Universität Erlangen-Nürnberg. Bei seiner Konzeption wurde die Absicht verfolgt, den Checklisten-Ansatz mit den Mitteln der Expertensystem-Technik fortzuentwikkeln. Das System zielt nicht auf die automatische Ableitung von Diagnosen ab, sondern soll den Analytiker durch Leitfragen auf mögliche Defizite aufmerksam machen. In Abbildung 3.2.2.2.2/1 ist die Architektur von DIPSEX dargestellt (vgl. ALLGEYER 87, S. 120).

Abb. 3.2.2.2.2/1 Aufbau von DIPSEX

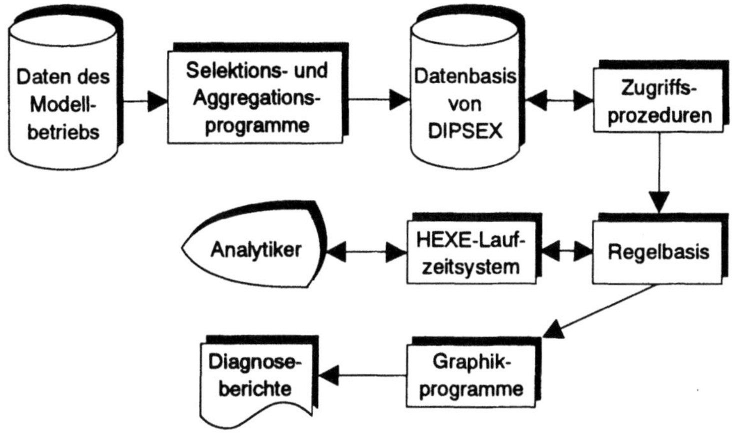

Das Diagnosesystem umfaßt zwei Gruppen von Modulen:

a) Mit konventionellen Programmiersprachen geschriebene **Selektions- und Aggregationsprogramme** bereiten die vom Betrieb gelieferten Daten zu einer für die Zwecke von DIPSEX geeigneten Datenbasis auf.

b) Für die anschließende Auswertung sind drei Module zuständig, deren Zusammenspiel vom Laufzeitsystem des Expertensystem-Tools geregelt wird: Die **Regelbasis** enthält Wissen zur Ablaufsteuerung und zur Ausgabe von Expertisen; **Zugriffsprozeduren** koordinieren den Datentransfer und **Graphikprogramme** die Erstellung von Situationsberichten.

Die Untersuchung lehnt sich an ein Kennzahlensystem an, das eine um produktionsspezifische Aspekte angereicherte Variante der DuPont-Kennzahlenpyramide ist. Den Ausgangspunkt der Analyse bildet der Return on Investment. Der weitere Ablauf folgt einem rekursiven Schema: Für jedes vorliegende Symptom gibt DIPSEX einen erklärenden Text aus und versucht, entweder durch Rekurs auf die Datenbasis oder durch Befragung des Benutzers zu den Ursachen vorzustoßen. Dadurch treten im allgemeinen neue Symptome zutage, mit denen DIPSEX in der gleichen Weise verfährt. Die Ursachenforschung bricht ab, sobald das

System bei elementaren Schwachstellen angelangt ist, die in der Wissensbasis nicht mehr weiter untergliedert sind.

Im Gegensatz zu DIPSEX erzeugt das an der Universität Hannover entwickelte Expertensystem FERDIS (**Fertigungsdiagnosesystem**) Diagnosen weitgehend automatisch. Es soll die Produktion in regelmäßigen Abständen überwachen und so die Fertigungsplaner von zeitraubenden Routinetätigkeiten entlasten. Bei seinen Analysen stützt sich das System auf Daten, die ihm die Aggregationsprogramme des in Abschnitt 3.2.2.1.2 vorgestellten Monitorsystems MONI-F zuführen.

FERDIS unterscheidet zwischen **Überwachungs-** und **Diagnosekennzahlen**. Während sich erstere auf die vom Benutzer definierten Kontrollgrößen, beispielsweise auf die Termineinhaltung, die Durchlaufzeit und die Auslastung, beziehen, dienen letztere dazu, bei Überwachungskennzahlen aufgetretene Abweichungen zu erklären; Diagnosekennzahlen sind etwa die mittlere gewichtete Durchführungszeit, der Reihenfolgeanteil und der mittlere Flußbestandsanteil. Der Benutzer kann für die Überwachungskennzahlen Maximal- und Minimalwerte vorgeben. In bestimmten Zeitabständen - vorzugsweise nach einem Auswertungslauf des Monitorsystems - überprüft FERDIS die in seiner Datenbank abgelegten Kenngrößen auf Abweichungen. Liegt der Wert einer Überwachungskennzahl außerhalb des zulässigen Toleranzbereiches, so tritt das System in eine vertiefende Ursachenforschung ein.

Die Wissensbasis besteht aus zwei Teilen:

a) Der **betriebsneutrale Bestandteil** beinhaltet zum einen das Diagnoseregelwerk und zum anderen Analyseregeln, welche die wechselseitigen Abhängigkeiten zwischen den Kennzahlen wiedergeben. Das Diagnoseregelwerk zerfällt seinerseits in ein Hauptregelwerk, das die Teildiagnosen zu einem sinnvollen Ganzen verknüpft, und in Teilregelwerke, die jeweils das zur Analyse bestimmter Überwachungskennzahlen benötigte Wissen abdecken; so gibt es etwa Teilregelwerke für die Bereiche "Durchlaufzeiten", "Bestände", "Termine" und "Auslastung".

b) Der **betriebsspezifische Bestandteil** berücksichtigt jene Aspekte, die ausschließlich für die Fertigungsumgebung, in der FERDIS installiert ist, Gültigkeit besitzen und daher von betriebsneutralen Informationen getrennt werden sollten. Beispielsweise enthält er spezielle Überwachungskennzahlen und Wissen über die verfügbaren Gegenmaßnahmen.

Nach dem Start liest FERDIS für jede Kapazitätseinheit die vom Monitorsystem errechneten Kennzahlen ein. Stößt es während der Abarbeitung seiner Regeln auf unplausibel erscheinende Kennzahlenwerte, so richtet es an den Benutzer entsprechende Fragen. Die Zwischen- und Endergebnisse des Diagnoselaufes werden in einer Datei abgespeichert, so daß sich der Anwender die Befunde mit den zugehörigen Erläuterungen auf Wunsch anzeigen lassen kann.

Das Programmpaket SOMA (**S**ystem zur **O**ptimierung von **M**ontage**a**nlagen) wurde ebenfalls an der Universität Hannover entworfen. Es soll die Parameter einer Montagelinie, die aus mehreren Stationen und dazwischenliegenden Puffern aufgebaut ist, einer Prüfung unterziehen und jene Komponenten benennen, die den Durchsatz am meisten behindern. Außer zur

Planung neuer Montagelinien eignet es sich auch dazu, bereits im Betrieb befindliche Anlagen periodisch zu überwachen und Verbesserungsmöglichkeiten aufzuzeigen. Den Aufbau von SOMA veranschaulicht Abb. 3.2.2.2.2/2 (vgl. WIENDAHL/WALENDA/MAYER 88, S. 41).

Abb. 3.2.2.2.2/2	Aufbau von SOMA

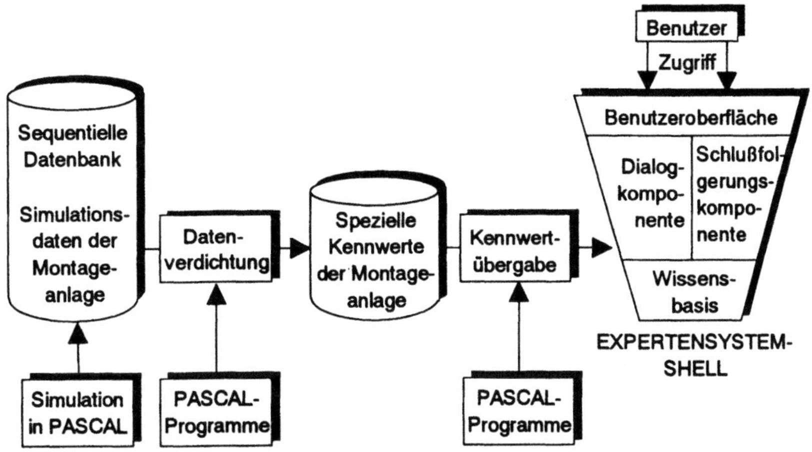

In PASCAL implementierte Programme simulieren die Montagelinie und verdichten die dabei gewonnenen Ergebnisse zu Kennzahlen. Um den Umfang der Untersuchung einzugrenzen, bestimmt SOMA die Minima und Maxima der Kenngrößen und macht dadurch jene Komponenten ausfindig, die eine nähere Betrachtung verdienen. Mit Hilfe der in seiner Wissensbasis niedergelegten Regeln, in denen sich das Zusammenspiel der Stationen und Puffer widerspiegelt, leitet SOMA Hypothesen über Schwachstellen ab und gibt sie, nach ihren Wahrscheinlichkeiten sortiert, aus. Nachdem der Benutzer gemäß den SOMA-Befunden die Parameter der Simulation verändert hat, schließt sich ein weiterer Durchgang an. Dieser Zyklus wiederholt sich so lange, bis die Anzahl der Simulationsläufe die vom Anwender vorab spezifizierte Grenze erreicht hat.

EQUIP (Expert System for the Qualitative Inspection of PCM Data) analysiert in einem Werk von Philips die bei der Produktion integrierter Schaltkreise erfaßten Prozeßdaten mit dem Ziel, Abweichungen vom Normverhalten zu erklären. Ein Auswertungsmodul, das in einer konventionellen Programmiersprache geschrieben ist, wendet auf die Prozeßdaten statistische Analysemethoden an. Danach versucht EQUIP, die festgestellten Soll-Ist-Differenzen auf die zugrunde liegenden Störungen zurückzuführen. Am Ende des Programmlaufes werden die abgeleiteten Diagnosen zusammen mit ihren jeweiligen Wahrscheinlichkeiten ausgegeben.

Ein ähnlich geartetes Expertensystem, das den Namen TQA (Tyre Quality Assistant) trägt, ist in einem Werk des Reifenherstellers Pirelli installiert. Dem Programm kommt die Aufgabe zu, in Produktionslinien zur Reifenherstellung Fehler zu diagnostizieren und Qualitätsmanagern bei deren Beseitigung zu helfen. TQA nimmt von einem vorgelagerten Qualitätsprüfsystem eine Liste mit Mängeln entgegen, die am Endprodukt aufgetreten sind. Anhand dieser Informationen bestimmt es, welche Schritte ergriffen werden müssen, um die beobachteten Fehler künftig zu vermeiden.

3.2.2.2.3 Beurteilung

Wie aus den vorangegangenen Beschreibungen hervorgeht, fällt es nicht immer leicht, betriebswirtschaftliche und technische Diagnosen eindeutig voneinander abzugrenzen. So zeigen etwa SOMA, EQUIP und TQA eine starke Affinität zum technischen Bereich, während DIPSEX und FERDIS eindeutig betriebswirtschaftlich ausgerichtet sind.

In bezug auf die Vorverarbeitung der Daten kristallisieren sich folgende Invarianten heraus: Expertensysteme sind bislang für Probleme, bei denen große Datenvolumina verarbeitet werden müssen, weitgehend ungeeignet. Daher sollte bereits bei ihrem Entwurf darauf geachtet werden, daß sie ihre Eingaben in geeignet verdichteter Form erhalten. Dies geschieht in der Regel durch vorgeschaltete Aggregationsprogramme.

Diagnostik-Expertensysteme zielen - ähnlich den Monitor-Systemen - meist auf periodische Analysen ab. Die früher geäußerten euphorischen Erwartungen scheinen inzwischen allerdings einer gewissen Ernüchterung gewichen zu sein: Begegnete man in der Literatur vor einiger Zeit noch der Ansicht, Monitor-Systeme würden in Zukunft zusehends durch Diagnostik-Expertensysteme verdrängt (vgl. WIENDAHL/LÜSSENHOP 85, S. 440), so besteht neuerdings die Tendenz, beide Arten rechnergestützter Hilfsmittel als einander ergänzende PPS-Bausteine zu betrachten (vgl. WIENDAHL 90 und WIENDAHL/LUDWIG 90b). Welche von beiden Programmkategorien dem Ziel, das Produktionsgeschehen zu veranschaulichen, näher kommt, läßt sich nicht definitiv entscheiden, weil sich ihre Vor- und Nachteile in etwa die Waage halten:

a) Monitorsysteme stellen eine Reihe vordefinierter Module bereit, mit deren Hilfe die Kennzahlen ausgewertet werden können. Die Qualität der Resultate hängt vornehmlich davon ab, wie fundiert die Diagnosekenntnisse des Anwenders sind.

b) Expertensysteme nehmen den Benutzern die Aufgabe, die Kennzahlen zu deuten, nahezu vollständig ab. Damit wird die Güte der Diagnosen in hohem Maße durch den Inhalt der Wissensbasis determiniert. Die Formalisierung des Diagnose-Know-hows bedeutet einerseits einen Verlust an Flexibilität; andererseits gewährleistet sie, daß die in der Wissensbasis niedergelegten Kenntnisse stets vollständig berücksichtigt werden.

3.2.3 Vergleich der rechnergestützten Hilfsmittel

Sowohl die Programmsysteme zur Unterstützung fallweiser als auch diejenigen zur Durchführung periodischer Betriebsanalysen bauen auf Kennzahlen und Kennzahlensystemen - teilweise auch auf dem Checklisten-Ansatz - auf. Deshalb lassen sich beide als Weiterentwicklungen konventioneller Hilfsmittel auffassen. Hinsichtlich ihrer Flexibilität und ihrer Benutzerfreundlichkeit kann man eine gegenläufige Entwicklung feststellen:

a) Beim Übergang von Programmen für fallweise Analysen zu Monitorsystemen und schließlich zu Diagnostik-Expertensystemen wird ein zunehmend größerer Anteil des Anwendungswissens in den Programmcode verlagert. Mit der Präjudizierung des Untersuchungsbereiches geht ein Verlust an Flexibilität einher. Steht es bei fallweisen Analysen dem Anwender noch frei, die Erfassung und Auswertung der Daten nach seinen Wünschen zu gestalten, so ist bei Monitorsystemen beides a priori festgelegt. Bei Diagnostik-Expertensystemen kann der Benutzer kaum noch aktiv in die Diagnoseerstellung eingreifen; seine Rolle beschränkt sich hier auf die Entgegennahme der Analyseergebnisse.

b) Der umgekehrte Trend zeigt sich in bezug auf die Benutzerfreundlichkeit: Muß der Anwender bei fallweisen Betriebsanalysen noch weitgehend auf systemseitige Hilfen verzichten, so stellen ihm Monitorsysteme aktuelle Rückmeldedaten und vorgefertigte Auswertungsmodule bereit; Diagnostik-Expertensysteme gehen noch einen Schritt weiter, indem sie zusätzlich die Interpretation der Daten übernehmen.

Es gilt jedoch zu bedenken, daß die Programmkategorien nur bedingt miteinander vergleichbar sind. Monitorsysteme und Diagnostik-Expertensysteme verfolgen insofern ähnliche Ziele, als beide auf periodische Analysen spezialisiert sind; sie stehen daher in einer substitutiven Beziehung. Im Gegensatz dazu sind Programme für fallweise und solche für periodische Betriebsuntersuchungen von vornherein für unterschiedliche Anwendungen entwickelt worden; sie verhalten sich infolgedessen komplementär. Selbst wenn ein Betrieb über Monitorsysteme oder Diagnostik-Expertensysteme verfügt, können sich in seiner Fertigung Defizite einstellen, die den Rahmen vorab definierter Auswertungen sprengen; in diesem Fall erweist es sich als notwendig, ad hoc eine fallweise Betriebsanalyse einzuleiten.

3.3 Einordnung der eigenen Arbeiten

Die Ausführungen der Abschnitte 3.1 und 3.2 ermöglichen es, die in den Kapiteln 4 bis 9 beschriebenen Diagnose-Expertensysteme in einen umfassenden Kontext einzuordnen. Es handelt sich um zwei Programme, von denen das eine **fallweise** und das andere **periodische** Betriebsanalysen unterstützt:

a) Das System zur Durchführung periodischer Untersuchungen trägt den Namen DIPSEX-P (**Di**agnose von **P**roduktions**s**chwachstellen durch ein **Ex**pertensystem - **p**eriodische Variante). Anders als die in Abschnitt 3.2.2.2 behandelten Diagnostik-Expertensysteme, die im allgemeinen auf große Datenvolumina zurückgreifen, begnügt sich DIPSEX-P mit einer begrenzten Anzahl aussagekräftiger Kennzahlen. Das Diagnosesystem soll nicht das theoretisch Wünschenswerte aufzeigen, sondern exemplarisch den Nachweis antreten, daß der Datenbestand üblicher PPS-Modularprogramme ausreicht, um fundierte Diagnosen zu gewinnen.

b) Das Akronym DIPSEX-S (**Di**agnose von **P**roduktions**s**chwachstellen durch ein **Ex**pertensystem - **s**poradische Variante) bezeichnet das Programm zur Durchführung fallweiser Betriebsanalysen. DIPSEX-S ist nicht fest in eine Fertigungsumgebung eingebunden, sondern läßt sich - ähnlich den in Abschnitt 3.2.1 besprochenen Hilfsmitteln - betriebsunabhängig einsetzen. Als Nutzer des Programms hat man sich beispielsweise Unternehmensberater vorzustellen, die ihre Dienstleistung möglichst rationell erbringen möchten und sich daher einer intelligenten Checkliste bedienen, die auf einem tragbaren PC lauffähig ist. Die Besonderheit des Systems liegt darin, daß es keine Anbindung an betriebliche Datenbestände erfordert. Durch diese Restriktion drohen seine Diagnosen zwar an Aussagekraft zu verlieren; andererseits entfallen dadurch alle Voraussetzungen an die Verfügbarkeit quantitativer Daten.

4 Diagnosemethodik von DIPSEX-P

Im Mittelpunkt der nachfolgenden Ausführungen steht das Ablaufkonzept, nach dem DIPSEX-P seine Diagnosen erstellt. Die Wissensbasis-Inhalte, auf denen die beschriebenen Abläufe operieren, sind in Kapitel 5 niedergelegt. Anschließend geht Kapitel 6 auf die prototypische Implementation ein.

Mit dieser Darstellungsweise verbindet sich die Absicht, die vielschichtige Materie in überschaubare, voneinander weitgehend unabhängige Themenkomplexe aufzugliedern und generalisierbare Sachverhalte von jenen Aussagen abzugrenzen, die ausschließlich im Zusammenhang mit der programmtechnischen Realisierung des Prototyps von Interesse sind (vgl. z. B. KURBEL/PIETSCH 88, S. 13 f.).

4.1 Überblick

4.1.1 Diagnoseablauf

DIPSEX-P zeichnet sich vor allem dadurch aus, daß seine Analysen auf Kennzahlen beruhen und alle qualitativen Aspekte, die einzig in subjektive Urteile gefaßt werden können, ausgeklammert bleiben. Wie aus Abbildung 4.1.1/1 zu ersehen ist, geht das System bei seinen Untersuchungen in zwei Schritten vor. Die **Vorverarbeitung**, welche die beiden Operationen "**Kennzahlenberechnung**" und "**Kennzahlenverdichtung**" umfaßt, schreibt ausgewählte Kennzahlen-Zeitreihen anhand der in den PPS-Datenbanken gespeicherten Fertigungsrückmeldungen fort und bereitet sie statistisch auf; der anschließenden **Diagnoseerstellung** fällt die Aufgabe zu, mit Hilfe dieses Datenmaterials das Fertigungsgeschehen analytisch zu durchdringen. Die Teilfunktionen unterscheiden sich unter anderem in bezug auf ihre Betriebsabhängigkeit. In den Entwurf der Kennzahlenberechnungs-Module fließen notwendigerweise Besonderheiten der Betriebsdatenerfassung und des PPS-Systems ein, so daß bei Umstellungen innerhalb des Produktionsbereiches und bei Portierungen in ein anderes Unternehmen zumeist ein nicht unbeträchtlicher Anpassungsaufwand erforderlich wird. Im Gegensatz dazu kommt der Kennzahlenverdichtung und der Diagnoseerstellung - beides Funktionen, die nicht auf PPS-Daten, sondern auf daraus abgeleitete Kennzahlen zugreifen - ein weit höherer Grad an überbetrieblicher Gültigkeit zu; sie stellen somit den invarianten Nukleus von DIPSEX-P dar.

Die Datenbanken, auf denen das System direkt oder indirekt aufbaut, zerfallen in zwei Kategorien. Während in den **PPS-Datenbanken** jene Informationen enthalten sind, die dem PPS-System als Eingaben dienen oder von ihm als Ausgaben generiert werden, nehmen die **DIPSEX-P-Datenbanken** die zu analysierenden Kennzahlen-Zeitreihen sowie die Diagnoseergebnisse auf. Damit folgt das vorliegende Konzept dem seit einiger Zeit beobachtbaren Trend, Datenbank- und Expertensysteme als komplementäre Programmierwerkzeuge aufzufassen, die es zu integrieren gilt (vgl. HÄRDER/MATTOS/PUPPE 87, BARTH 89 und KING 90).

Abb. 4.1.1/1	Analyseablauf von DIPSEX-P

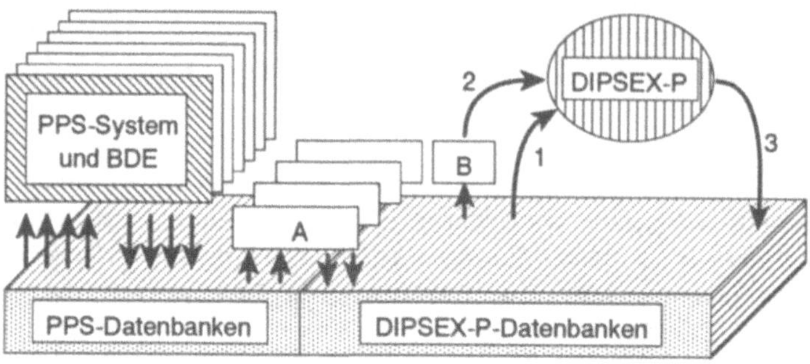

A (Kennzahlenberechnung):	Berechnung aktueller Kennzahlenwerte und Fortschreibung der Kennzahlen-Zeitreihen
B (Kennzahlenverdichtung):	Berechnung statistischer Kenngrößen aus den Kennzahlen-Zeitreihen
Eingaben und Ausgaben von DIPSEX-P:	1: Kennzahlen-Zeitreihen 2: Statistische Kenngrößen der Kennzahlen-Zeitreihen 3: Diagnosen

4.1.2 Untersuchungsbereiche

Anders als interaktiv ausgerichtete Systeme, deren Analysen auf Benutzereingaben basieren, gründet DIPSEX-P seine Untersuchungen auf quantitativen Daten, die in vielfältiger Weise ausgewertet werden können. Dabei sind neben den **fertigungswirtschaftlichen Zielen** vor allem der **Detaillierungsgrad** und der **Zeitbezug** der Diagnosen von Bedeutung:

a) Als fertigungswirtschaftliche Ziele führt die einschlägige Literatur nahezu unisono die Bereiche "**angemessene Kapazitätsnutzung**", "**niedrige Bestände**", "**kurze Durchlaufzeiten**" und "**gute Termintreue**" an (vgl. z. B. WIENDAHL/WEDEMEYER 90, S. 408); die ersten beiden werden als betriebsseitige und die letzten beiden als marktseitige Ziele bezeichnet [5]. DIPSEX-P ordnet jeder der genannten Größen einen eigenen Analyseblock zu. Diese Modularisierung versetzt den Anwender in die Lage, durch eine differenzierte Vergabe von Referenz-Werten und Toleranzschwellen die Ziele betriebsindividuell zu gewichten. Richtet sich etwa die Aufmerksamkeit der verantwortlichen Stellen vor allem auf die Termintreue, so können sie ihrer Zielvorgabe dadurch Rechnung tragen, daß sie denjenigen Parametern von DIPSEX-P, die sich auf diesen Bereich beziehen, besonders restriktive Werte zuweisen.

---

5) Das obengenannte Zielsystem ist insofern reduktionistisch, als es weder **Kostenaspekte** noch **qualitative Gesichtspunkte** berücksichtigt. Allerdings gilt es zu bedenken, daß sich kennzahlenbasierte Systeme wie DIPSEX-P ex definitione auf meßbare Sachverhalte beschränken sollen und die vier fertigungsbezogenen Ziele tendenziell mit dem übergeordneten Ziel der Kostenminimierung harmonieren. Daher ist das Zielsystem trotz seiner Unzulänglichkeiten für die Zwecke von DIPSEX-P geeignet.

b) Ein weiteres Merkmal ist der zugrunde gelegte Detaillierungsgrad. In vielen Fällen reicht eine zweistufige Aufteilung in **Überblicks-** und **Detailbetrachtungen** aus; vornehmlich in größeren Unternehmen dürfte es sich jedoch als sinnvoll erweisen, tiefer gestaffelte Hierarchien, etwa auf Fabrik-, Werkstatt-, Maschinengruppen- und Maschinenebene, zu benutzen. Die verdichteten Kennzahlen, auf die sich überblicksweise Untersuchungen stützen, lassen sich zum Beispiel dadurch gewinnen, daß man Durchschnitte bildet oder durch Auszählen feststellt, bei wie vielen Objekten Über- oder Unterschreitungen von Referenz-Werten zu verzeichnen sind. So hilfreich derartige Diagnosen Benutzern erscheinen mögen, die sich eine rasche Übersicht zu verschaffen wünschen, bergen sie doch die Gefahr in sich, daß auf untergeordneten Stufen Abweichungen einander kompensieren und deshalb unentdeckt bleiben. Sie können Detailanalysen nicht ersetzen, sondern lediglich ergänzen.

c) Schließlich ergibt sich aus dem Zeitbezug die Unterscheidung zwischen **Zeitpunkt-** und **Zeitraumbetrachtungen**. Erstere verwenden als Ist-Werte ausschließlich Kennzahlen, die einer einzigen Vergangenheitsperiode entstammen. Ihnen haftet damit der Nachteil an, daß sie infolge ihrer Myopie keine Trends zu erkennen vermögen. Als Korrektiv bieten sich Zeitraumbetrachtungen an; in diese Kategorie fallen sowohl **vergangenheits-** als auch **zukunftsorientierte Untersuchungen**.

Beim Entwurf eines kennzahlengestützten Diagnosesystems gilt es, ein durchgängiges Konzept zu entwickeln, das alle genannten Dimensionen in sich vereint. Abbildung 4.1.2/1 zeigt die Bereiche, die durch die Untersuchungen von DIPSEX-P abgedeckt werden. Um die Übersichtlichkeit zu wahren, ist nur der Teilast "Detailanalyse" und bei diesem nur der Zweig "Kapazitätsnutzung" voll ausgearbeitet. Die anderen Äste sind analog aufgebaut.

Abb. 4.1.2/1	Untersuchungsbereiche von DIPSEX-P

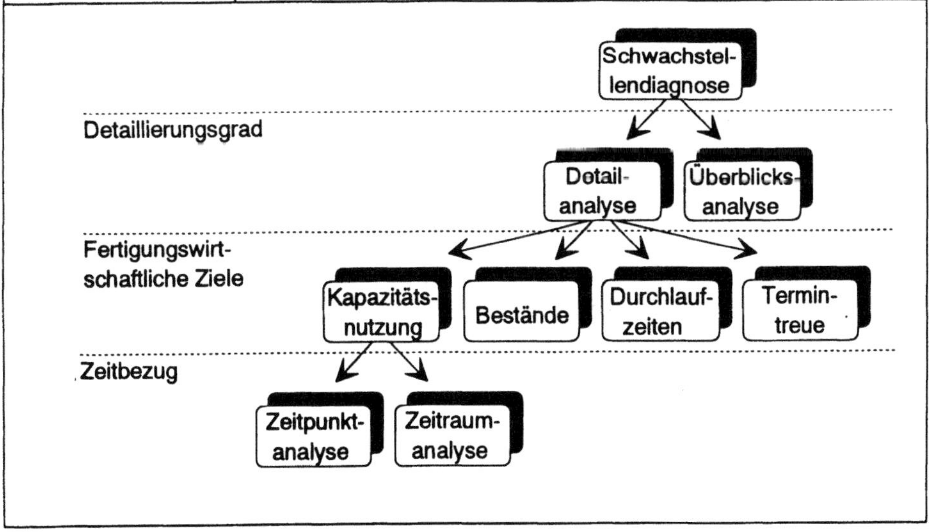

DIPSEX-P ist aufgrund seiner hohen Anforderungen an die Qualität und den Umfang der Daten auf eine intakte DV-Infrastruktur angewiesen und daher fest in eine bestehende Fertigung eingebunden. Seine Diagnosen zielen nicht darauf ab, strukturelle Verbesserungen vorzuschlagen oder die Funktionsweise des installierten PPS-Systems grundsätzlich in Frage zu stellen. Vielmehr sollen sie im Sinne einer **reaktiven Strategie** dazu beitragen, die Effizienz des vorgegebenen Produktionssystems durch dispositive Maßnahmen zu steigern.

4.2 Vorverarbeitung

4.2.1 Kennzahlenberechnung

Den Diagnosen von DIPSEX-P liegen Kennzahlen-Zeitreihen zugrunde, die sich aus periodenweise gebildeten Durchschnittswerten zusammensetzen und auf einer aggregierten Ebene den historischen Verlauf der Fertigung wiedergeben. Ein mit einer konventionellen Programmiersprache implementiertes Kennzahlenberechnungs-Modul schreibt anhand der Inhalte ausgewählter PPS-Datenbanken diese Zeitreihen regelmäßig fort, indem es ihnen die jeweils aktuellsten Werte hinzufügt. Dabei greift es zum einen auf die seit dem vorangegangenen Analyselauf erfaßten Ist- und zum anderen auf die durch das PPS-System vorgegebenen Plan-Werte zurück; letztere benötigt es beispielsweise, um durch die Gegenüberstellung von Ist- und Plan-Fertigstellungsterminen die durchschnittlichen Verzüge zu ermitteln.

4.2.2 Kennzahlenverdichtung

Für die Zwecke zeitraumbezogener Untersuchungen extrahiert ein weiteres Programm, das die Bezeichnung "Kennzahlenverdichtung" trägt und im Gegensatz zum Kennzahlenberechnungs-Programm ausschließlich auf DIPSEX-P-Datenbanken operiert, aus den Kennzahlen-Zeitreihen statistische Kenngrößen, die deren zeitlichen Verlauf charakterisieren. Retrospektive Diagnosen bauen unter anderem auf **Steigungen**, **Erwartungswerten** und **Trends** auf, prospektive Betrachtungen auf **Vorhersagewerten**, die das Programm mit Hilfe unterschiedlicher Prognoseverfahren, wie dem exponentiellen Glätten 1. Ordnung oder der linearen Trendextrapolation, gewinnt.

Die Kennzahlenaggregation kann entweder vor oder während der Diagnosesitzung stattfinden. Die zweite Alternative zeichnet sich gegenüber der ersten durch eine größere Flexibilität aus: Stößt DIPSEX-P die Verdichtungsoperationen erst zur Laufzeit an, so steht dem Benutzer die Möglichkeit offen, während der Konsultation mit unterschiedlichen Glättungsparametern zu experimentieren und so im Sinne von What-if-Analysen auszuloten, wie sich die Gewichtung der Vergangenheitswerte auf die Prognosen auswirkt.

4.3 Diagnoseerstellung

4.3.1 Überblick

Der Diagnoseerstellung fällt die Aufgabe zu, die von der Vorverarbeitung generierten Kennzahlen-Zeitreihen und statistischen Kenngrößen zu durchleuchten und die Ergebnisse in

Form von Situationsberichten auszugeben. DIPSEX-P übernimmt hier die Funktion eines Expertisesystems, das für den menschlichen Diagnostiker das in der Produktion erhobene Datenmaterial verbal aufbereitet (vgl. MERTENS 89). Nach der Beendigung des Diagnoselaufes speichert das System die aktuellen Befunde in den entsprechenden DIPSEX-P-Datenbanken ab. Dadurch entsteht im Laufe der Zeit ein inhaltsreiches Diagnose-Archiv, auf das längerfristige Auswertungen zurückgreifen können.

In der Literatur werden unterschiedliche Ansätze zur Diagnosegewinnung diskutiert (vgl. PUPPE 87 und PUPPE 89): Während sich **statistische und fallvergleichende Diagnostik-Expertensysteme** auf repräsentative Falldatenbanken stützen, beruhen **modellbasierte Diagnoseprogramme** auf einem Modell, das die im Untersuchungsbereich gültigen Ursache-Wirkungs-Beziehungen wiedergibt; **assoziative (heuristische) Systeme** basieren hingegen auf dem Erfahrungswissen von Experten, das hauptsächlich aus Symptom-Diagnose-Verknüpfungen besteht. Bei DIPSEX-P fiel die Wahl auf die letztgenannte Alternative, da die beiden anderen an zu enge Prämissen gebunden sind:

a) Die modellbasierte Diagnostik scheidet vor allem deshalb aus, weil es kaum möglich ist, das Produktionsgeschehen mit vertretbarem Aufwand in einem allgemeingültigen und hinreichend detaillierten Modell abzubilden.

b) Der Versuch, statistische bzw. fallvergleichende Systeme einzusetzen, dürfte in den meisten Betrieben daran scheitern, daß keine repräsentativen Falldatenbanken bereitstehen, mit deren Hilfe die vorgefundenen Kennzahlen-Konstellationen bewertet werden könnten. Der Fall, daß die Resultate früherer Diagnoseläufe in umfangreichen Archivaufzeichnungen, die sich über mehrere Jahre erstrecken, festgehalten sind, stellt bislang eher die Ausnahme als die Regel dar. Für die Zukunft scheint sich insofern eine Besserung abzuzeichnen, als assoziative Analysesysteme wie DIPSEX-P, die Kennzahlen-Zeitreihen auf der Grundlage heuristischen Wissens auswerten, die instrumentellen Voraussetzungen für den Aufbau derartiger Diagnosearchive schaffen. Insofern sind sie möglicherweise eine Vorstufe zu statistischen bzw. fallvergleichenden Systemen.

4.3.2 Diagnosen mit Kennzahlen-Zeitreihen

Die folgenden Unterabschnitte beschreiben im Detail, wie DIPSEX-P bei der heuristischen Untersuchung von **Kennzahlen-Zeitreihen** verfährt. Anschließend wird in Kapitel 4.3.3 nachgewiesen, daß die Analyse **archivierter Diagnosen** nicht nur für statistische bzw. fallvergleichende, sondern auch für assoziative Systeme wie DIPSEX-P weitreichende Perspektiven eröffnet. Die Ausführungen beziehen sich in erster Linie auf die Schwachstellensuche im Fertigungsbereich. Da sie jedoch in nuce eine allgemeine Theorie kennzahlengestützter Diagnosen enthalten, weisen sie über dieses spezielle Einsatzgebiet hinaus und lassen sich zum großen Teil auch auf andere Bereiche übertragen.

4.3.2.1 Referenz-Werte

4.3.2.1.1 Arten von Referenz-Werten

DIPSEX-P greift bei der Beurteilung des Ist-Zustandes auf Plan-, Ideal- und Vergangenheits-Werte zurück.

Plan-Ist-Vergleiche sind dadurch gekennzeichnet, daß Vorgaben des PPS-Systems unverändert als Vergleichsmaßstab übernommen werden. Da sie lediglich Abweichungen zwischen dem geplanten und dem tatsächlichen Fertigungsablauf messen, bleibt offen, inwieweit die Plan-Werte strengen Qualitätskriterien genügen. Es ist beispielsweise vorstellbar, daß es mit Hilfe einer effizienten Werkstattsteuerung gelingt, Pläne selbst dann weitgehend einzuhalten, wenn sie ein hohes Durchlaufzeitniveau festschreiben und eo ipso kritikwürdig sind. Würden Plan-Ist-Vergleiche nicht durch Ideal-Ist- und Vergangenheits-Ist-Vergleiche angereichert, so wäre DIPSEX-P außerstande, derartige Schwächen aufzudecken.

Ideal-Ist-Vergleiche bauen auf Referenz-Werten auf, die der menschliche Diagnostiker unabhängig von den Plänen des PPS-Systems vorgibt. Sie versetzen ihn dadurch in die Lage, die Plan-Werte kritisch zu hinterfragen. Die für den Produktionsbereich geeigneten Ideal-Werte zerfallen in drei Kategorien:

a) In vielen Fällen liegt es nahe, sie aufgrund **subjektiver Einschätzungen** vom Benutzer festsetzen zu lassen. Von welcher Qualität aus solchen Ideal-Werten abgeleitete Diagnosen sind, hängt vornehmlich von der Urteilskraft und Erfahrung des Anwenders ab, von dem die Referenz-Werte stammen.

b) Des weiteren kann sich die Bewertung des Ist-Zustandes auf **überbetriebliche Kennzahlen** stützen (vgl. ALTFELDER 83, S. 28 und VDMA 83, S. 18). Diese Vorgehensweise wirft indessen die Frage auf, inwieweit derartige Referenz-Werte Aussagen über die tatsächliche Leistungsfähigkeit des Betriebes erlauben und in welchem Umfang sie überhaupt verfügbar sind. Erschwerend kommt hinzu, daß selbst bei strukturell vergleichbaren Unternehmen Ähnlichkeiten im allgemeinen erst dann zutage treten, wenn die zugrunde liegenden Zahlen sehr hoch verdichtet sind (vgl. SCHAPER 82, S. 10).

c) **Mathematische Optimierungsmodelle** sind zweifellos die anspruchsvollsten Verfahren zur Gewinnung von Ideal-Werten. Zumeist handelt es sich allerdings um isolierte Partialmodelle, die auf restriktiven und idealisierenden Voraussetzungen gründen. Sofern ihre Prämissen nicht hinreichend genau erfüllt sind, liefern sie möglicherweise Resultate, die der betrieblichen Praxis nicht gerecht werden. Beispiele für mathematisch ermittelte Ideal-Werte sind die in der Operations Research-Literatur vorgebrachten Konzepte für optimale Losgrößen.

Eine dritte Bewertungsmethode sind **Vergangenheits-Ist-Vergleiche**. Als Maßstab fungieren hier entweder Einzelwerte, die zurückliegenden Perioden angehören, oder aus Vergangenheitsdaten errechnete Mittelwerte. Derartige Analysen können die Fertigung nicht im Sinne einer absoluten Qualitätsskala als gut oder schlecht einstufen, sondern lediglich relative Verbesserungen oder Verschlechterungen konstatieren. Als Referenz-Werte dienen häufig gleitende Durchschnitte. Daneben bietet es sich an, Verfahren der exponentiellen Glättung zu verwenden; in diesem Fall kann der menschliche Diagnostiker durch die Wahl des Glättungsparameters darüber befinden, wie stark in die Vergleichszahlen Rückmeldungen einfließen sollen, die jüngeren Datums sind.

4.3.2.1.2 Problematik nicht-optimaler Referenz-Werte

In vielen Fällen erweist es sich als unmöglich, Referenz-Werte so festzulegen, daß sie strengen Optimalitätskriterien standhalten. Selbst die auf mathematischen Verfahren beruhenden Werte vermögen das Bild kaum aufzuhellen, da sie nur einen kleinen Bruchteil der Referenz-Werte ausmachen und zudem - wie in Abschnitt 4.3.2.1.1 bereits erwähnt - auf teilweise fragwürdigen Prämissen aufbauen. Trotz dieser methodologischen Unzulänglichkeiten stellt sich die Ausgangslage für die Schwachstellendiagnose weniger ungünstig dar, als es zunächst den Anschein hat. Dafür sind vor allem zwei Gründe ausschlaggebend:

a) Zum einen steht ein vielschichtiges Instrumentarium zur Verfügung, mit dessen Hilfe der Zustand der Fertigung differenziert bewertet werden kann. Während Plan-Ist- und Ideal-Ist-Vergleiche erkennen lassen, inwieweit der Fertigungsprozeß den Plänen des PPS-Systems bzw. extern vorgegebenen Idealvorstellungen nahekommt, fördern Vergangenheits-Ist-Vergleiche Veränderungen gegenüber den in zurückliegenden Perioden beobachteten Abläufen zutage.

b) Zum anderen machen sich Schwachstellen zumeist nicht nur in eng umgrenzten Fertigungsbereichen bemerkbar, sondern rufen aufgrund der komplexen Wechselbeziehungen, von denen der Produktionssektor durchzogen ist, jeweils eine Vielzahl verschiedenartiger Epiphänomene hervor. Dadurch vervielfachen sich die Möglichkeiten, sie anhand ihrer Symptome einzugrenzen. Beispielsweise sind mit langen Durchlaufzeiten oftmals hohe Terminverzüge und eine starke Kapazitätsbeanspruchung verbunden.

4.3.2.2 Diagnosen mit isolierten Kennzahlen-Zeitreihen

Die nachfolgenden Ausführungen gehen zunächst von der vereinfachenden Annahme aus, daß sich die Diagnosen auf die isolierte Betrachtung einzelner Zeitreihen beschränken. Den wesentlich komplexeren Fall, daß sich die Analysen auf Hierarchien von Kennzahlen-Zeitreihen erstrecken und somit auch Zusammenhänge zwischen den Kennzahlen einbeziehen, behandelt Abschnitt 4.3.2.3.

4.3.2.2.1 Zeitpunktbezogene Diagnosen

Im Rahmen zeitpunktbezogener Diagnosen schließt DIPSEX-P genau dann auf eine Schwachstelle, wenn die Differenz zwischen dem Ist- und dem Referenz-Wert betragsmäßig eine kennzahlenspezifisch vorgegebene Toleranzschwelle übersteigt. Falls eine einheitliche Schwelle, welche Über- und Unterschreitungen als gleich bedenklich einstuft, zu undifferenziert erscheint, ist zu erwägen, zwei unterschiedliche Toleranzschwellen zu benutzen. Eine derartige Vorgehensweise empfiehlt sich beispielsweise bei den meisten Losgrößenkonzepten; eine Unterschreitung des Optimums ist hier in der Regel schädlicher als eine betragsmäßig gleiche Überschreitung.

Für die Toleranzschwellen sollten kennzahlenspezifische Default-Werte festgelegt werden. Sofern der Anwender eigene Zielvorstellungen einzubringen wünscht, steht es ihm frei, die vorab definierten Werte abzuändern. Es darf allerdings nicht übersehen werden, daß der Benutzer möglicherweise nicht abzuschätzen vermag, wie sich Änderungen der Toleranzschwellen auf die Diagnosen auswirken, und sich deshalb bei der Dimensionierung des Schwellenwerte überfordert fühlt.

4.3.2.2.2 Zeitraumbezogene Diagnosen

Mit **vergangenheitsorientierten Zeitraumbetrachtungen** verbindet sich die Absicht, durch die Analyse historischer Aufzeichnungen symptomatische Entwicklungen aufzudecken. DIPSEX-P sollte nicht auf Geschehnisse hinweisen, die sich zufälligen Einflüssen verdanken, sondern nur auf solche Tatbestände, die in der Vergangenheit hinreichend oft zu verzeichnen waren und somit Rückschlüsse auf den Allgemeinzustand der Fertigung zulassen. Um zu verhindern, daß Ausreißern eine übermäßig große Bedeutung beigemessen wird, untersucht das Diagnosesystem nicht einzelne Kennzahlenwerte, sondern den linearen Trend, den die Zeitreihe während einer parametrierbaren Anzahl von Vergangenheitsperioden aufweist. Von Interesse ist insbesondere die Frage, ob der idealisierte Zeitreihen-Verlauf eine signifikant positive bzw. negative oder eine annähernd bei 0 liegende Steigung besitzt und inwieweit er innerhalb des durch die Referenz-Werte und Toleranzschwellen abgesteckten Bereiches bleibt.

In der statistischen Testtheorie unterscheidet man zwei Fehlerarten: Wird die Nullhypothese abgelehnt, obwohl sie in Wirklichkeit zutrifft, so spricht man von einem **Fehler erster Art**; wenn die Nullhypothese beibehalten wird, obwohl sie **nicht** zutrifft, so liegt ein **Fehler zweiter Art** vor. Zwischen beiden herrscht insofern ein Zielkonflikt, als eine Verringerung der Wahrscheinlichkeit für die eine Fehlerart stets bewirkt, daß jene der anderen ansteigt (vgl. SACHS 78, S. 94 ff.). Ähnlich verhält es sich bei vergangenheitsorientierten Schwachstellendiagnosen: Sofern DIPSEX-P Vorfälle nur dann als erwähnenswert klassifiziert, wenn sie sehr häufig zu beobachten waren, bleiben bemerkenswerte Tatbestände in zahlreichen Fällen unerkannt; sind die Selektionskriterien jedoch zu großzügig, so läuft das System Gefahr, ephemerische Phänomene irrtümlich als repräsentativ einzustufen. Der einzige Weg zur Aufhebung dieser Aporie besteht darin, den Benutzer zu Rate zu ziehen und ihn durch die Festlegung des Untersuchungszeitraums sowie der Referenz-Werte und Toleranzschwellen über die Strenge der Selektionskriterien befinden zu lassen. Allerdings ist auch hier die Gefahr der Überforderung gegeben: Möglicherweise wird der Zielkonflikt nicht gelöst, sondern lediglich auf den Anwender abgewälzt.

Während für die Analyse vergangener Fertigungsabläufe gesicherte Rückmeldedaten verfügbar sind, können **zukunftsorientierte Zeitraumbetrachtungen** auf keine gleichermaßen fundierte Datengrundlage zurückgreifen. Deshalb fiel bei der Konzeption der Prognosefunktion die Wahl nicht auf ein übermäßig aufwendiges, sondern auf ein einfaches und robustes

Verfahren. Seine Aufgabe erschöpft sich im wesentlichen darin, Trends, die sich in zurückliegenden Perioden abgezeichnet haben, linear in die Zukunft fortzuschreiben. Die Dringlichkeit einer so abgeleiteten Schwachstelle bemißt sich danach, **wieviel Zeit** voraussichtlich noch verbleibt, bis die Kennzahl den durch die Referenz- und Schwellenwerte abgesteckten Zielkorridor verlassen wird. Je kleiner dieser Puffer ist, desto rascher bedarf es einer gezielten Therapie; verstreicht hingegen noch ein längerer Zeitraum, bis die Kennzahl ihren Korridor durchbrechen wird, so scheint es angesichts der Unsicherheit, die Prognosen notwendigerweise anhaftet, nicht angezeigt, in hektischen Aktionismus zu verfallen und sofortige Gegenmaßnahmen einzuleiten.

Sowohl bei vergangenheits- als auch bei zukunftsorientierten Zeitraumbetrachtungen wird unterstellt, daß sich der Trend der Zeitreihen durch lineare Funktionen approximieren läßt. Dadurch werden periodische oder aperiodische Schwankungen, wie sie etwa durch saisonale oder konjunkturelle Einflüsse zustande kommen, von vornherein ausgeschlossen. Will man in ausgereifteren DIPSEX-P-Versionen von dieser Präsupposition abrücken, so bietet es sich an, eine Kombination aus Varianz- und Regressionsanalysen anzuwenden: Während Varianzanalysen aus einer vorab definierten Menge von Funktionsklassen diejenige bestimmen, die sich der jeweiligen Zeitreihe am besten anschmiegt (vgl. SACHS 78, S. 381 ff.), ermitteln Regressionsanalysen für den ausgewählten Kandidaten die geeigneten Parameter (vgl. SACHS 78, S. 298 ff.). Das einfache, auf einer linearen Trendextrapolation beruhende Verfahren ist ein Spezialfall der skizzierten komplexeren Prozedur; die Einschränkung besteht darin, daß es nicht mehrere Funktionsklassen, sondern ausschließlich lineare Funktionen in Betracht zieht.

4.3.2.3 Diagnosen mit Hierarchien von Kennzahlen-Zeitreihen

In Kapitel 4.3.2.2 wurde vereinfachend vorausgesetzt, daß DIPSEX-P die Kennzahlen-Zeitreihen isoliert untersucht. Ihr voller Informationsgehalt erschließt sich jedoch nur einer synoptischen Analyse, welche die Zusammenhänge zwischen den Kennzahlen-Zeitreihen nicht ausklammert.

4.3.2.3.1 Aufbau von Kennzahlen-Hierarchien

Für die Zwecke der Ursachenforschung kann man sich die Kennzahlen-Zeitreihen in mehrstufigen Hierarchien angeordnet denken, in denen sich ihre Wechselwirkungen widerspiegeln. Auf der unteren Ebene finden sich jeweils diejenigen Einflußfaktoren, die erfahrungsgemäß als Erklärung für das Verhalten der übergeordneten Kennzahl in Frage kommen [6]. Abbildung 4.3.2.3.1/1 zeigt beispielhaft eine dreistufige Hierarchie.

6) Auch bei LOGEX (Logistik-Experte), einem Expertensystem zur Unterstützung des Logistik-Controllings, drücken die Hierarchien in den meisten Fällen heuristische Beziehungen aus (vgl. DRÄGER 90a und DRÄGER 90b). Anders verhält es sich beispielsweise im Bereich des Rechnungswesens; hier ergeben sich die übergeordneten Stufen aus den untergeordneten durch wohldefinierte mathematische Verdichtungsoperationen (vgl. KRAEMER/SPANG 89 und FIEDLER 90).

Abb. 4.3.2.3.1/1	Beispielhafte Hierarchie von Kennzahlen-Zeitreihen

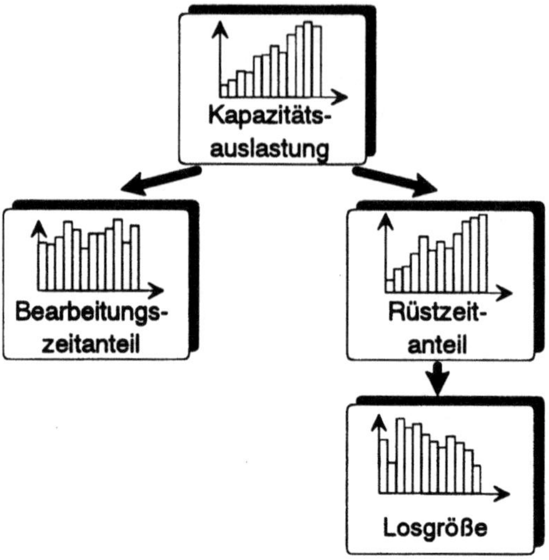

In den Vorgängerarbeiten wurde deutlich, daß sich viele der im Produktionsbereich relevanten Zusammenhänge einer exakten Quantifizierung entziehen (vgl ALLGEYER 87, S. 81 ff., HECKEL 89 und MIEBACH 90). Daher bleibt bei DIPSEX-P, das ein kennzahlengestütztes System katexochen ist, notwendigerweise eine Reihe schwer meßbarer Faktoren unberücksichtigt. So wirkt sich etwa auf den Rüstzeitanteil unter anderem die Abarbeitungsreihenfolge aus. Da es jedoch schwerfällt, ihren Einfluß auf die Rüstvorgänge in eine Kennzahl zu fassen, blendet sie das Diagnosesystem aus seinen Untersuchungen aus.

In der Wissensbasis von DIPSEX-P ist für jedes Paar hierarchisch angeordneter Kennzahlen vermerkt, auf welche Weise die untere Stufe ceteris paribus auf die obere einwirkt. Das System unterscheidet dabei zwischen **gleich-** und **gegenläufigen** Beziehungen. Wenn etwa in einer bestimmten Periode die mittlere Losgröße **zu klein** ist, dann fällt typischerweise der Rüstzeitanteil **zu hoch** aus. Analog verhält es sich bei Zeitraumbetrachtungen: Hat die mittlere Losgröße **abgenommen**, so steht zu erwarten, daß als Folge davon der Rüstzeitanteil **angestiegen** ist. Im Falle der Kennzahlen "Rüstzeitanteil" und "Losgröße" liegt somit eine gegenläufige Beziehung vor.

Die Diagnose-Heuristik von DIPSEX-P besteht im wesentlichen darin, daß die faktisch vorgefundenen Kennzahlen-Konstellationen mit den in der Wissensbasis niedergelegten Referenzmustern verglichen und dementsprechend als typisch oder atypisch klassifiziert werden:

a) Treffen die unter Ceteris-paribus-Annahmen hergeleiteten Beziehungen zu, so liegt eine **typische Konstellation** vor; damit erscheint der Schluß gerechtfertigt, daß das Verhalten der übergeordneten auf die untergeordnete Kennzahl zurückgeht.

b) Anderenfalls spricht man von einer **atypischen Konstellation**; die untergeordnete Kennzahl kommt dann nicht als Ursache für den Status der übergeordneten in Betracht.

Obwohl die Unterscheidung zwischen typischen und atypischen Konstellationen und der darauf basierende Ansatz zur Ableitung kausaler Erklärungen plausibel sind, gilt es stets zu bedenken, daß es sich nicht um logisch gültige Schlüsse, sondern um Heuristiken handelt, die im Einzelfall durchaus in die Irre führen können. Insofern deckt DIPSEX-P keine Ursache-Wirkungs-Ketten auf, sondern stellt lediglich Koinzidenzen von Kennzahlen-Verläufen fest.

4.3.2.3.2 Zeitpunktbezogene Diagnosen

Im Rahmen zeitpunktbezogener Diagnosen führt das System **Plan-Ist- oder Ideal-Ist-Abweichungen**, die während einer bestimmten Periode bei einer übergeordneten Kennzahl zu verzeichnen sind, auf Abweichungen untergeordneter Kennzahlen zurück; zusätzlich weist es auf Faktoren hin, die wider Erwarten **nicht** in Erscheinung getreten sind und daher auf Kompensationseffekte hindeuten. Auf **mögliche Ursachen** schließt es mit Hilfe **typischer**, auf **nicht wirksam gewordene Einflüsse** mit Hilfe **atypischer** Konstellationen. Abbildung 4.3.2.3.2/1 zeigt für beide Fälle je eine vereinfachte Diagnose.

Abb. 4.3.2.3.2/1	Beispiele für zeitpunktbezogene Diagnosen

Typische Konstellation:
"Der Rüstzeitanteil liegt über und die Losgröße unter dem Ideal-Wert. Die Ideal-Ist-Überschreitung des Rüstzeitanteils ist vermutlich durch die Ideal-Ist-Unterschreitung der Losgröße bedingt."

Atypische Konstellation:
"Sowohl der Rüstzeitanteil als auch die Losgröße liegen über ihren jeweiligen Ideal-Werten. Die Ideal-Ist-Überschreitung der Losgröße ist vermutlich durch andere Faktoren kompensiert worden."

4.3.2.3.3 Zeitraumbezogene Diagnosen

Bei **vergangenheitsbezogenen Zeitraumbetrachtungen** versucht DIPSEX-P, **Veränderungen** der übergeordneten Zeitreihe durch den Verlauf der untergeordneten zu erklären. Die Vorgehensweise gleicht mutatis mutandis derjenigen, die für den Fall zeitpunktbezogener Diagnosen bereits im vorhergehenden Abschnitt 4.3.2.3.2 dargelegt wurde. In Abbildung 4.3.2.3.3/1 finden sich zwei exemplarische Diagnosen.

In ähnlicher Weise ist bei **zukunftsorientierten Zeitraumbetrachtungen** daran zu denken, die prognostizierten Trends verschiedener Kennzahlen-Zeitreihen zueinander in Beziehung zu setzen. Dadurch könnte das System potentielle Ursachen für die vorhergesagten Entwicklungen aufzeigen. Angesichts der großen Unsicherheiten, die allen Aussagen über das künftige Produktionsgeschehen anhaften, wurde bei DIPSEX-P auf diese Verfeinerung verzichtet. Statt dessen beschränkt sich das Diagnosesystem darauf, die Verläufe der an der Spitze der Hierarchien stehenden Kennzahlen-Zeitreihen in die Zukunft zu projizieren.

Abb. 4.3.2.3.3/1	Beispiele für zeitraumbezogene Diagnosen

Typische Konstellation:
"Der Rüstzeitanteil hat zu- und die Losgröße abgenommen. Der ansteigende Trend des Rüstzeitanteils ist vermutlich durch den fallenden Trend der Losgröße bedingt."

Atypische Konstellation:
"Sowohl der Rüstzeitanteil als auch die Losgröße haben zugenommen. Der ansteigende Trend der Losgröße ist vermutlich durch andere Faktoren kompensiert worden."

4.3.3 Diagnosen mit Diagnose-Zeitreihen

Beruhten die in Abschnitt 4.3.2 besprochenen Diagnosearten ausschließlich auf **Kennzahlen**-Zeitreihen, so eröffnet die in Abschnitt 4.3.1 erwähnte Archivierung von Analyseergebnissen die Möglichkeit, die in zurückliegenden Perioden erarbeiteten Befunde, die sich auf einer Meta-Ebene ihrerseits als Zeitreihe auffassen lassen, miteinander zu vergleichen und Untersuchungen durchzuführen, die sehr lange Zeiträume, beispielsweise mehrere Jahre, abdecken und das Diagnosesystem um Elemente einer **aktiven Strategie** anreichern. Bei derartigen Analysen treten sowohl Invarianten als auch Veränderungen zutage, die sich kurzfristigeren Betrachtungen entziehen. Mit ihnen verbindet sich eine zweifache Zielsetzung:

a) Zum einen kann DIPSEX-P der Frage nachgehen, ob die Diagnose-Zeitreihe signifikante Strukturbrüche aufweist. Durchsucht es das Archiv beispielsweise nach dem Eintrag "zu lange Durchlaufzeiten", so wird ersichtlich, ob sich die Durchlaufzeit-Situation à la longue verbessert oder verschlechtert hat.

b) Zum anderen gilt es, Schwachstellen offenzulegen, die in der Mehrzahl der vergangenen Perioden zu beobachten waren. Verharrt etwa die Durchlaufzeit über einen längeren Zeitraum hinweg auf einem unbefriedigend hohen Niveau, so verbergen sich dahinter häufig schwerwiegende strukturelle oder organisatorische Defizite.

Durch die Auswertung archivierter Diagnosen wird die in Abbildung 4.1.1/1 angedeutete strikte Trennung zwischen Ein- und Ausgaben, wie sie in der Grundversion von DIPSEX-P vorgesehen ist, weitgehend aufgeweicht: Fielen Diagnosen vorher ausschließlich in Form von Ausgabedaten an, so fungieren sie nunmehr im Rahmen langfristiger Analysen zusätzlich als Eingaben.

Die Aussagekraft von Archiv-Untersuchungen wird möglicherweise dadurch geschmälert, daß die Einträge der Diagnose-Zeitreihe nicht vollkommen kommensurabel sind. Neben grundlegenden Umgestaltungen im Produktionsbereich, die Strukturbrüche nach sich ziehen, stellen vor allem Veränderungen der Referenz-Werte und der Toleranzschwellen die intertemporale Vergleichbarkeit der Analyseergebnisse in Frage.

5 Wissensbasis von DIPSEX-P

In den Abschnitten 5.1 bis 5.4 ist das Fachwissen wiedergegeben, auf dem die Detailuntersuchungen der Kapazitätsnutzung, der Bestände, der Durchlaufzeiten und der Termintreue beruhen. Anschließend wendet sich Kapitel 5.5 den Unterschieden zwischen Detail- und Überblicksbetrachtungen zu.

Da die Kennzahlen-Hierarchien sowohl für zeitpunkt- als auch für zeitraumbezogene Diagnosen Gültigkeit besitzen, ist es legitim, sie schwerpunktmäßig anhand von Zeitraumanalysen zu erörtern.

Alle verwendeten Kennzahlen sind periodenweise errechnete Mittelwerte. Um die Ausführungen nicht mit unnötigen Details zu befrachten, wird im vorliegenden Kapitel darauf verzichtet, die Semantik der Kenngrößen mit formalen Mitteln zu beschreiben.

5.1 Detailuntersuchungen im Bereich "Kapazitätsnutzung"

5.1.1 Überblick über die Kennzahlen-Hierarchien

Im folgenden wird davon ausgegangen, daß sich die Anzahl der zu betrachtenden Maschinen innerhalb eines überschaubaren Rahmens bewegt. In diesem Fall bedeutet es keinen unzumutbaren Aufwand, sie bei detaillierten Diagnosen einzeln zu untersuchen. Erstrecken sich die Analysen hingegen über sehr viele Kapazitätseinheiten, so ist es angezeigt, zur Verringerung der Komplexität vergleichbare Arbeitsstationen jeweils zu Gruppen zusammenzufassen.

Wie aus den Abbildungen 5.1.1/1 und 5.1.1/2 hervorgeht, bauen die kapazitätsbezogenen Analysen von DIPSEX-P auf zwei Kennzahlen-Hierarchien auf, an deren Spitze die Größen "Kapazitätsauslastung" und "Warteschlangenlänge" stehen. Die Kennzahl "Kapazitätsbedeutung" dient weniger der Pathognostik als vielmehr dazu, die festgestellten Schwachstellen zu **beurteilen**; um ihren Sonderstatus kenntlich zu machen, ist sie jeweils neben die Spitzenkennzahlen gestellt. Die Zusammenhänge zwischen den Kenngrößen werden in den nachfolgenden Abschnitten 5.1.2 und 5.1.3 ausführlich erläutert.

Angesichts der engen Verflechtungen, die den gesamten Fertigungsbereich durchziehen, erstaunt es nicht, daß die Hierarchien wechselseitige Bezüge aufweisen. Beispielsweise tauchen die Größen "Kapazitätsauslastung" und "Verfügbarkeitsgrad" in beiden Kennzahlen-Gruppen auf. Es wäre denkbar, die zwei Hierarchien zu einer einzigen netzwerkartigen Struktur zu verschmelzen und dadurch die erwähnte methodische Unsauberkeit zu umgehen. Sosehr diese Vorgehensweise auch aus theoretischer Sicht besticht, so haftet ihr doch der Nachteil an, daß sich das entstehende Kennzahlen-Konglomerat für den Benutzer zu komplex ausnehmen würde und es ihm schwerfiele, die vielschichtigen Zusammenhänge auf dem Bildschirm nachzuvollziehen. Daher gilt es, bei der Ausgestaltung der Kennzahlen-Hierarchien die Aurea mediocritas zwischen den konträren Zielen "Überschaubarkeit" und "Vollständigkeit" zu wahren.

Abb. 5.1.1/1 Kennzahlen-Hierarchie "Kapazitätsauslastung"

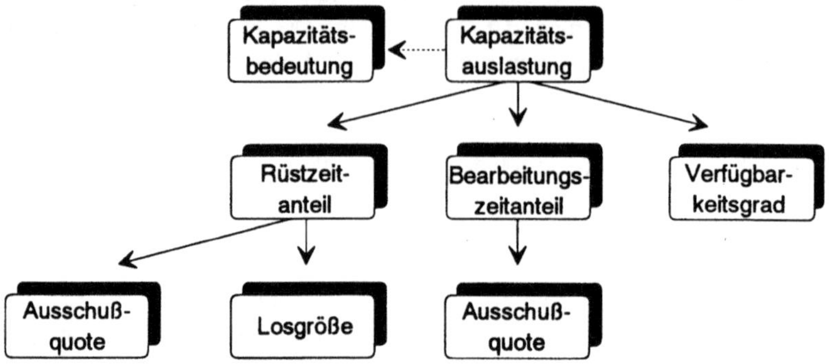

Abb. 5.1.1/2 Kennzahlen-Hierarchie "Warteschlangenlänge"

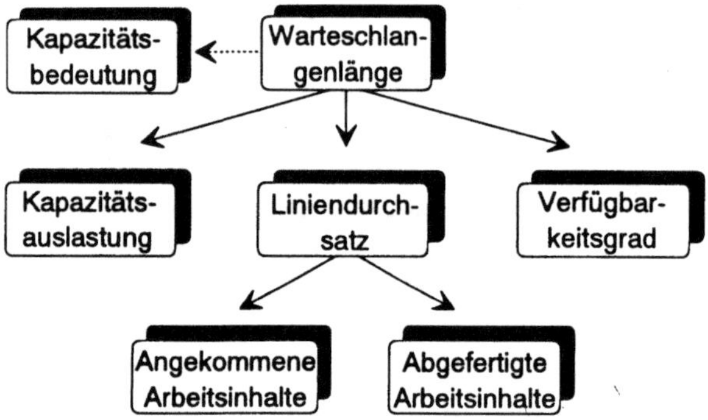

5.1.2 Kennzahlen-Hierarchie "Kapazitätsauslastung"

5.1.2.1 Kennzahlen

Abbildung 5.1.2.1/1 faßt die Kennzahlen des Bereiches "Kapazitätsauslastung" zusammen. Um ihre Identifikation zu erleichtern, sind sie entsprechend ihrer hierarchischen Stellung nach den Grundsätzen der Dezimalklassifikation durchnumeriert. Allen aufgeführten Größen ist gemeinsam, daß sie sich auf einzelne Maschinen beziehen 7).

---

7) Für die weiteren Ausführungen wird folgende terminologische Vereinbarung getroffen: Die in einer Periode **maximal verfügbare Kapazität** zeigt an, wie viele Stunden die Arbeitsstation im Höchstfall erbringen könnte; sie ist eine A-priori-Größe. Die in einer Periode **tatsächlich verfügbare Kapazität** ergibt sich, indem man von der maximal verfügbaren Kapazität jene Stunden abzieht, die aufgrund von Störungen nicht nutzbar waren; bei ihr handelt es sich um eine A-posteriori-Größe. Es gilt zu beachten, daß die tatsächlich verfügbare Kapazität **nicht** mit der in einer Periode **beanspruchten Kapazität**, also der Summe aus Rüst- und Bearbeitungszeiten, übereinstimmt. Die Differenz zwischen beiden ist die **ungenutzte Kapazität**:
Tatsächlich verfügbare Kapazität = beanspruchte Kapazität + ungenutzte Kapazität

Abb. 5.1.2.1/1	Kennzahlen der Hierarchie "Kapazitätsauslastung"

1 Kapazitätsauslastung
- Definition: Anteil der Rüst- und Bearbeitungszeiten an der tatsächlich verfügbaren Kapazität
- Referenz-Werte: Plan- und Ideal-Werte

1.1 Kapazitätsbedeutung
- Definition: Beitrag einer Kapazitätseinheit zur Ausbringung des gesamten Untersuchungsbereiches
- Referenz-Werte: Ideal-Werte

1.2 Rüstzeitanteil
- Definition: Anteil der Rüstzeiten an der tatsächlich verfügbaren Kapazität
- Referenz-Werte: Plan- und Ideal-Werte

1.2.1 Ausschußquote
- Definition: Anteil der fehlerhaften Teile an den von der Maschine insgesamt gefertigten Teilen
- Referenz-Werte: Plan-Werte; Ideal-Wert 0 %

1.2.2 Losgröße
- Definition: Arbeitsinhalte der abgefertigten Lose
- Referenz-Werte: Ideal-Werte

1.3 Bearbeitungszeitanteil
- Definition: Anteil der Bearbeitungszeiten an der tatsächlich verfügbaren Kapazität
- Referenz-Werte: Plan-Werte

1.3.1 Ausschußquote
Siehe Kennzahl 1.2.1.

1.4 Verfügbarkeitsgrad
- Definition: Anteil der tatsächlich verfügbaren an der maximal verfügbaren Kapazität
- Referenz-Werte: Plan-Werte; Ideal-Wert 100 %

Anmerkungen zur Kennzahl "Kapazitätsauslastung":

Manche PPS-Systeme führen für jede Arbeitsstation summarische vergangenheitsbezogene Auslastungsdaten, so daß es sich erübrigt, die Kapazitätsauslastung für die Zwecke der Schwachstellendiagnose ex post zu berechnen. Eine derartige Funktion beinhaltet beispielsweise die sogenannte "Tanksteuerung" des PPS-Paketes COPICS (vgl. IBM 89a und IBM 89b). Darüber hinaus leiten sich aus den im Rahmen der Durchlaufterminierung aufgebauten Kapazitätsprofilen Prognosewerte her, die häufig mehrere Perioden in die Zukunft reichen.

Zur Beurteilung der Kapazitätsauslastung zieht DIPSEX-P neben den vom PPS-System vorgegebenen Plan-Werten zusätzlich Ideal-Werte heran. Mit letzteren verbindet sich eine zweifache Absicht. In erster Linie bezeichnen sie die Scheidelinie zwischen Nicht-Engpaß- und Engpaß-Maschinen. Daneben lassen sie sich als Auslastungs-Obergrenzen interpretieren, die gewährleisten sollen, daß Reserven zur Bewältigung unerwarteter Belastungsspitzen vorgehalten werden. Aufgrund verfahrensinhärenter Mängel bei der Kapazitätsplanung sind insbesondere PPS-Systeme, die dem klassischen MRP-Ansatz folgen, auf solche Kapazitätsvorräte angewiesen (vgl. GELDERS/WASSENHOVE 85, S. 207 ff.).

Bei der Dimensionierung der Ideal-Werte kann sich der Anwender auf die Ergebnisse warteschlangentheoretischer Analysen berufen. In einer Vielzahl von Untersuchungen zeigte sich, daß die mittlere Verweildauer, die sich als Summe aus Warte-, Rüst- und Bearbeitungszeiten errechnet, mit zunehmender Kapazitätsauslastung parabolisch ansteigt; dieser qualitative Zusammenhang ist von den Wahrscheinlichkeitsverteilungen des Ankunfts- und des Abfertigungsprozesses weitgehend unabhängig (vgl. HOFMANN 84, S. 112 ff., OLHAGER/RAPP 85, S. 338 und ZIMMERMANN 87, S. 72). Die Grenzlinie, oberhalb deren das Verweilzeitniveau erfahrungsgemäß stark anzuschwellen beginnt, liegt bei etwa 80 %. Es empfiehlt sich deshalb, den Ideal-Wert für die Kapazitätsauslastung ungefähr in dieser Höhe festzulegen.

Den Protagonisten der OPT-Ideen fällt das Verdienst zu, nachhaltig daran erinnert zu haben, daß Kapazität einzig an Engpässen ein knappes Gut darstellt und die Fertigungssteuerung nur dort bestrebt sein sollte, den Anteil nicht produktiver Zeiten zu begrenzen; an Nicht-Engpässen versprechen derartige Optimierungsbemühungen dagegen nur einen geringen Nutzen. In Anlehnung an das OPT-Gedankengut bietet DIPSEX-P die Möglichkeit, die Analysen gezielt auf die Engpässe auszurichten.

Anmerkungen zur Kennzahl "Kapazitätsbedeutung":

Für die Kennzahl "Kapazitätsbedeutung" bieten sich mehrere Definitionen an. Im einfachsten Fall wird die Anzahl der von einer Maschine abgefertigten Arbeitsgänge der Anzahl der im Untersuchungsbereich, etwa der Werkstatt, abgeschlossenen Arbeitsgänge gegenübergestellt. Sofern die Größe der Arbeitsgänge starken Schwankungen unterliegt, so daß ihre Anzahl keinen brauchbaren Indikator für die tatsächlich erbrachte Leistung abgibt, ist zu erwägen, statt dessen auf Arbeitsinhalte, also auf Plan-Bearbeitungszeiten, zu rekurrieren. Beiden Definitionen haftet indessen der Nachteil an, daß Maschinen, die an einem Großteil der Werkstattaufträge mit jeweils geringen Arbeitsinhalten beteiligt sind, nur eine vergleichsweise geringe Bedeutung zuerkannt wird. Eine alternative Definition, die der mit dieser Kennzahl verbundenen Absicht wesentlich näher kommt, bezieht sich daher nicht auf Arbeitsgänge, sondern auf komplette Werkstattaufträge. So könnte man etwa die Anzahl der Werkstattaufträge, die über die betrachtete Maschine gelaufen sind, der Zahl der insgesamt angearbeiteten Werkstattaufträge gegenüberstellen. Welche Definition in einem Betrieb eingesetzt wird, hängt außer von der erwünschten Diagnosegenauigkeit vor allem vom Aufwand ab, den die zuständigen Instanzen hinzunehmen bereit sind.

Mit Hilfe eines globalen Ideal-Wertes kann der Benutzer festlegen, ab welchem Grenzwert er eine Maschine als bedeutend einstuft.

Anmerkungen zur Kennzahl "Rüstzeitanteil":

DIPSEX-P sieht für den Rüstzeitanteil sowohl Plan- als auch Ideal-Werte vor. Während sich erstere für sämtliche Arbeitsstationen aus den Vorgaben des PPS-Systems errechnen, sind letztere gemäß den OPT-Ideen einzig für Engpässe von Belang. Da es unerwünscht ist, daß Umrüstvorgänge an stark beanspruchten Maschinen einen großen Teil der nutzbaren Kapazität aufzehren, sollte als Ideal-Wert 0 % gewählt und das Intervall, innerhalb dessen sich der Rüstzeitanteil bewegen darf, durch eine restriktiv ausgelegte Obergrenze abgesteckt werden.

Anmerkungen zur Kennzahl "Losgröße":

Als Dimension für die Kennzahl "Losgröße" kommen entweder in Vorgabestunden gemessene Arbeitsinhalte oder physische Einheiten, etwa Stück, in Frage. Da die letztgenannte Alternative mit dem Nachteil behaftet ist, daß sie zwischen Losgrößenangaben, die sich auf unterschiedliche Teilearten beziehen, keine Kommensurabilität sicherstellt, legt DIPSEX-P seinen Analysen Arbeitsinhalte zugrunde.

Zur Beurteilung der mittleren Losgröße dienen Ideal-Werte. In der Literatur finden sich zahlreiche Algorithmen zur Losgrößenermittlung, die in bezug auf gewisse vorgegebene Zielfunktionen optimal sind. Ungeachtet ihrer verwirrenden Vielfalt entpuppen sich die meisten Vorschläge als Varianten des auf Harris und Andler zurückgehenden Grundmodells, das darauf abzielt, Rüst- und Lagerhaltungskosten gegeneinander abzuwägen (vgl. z. B. MEYER/HANSEN 85, S. 167 ff.). Aufgrund ihrer fragwürdigen Prämissen richten sich gegen diese Modelle zum Teil heftige Polemiken. Die Kritik entzündet sich unter anderem daran, daß sie sich ausschließlich an isoliert betrachteten Kosten orientieren, zumeist von einstufigen Produktstrukturen ausgehen und Voll- statt Grenzkosten verwenden (vgl. z. B. EILON 79, S. 256 und JOHN 84, S. 75 f. und S. 78 f.). Nur wenige Untersuchungen ziehen mehrstufige Produktionsprozesse in Betracht (vgl. z. B. NANDAKUMAR 84 und PRENTIS/KHUMAWALA 89). Erst seit einigen Jahren beginnen sich Veröffentlichungen mit der Frage zu befassen, wie die Losgrößenrechnung auf die Durchlaufzeiten ausstrahlt (vgl. z. B. JOHN 84, S. 79 ff., BUXEY 89, S. 21 ff., NYHUIS 89 und NYHUIS 90). Insbesondere Vertreter der OPT-Gedanken setzen sich für eine Abkehr von traditionellen Losgrößenkonzepten ein (vgl. z. B. RAIBSTEIN 86 und COHEN 88). Einen Weg, diese innovativen Ideen zu operationalisieren, weist die sogenannte **durchlaufzeitminimale Losgröße**, die auf warteschlangentheoretischen Überlegungen beruht. Sie errechnet sich für jede Kapazitätseinheit gemäß folgender Beziehung (vgl. ZIMMERMANN 84a, ZIMMERMANN 87, S. 64 ff. und KARMARKAR 87):

$$\frac{\text{Summe der Fertigungszeiten}}{\text{Summe der Rüstzeiten}} = \frac{\text{Kapazitätsauslastung}}{1 - \text{Kapazitätsauslastung}}$$

Diese Losgröße minimiert die durchschnittliche Verweilzeit an einem Arbeitsplatz, also die Summe aus Warte-, Rüst- und Bearbeitungszeiten. Sie bietet sich immer dann als Ideal-Wert an, wenn es zu beurteilen gilt, inwieweit die Losgrößenbildung dazu beiträgt, dem Ziel kurzer Durchlaufzeiten und geringer Terminverzüge nahezukommen. Allerdings ist sie für stark beanspruchte Arbeitsplätze ungeeignet, da sie mit zunehmender Auslastung parabolisch ansteigt und im Limes unendlich große Werte annimmt. DIPSEX-P wendet sie daher nur auf Nicht-Engpässe an.

Es läßt sich nachweisen, daß Unterschreitungen der durchlaufzeitminimalen Losgröße einen stärkeren Anstieg der Verweilzeiten nach sich ziehen als betragsmäßig gleiche Überschreitungen. Infolgedessen sollte der Anwender die untere Toleranzschwelle enger fassen als die obere.

Im Falle von Engpässen bedient sich das Diagnosesystem vom Benutzer eingegebener Ideal-Werte; zusammen mit den zugehörigen Toleranzschwellen definieren sie einen Zielkorridor, den die mittlere Losgröße einhalten sollte. Stellt die untere Schwelle auf eine Begrenzung des Rüstzeitanteils ab, so trägt die obere dem Umstand Rechnung, daß es sich in Simulationsuntersuchungen als äußerst vorteilhaft erwiesen hat, für die Losgrößen Höchstgrenzen vorzugeben (vgl. BECHTE 80, S. 117). Da Unterschreitungen des Ideal-Wertes tendenziell zu einem Anwachsen des Rüstzeitanteils führen, sollte auch bei den Engpässen die untere Schwelle restriktiver dimensioniert werden als die obere.

5.1.2.2 Kennzahlen-Beziehungen

Die Kapazitätsbedeutung nimmt unter den verwendeten Größen insofern eine Sonderstellung ein, als sie nicht dazu dient, Veränderungen der Kapazitätsauslastung zu erklären, sondern dazu, die Dringlichkeit der festgestellten Schwachstellen grob abzuschätzen. DIPSEX-P stuft Abweichungen, die bei den übrigen Kennzahlen zu verzeichnen sind, als um so schwerwiegender ein, je größer die Kapazitätsbedeutung einer Maschine ist. Analog definierten Bedeutungs-Kennzahlen begegnet man in sämtlichen Kennzahlen-Hierarchien. Da sie in ihrer Funktion weitgehend übereinstimmen, wird künftig bei der Diskussion der Kennzahlen-Beziehungen auf sie nicht mehr gesondert eingegangen.

Die Auslastung einer Maschine resultiert aus dem Wechselspiel zwischen Kapazitätsnachfrage und Kapazitätsangebot. Während sich das Angebot nach der tatsächlich verfügbaren Kapazität bemißt - einer Größe, die insbesondere durch das Ausmaß der Störungen bestimmt wird -, spaltet sich die Nachfrage in Rüst- und Bearbeitungszeiten auf. Die genannten Beziehungen finden in den oberen Ebenen der Hierarchie ihren unmittelbaren Niederschlag: Die Kennzahlen "Rüst-" und "Bearbeitungszeitanteil" quantifizieren die beiden Komponenten der Nachfrage; die Größe "Verfügbarkeitsgrad" gibt an, wie stark das Kapazitätsangebot durch Ausfälle gemindert worden ist.

Auf den tieferen Hierarchiestufen versucht DIPSEX-P zu ergründen, auf welche Ursachen die Entwicklung der Kapazitätsnachfrage zurückgeht. Wie viele Rüstvorgänge an einer Kapazitätseinheit anfallen, hängt zum einen von der Reihenfolgeplanung und zum anderen von der mittleren Losgröße ab. Da es schwerfällt, den Einfluß, den die Reihenfolgeplanung auf die Anzahl der Rüstvorgänge ausübt, zu quantifizieren, klammert sie das Diagnosesystem aus seinen Analysen aus und beschränkt sich auf die Kennzahl "Losgröße". Ein weiterer möglicher Faktor, den es zu bedenken gilt, ist die Ausschußquote. Defekte Teile führen häufig dazu, deß entweder Nacharbeit geleistet oder fehlende Mengen nachgefertigt werden müssen. Daher erhöht Ausschuß im allgemeinen die Anzahl der Bearbeitungsvorgänge und strahlt damit sowohl auf den Rüstzeit- als auch auf den Bearbeitungszeitanteil aus.

Abbildung 5.1.2.2/1 faßt für jedes Paar von Kennzahlen, die angrenzenden Hierarchiestufen angehören, die typischen Konstellationen zusammen, mit deren Hilfe DIPSEX-P auf kausale Zusammenhänge schließt.

Abb. 5.1.2.2/1	Typische Konstellationen der Kennzahlen-Hierarchie "Kapazitätsauslastung"	
Übergeordnete Kennzahl	**Untergeordnete Kennzahl**	**TK**
Kapazitätsauslastung	Rüstzeitanteil	+
Kapazitätsauslastung	Bearbeitungszeitanteil	+
Kapazitätsauslastung	Verfügbarkeitsgrad	–
Rüstzeitanteil	Ausschußquote	+
Rüstzeitanteil	Losgröße	–
Bearbeitungszeitanteil	Ausschußquote	+

Legende: TK Typische Konstellationen
\+ Gleichläufige Beziehung
– Gegenläufige Beziehung

5.1.3 Kennzahlen-Hierarchie "Warteschlangenlänge"

5.1.3.1 Kennzahlen

Abbildung 5.1.3.1/1 zeigt die Kennzahlen, aus denen sich die Hierarchie "Warteschlangenlänge" zusammensetzt. Es handelt sich ausnahmslos um maschinenbezogene Größen.

Abb. 5.1.3.1/1	Kennzahlen der Hierarchie "Warteschlangenlänge"

1 Warteschlangenlänge
- Definition: Verhältnis aus mittlerem Bestand und mittlerer Leistung; Definition analog zur aus der Lagerhaltungstheorie bekannten Kennzahl "Lagerreichweite"
- Referenz-Werte: Plan-Werte

1.1 Kapazitätsbedeutung
- Definition: Beitrag einer Kapazitätseinheit zur Ausbringung des gesamten Untersuchungsbereiches
- Referenz-Werte: Ideal-Werte

Abb. 5.1.3.1/1	Kennzahlen der Hierarchie "Warteschlangenlänge" (Fortsetzung)

1.2 Kapazitätsauslastung
- Definition: Anteil der Bearbeitungs- und Rüstzeiten an der tatsächlich verfügbaren Kapazität
- Referenz-Werte: Plan- und Ideal-Werte

1.3 Liniendurchsatz
- Definition: Verhältnis zwischen abgefertigten und angekommenen Arbeitsinhalten
- Referenz-Werte: Ideal-Wert 1

1.3.1 Angekommene Arbeitsinhalte
- Definition: Anzahl der eingetroffenen Vorgabestunden
- Referenz-Werte: Plan-Werte

1.3.2 Abgefertigte Arbeitsinhalte
- Definition: Anzahl der geleisteten Vorgabestunden
- Referenz-Werte: Plan-Werte

1.4 Verfügbarkeitsgrad
- Definition: Anteil der tatsächlich verfügbaren an der maximal verfügbaren Kapazität
- Referenz-Werte: Plan-Werte; Ideal-Wert 0 %

5.1.3.2 Kennzahlen-Beziehungen

Warteschlangen bauen sich vor einer Maschine immer dann auf, wenn ihr während eines bestimmten Zeitraums mehr Arbeitsinhalte zufließen, als sie abzufertigen vermag. Da Ankünfte und Abgänge in der Regel nicht genau aufeinander abgestimmt sind, bildet sich vor den meisten Kapazitätseinheiten zumindest zeitweilig ein Vorrat an wartenden Losen.

Die Warteschlangenlänge ist einerseits durch die eintreffenden Lose und andererseits durch die Abfertigungsgeschwindigkeit bedingt. Neben einer Vielzahl schwer meßbarer Einflüsse wirken auf die genannten Faktoren vor allem die Kapazitätsauslastung, die zu- und abfließenden Arbeitsinhalte sowie der Verfügbarkeitsgrad ein:

a) Steigt die Kapazitätsauslastung an, so erhöht sich tendenziell die Zeit, während deren der Arbeitsplatz belegt ist. Dadurch nimmt die Wahrscheinlichkeit zu, daß ankommende Arbeitsinhalte keine freie Kapazität vorfinden und sich in die Warteschlange einreihen müssen. Der umgekehrte Effekt stellt sich ein, wenn die Auslastung sinkt.

b) Veränderungen der Warteschlangenlänge liegen möglicherweise auch in Ungleichgewichten zwischen ankommenden und abfließenden Arbeitsinhalten begründet. Obwohl beide Größen langfristig übereinstimmen müssen, kann innerhalb kurzfristigerer Zeithorizonte durchaus eine von beiden Komponenten überwiegen, so daß der Liniendurchsatz Werte annimmt, die den Ideal-Wert 1 signifikant über- oder unterschreiten. Um auf einfache Weise aufzudecken, welcher Faktor die Abweichungen hervorruft, stellt DIP-SEX-P den Liniendurchsatz den angekommenen und den abgefertigten Arbeitsinhalten gegenüber.

c) Die Abarbeitungsgeschwindigkeit bemißt sich danach, wieviel Kapazität an einer Arbeitsstation realiter nutzbar ist: Je mehr Kapazität durch Störungen ausfällt, um so schleppender gestaltet sich im allgemeinen die Abfertigung der Lose. Daher durchleuchtet DIPSEX-P auch den Zusammenhang zwischen Warteschlangenlänge und Verfügbarkeitsgrad.

In Abbildung 5.1.3.2/1 sind die typischen Konstellationen zusammengestellt, die in die Analyse der Warteschlangenlänge eingehen.

Abb. 5.1.3.2/1 — Typische Konstellationen der Kennzahlen-Hierarchie "Warteschlangenlänge"

Übergeordnete Kennzahl	**Untergeordnete Kennzahl**	**TK**
Warteschlangenlänge	Kapazitätsauslastung	+
Warteschlangenlänge	Liniendurchsatz	–
Warteschlangenlänge	Verfügbarkeitsgrad	–
Liniendurchsatz	Angekommene Arbeitsinhalte	–
Liniendurchsatz	Abgefertigte Arbeitsinhalte	+

Legende: TK Typische Konstellationen
\+ Gleichläufige Beziehung
– Gegenläufige Beziehung

5.2 Detailuntersuchungen im Bereich "Bestände"

5.2.1 Überblick über die Kennzahlen-Hierarchien

War bei den Kapazitätseinheiten die Annahme, ihre Anzahl bewege sich in einem überschaubaren Rahmen, noch gerechtfertigt, so stellt sich bei den Teilen die Situation völlig anders dar. Eine bei 14 mittelständischen Unternehmen durchgeführte Erhebung ergab beispielsweise, daß sich die Zahl der verwalteten Teilestammsätze auf durchschnittlich 50.000 beläuft (vgl. LÖFFELHOLZ 90, S. 522). Expertensysteme sind erfahrungsgemäß nicht geeignet, dermaßen umfangreiche Datenvolumina zu bewältigen. Es erweist sich deshalb als unumgänglich, den DIPSEX-P-Analysen nicht Einzelteile, sondern Gruppen, die jeweils eine Vielzahl gleichartiger Teile umfassen, zugrunde zu legen. Die nachfolgenden Ausführungen beziehen sich daher stets auf Teilegruppen, auch wenn bisweilen aus stilistischen Gründen von "Teilen" die Rede ist.

Abbildung 5.2.1/1 veranschaulicht die Kennzahlen-Verbindungen, die das Gerüst der Bestandsanalysen bilden. Da die wesentlichen Aspekte, die **in Arbeitsinhalten gemessene**

Bestände betreffen, bereits im Zusammenhang mit der Kapazitätsnutzung abgehandelt worden sind, kann sich das Diagnosesystem im Bereich "Bestände" darauf beschränken, für ausgewählte Teilegruppen die Entwicklung der **physischen Bestände** zu untersuchen.

Abb. 5.2.1/1	Kennzahlen-Hierarchie "Bestand"

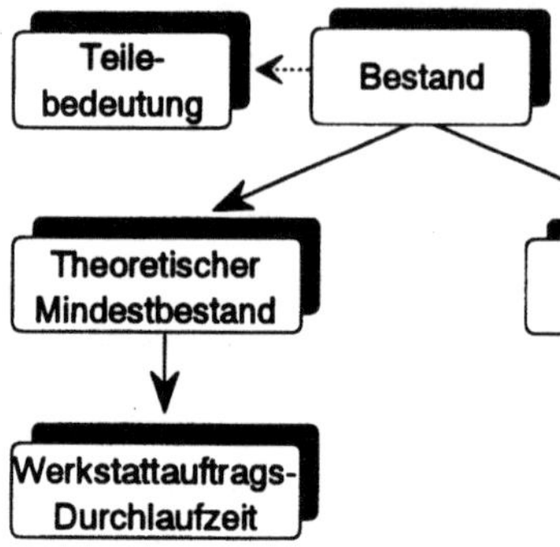

5.2.2 Kennzahlen-Hierarchie "Bestand"

5.2.2.1 Kennzahlen

In Abbildung 5.2.2.1/1 sind die Kennzahlen zusammengefaßt, mit deren Hilfe DIPSEX-P die physischen Bestände durchleuchtet. Sie werden ausnahmslos durch eine **teilebezogene Verdichtung** von Arbeitsgang-Rückmeldungen gewonnen. Beispielsweise bezeichnet die Kennzahl "Ausschußquote" den Anteil der bei der Produktion einer Teileart anfallenden Schlechtteile; diese Größe stimmt **nicht** mit der maschinenbezogenen Ausschußquote überein, wie sie in den Kennzahlen-Hierarchien "Kapazitätsauslastung" und "Warteschlangenlänge" verwendet wird.

Abb. 5.2.2.1/1	Kennzahlen der Hierarchie "Bestand"

1 Bestand
- Definition: Anzahl der Teile einer Teilegruppe, die sich in der Fertigung und in den Lägern befinden
- Referenz-Werte: Plan- und Ideal-Werte

1.1 Teilebedeutung
- Definition: Anteil der Kapitalbindung einer Teilegruppe an der Kapitalbindung aller Teilegruppen
- Referenz-Werte: Ideal-Werte

Abb. 5.2.2.1/1	Kennzahlen der Hierarchie "Bestand" (Fortsetzung)

1.2 Theoretischer Mindestbestand
- Definition: Bedarf an Teilen, der während der Wiederbeschaffungszeit auftritt
- Referenz-Werte: entfällt

1.2.1 Werkstattauftrags-Durchlaufzeit
- Definition: Dauer eines Produktionsauftrages zur Fertigung der entsprechenden Teileart
- Referenz-Werte: Plan-Werte

1.3 Ausschußquote
- Definition: Anteil der fehlerhaften an den insgesamt gefertigten Teilen
- Referenz-Werte: Plan-Werte; Ideal-Wert 0 %

Anmerkungen zur Kennzahl "Bestand":

Dem Anwender stehen für die Kennzahl "Bestand" mehrere Berechnungsverfahren zur Verfügung. In vielen Betrieben dürfte es ausreichen, das arithmetische Mittel aus dem Periodenanfangs- und -endbestand zu bilden (vgl. ANTOINE 56, S. 93, SCHOTT 65, S. 79 und MEYER 76, S. 65). Für den Fall, daß des öfteren unregelmäßige Bestandsveränderungen zu verzeichnen sind, plädieren einige Autoren dafür, innerhalb der Periode zu festen Zeitpunkten Zwischenbestände zu erfassen (vgl. ANTOINE 56, S. 94 und SCHEUING 67, S. 56). Wünscht man hingegen ein Höchstmaß an Präzision sicherzustellen, so verbleibt keine andere Möglichkeit, als die Zu- und Abgänge lückenlos zu registrieren. Welches Verfahren in einem Betrieb zum Einsatz kommt, hängt außer von der Genauigkeit der Daten vor allem vom Aufwand ab, den man dort in Kauf zu nehmen bereit ist.

DIPSEX-P greift sowohl auf Plan- als auch auf Ideal-Werte zurück. Erstere ergeben sich entsprechend den Vorgaben des PPS-Systems aus den geplanten Zu- und Abgängen. Als Ideal-Werte bieten sich die Mindestbestände der einzelnen Teilegruppen an (vgl. SCHEUING 67, S. 56). Da sich eine Unterschreitung dieser Bestandsgrenzen zumeist nachteiliger als eine betragsmäßig gleiche Überschreitung auswirkt, sollte die untere Toleranzschwelle restriktiver als die obere ausgelegt werden.

Anmerkungen zur Kennzahl "Teilebedeutung":

Ähnlich der Kapazitätsbedeutung kommt der Kennzahl "Teilebedeutung" insoweit ein Sonderstatus zu, als sie DIPSEX-P nicht zur Erklärung, sondern zur Bewertung der Bestandssituation heranzieht. Schwachstellen gelten als um so dringlicher, je höher die Teilebedeutung ist.

Anmerkungen zur Kennzahl "Werkstattauftrags-Durchlaufzeit":

Da die Untersuchung der Werkstattauftrags-Durchlaufzeiten dem in Kapitel 5.3 behandelten Ausschnitt der Wissensbasis vorbehalten ist, erscheint es vertretbar, im Rahmen der Bestandsanalysen lediglich die einfachste Kennzahlen-Variante, nämlich den arithmetischen Mittelwert der zurückgemeldeten Werkstattauftrags-Durchlaufzeiten, heranzuziehen. Als Plan-Werte verwendet DIPSEX-P die Vorgabegrößen, die das PPS-System der Vorlaufverschiebung zugrunde legt.

5.2.2.2 Kennzahlen-Beziehungen

Das Diagnosesystem vergleicht zunächst den tatsächlichen Bestand mit dem theoretischen Mindestbestand. Diese Gegenüberstellung ist in zweifacher Hinsicht aufschlußreich:

a) Viele PPS-Systeme enthalten in ihren Teile-Stammsätzen Plan-Mindestbestände. Weicht ein derartiges Datenfeld vom theoretischen Mindestbestand zu stark ab, so genügt es offensichtlich nicht mehr den aktuellen Erfordernissen. In solchen Fällen spricht DIPSEX-P die Empfehlung aus, es an den theoretischen Mindestbestand anzupassen.

b) Eine gleichläufige Entwicklung der Kennzahlen "Bestand" und "Theoretischer Mindestbestand" zeigt an, daß sich die Fertigung angemessen auf eine gewandelte Bedarfsstruktur eingestellt hat. Veränderungen, die nicht in dieselbe Richtung weisen, deuten hingegen auf Disparitäten hin und legen den Verdacht nahe, daß der Bestand falsch dimensioniert ist.

Anschließend versucht DIPSEX-P zu ergründen, wodurch sich der Trend der Kennzahl "Theoretischer Mindestbestand" erklärt. Als mögliche Ursachen kommen vor allem der Teileverbrauch und die Werkstattauftrags-Durchlaufzeit in Betracht. Das System verfährt hier nach dem Ausschluß-Prinzip: Falls sich keine Anhaltspunkte finden lassen, daß die Durchlaufzeit der ausschlaggebende Faktor ist, nimmt es an, daß die Veränderung des theoretischen Mindestbestandes auf den Teileverbrauch zurückgeht.

Als weitere Hilfsgröße zieht das Diagnosesystem die Ausschußquote heran. Wie die in Abbildung 5.2.2.2/1 angedeutete Worst-Case-Betrachtung zeigt, beeinflussen Ausschüsse den mittleren Bestand sowohl auf der Herkunfts- als auch auf der Verwendungsseite:

a) Fallen sie unmittelbar bei der Herstellung des betreffenden Teiles an, so steht nach Abschluß der Produktionsvorgänge eine geringere Menge zur Verfügung, als ursprünglich geplant war. Im ungünstigsten Fall werden die Fehlmengen weder durch Nacharbeit noch durch zusätzliche Aufträge ausgeglichen.

b) Treten Ausschüsse dagegen bei anderen Produkten auf, in die das betrachtete Teil als Komponente einfließt, so werden im Worst-Case-Fall die außerplanmäßig fehlenden Mengen nachgefertigt. Dadurch steigt gleichzeitig die Nachfrage nach den Komponenten an, aus denen sich das betreffende Produkt zusammensetzt.

Ein Anwachsen der Ausschußquote schlägt sich somit tendenziell in einer Abnahme des Bestandes nieder, und vice versa begünstigt eine Verringerung der Ausschußquote einen Bestandsanstieg. Die Analyse der Verwendungsseite gestaltet sich allerdings schwierig, weil ein Zwischenprodukt häufig in mehrere andere Erzeugnisse eingeht und man daher die Wechselwirkungen zwischen den Ausschußquoten verschiedener Teile anhand der Erzeugnisstrukturen rekonstruieren müßte. Deswegen berücksichtigt DIPSEX-P einzig jenen Ausschuß, der sich unmittelbar bei der Produktion eines Teiles ergibt. Die Beziehung zwischen Bestand und Ausschußquote bleibt von dieser Vereinfachung unberührt; es besteht lediglich die Gefahr, daß sie weniger deutlich zutage tritt, als es der Fall wäre, wenn DIPSEX-P sowohl die Herkunfts- als auch die Verwendungsseite betrachten würde.

Abb. 5.2.2.2/1	Zusammenhang zwischen Ausschuß und Bestand

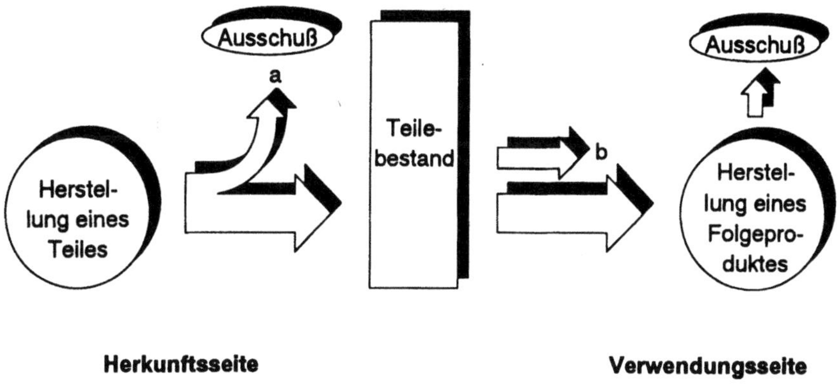

Legende:
a: Bestandsschwund durch Ausschuß bei der Herstellung eines Teiles
b: Zusätzlicher Teilebedarf durch Nachfertigung eines Folgeproduktes

Die typischen Konstellationen, anhand deren die kausalen Zusammenhänge untersucht werden, sind in Abbildung 5.2.2.2/2 aufgelistet.

Abb. 5.2.2.2/2	Typische Konstellationen der Kennzahlen-Hierarchie "Bestand"

Übergeordnete Kennzahl	Untergeordnete Kennzahl	TK
Bestand	Theoretischer Mindestbestand	+
Bestand	Ausschußquote	–
Theoretischer Mindestbestand	Werkstattauftrags-Durchlaufzeit	+

Legende: TK Typische Konstellationen
\+ Gleichläufige Beziehung
– Gegenläufige Beziehung

5.3 Detailuntersuchungen im Bereich "Durchlaufzeiten"

5.3.1 Überblick über die Kennzahlen-Hierarchien

Obwohl die marktseitigen Ziele "kurze Durchlaufzeiten" und "hohe Termintreue" einander beeinflussen, sollten beide Aspekte nicht miteinander vermengt werden. Nur so besteht die berechtigte Hoffnung, daß es gelingt, die Schwachstellenursachen präzise zu benennen:

a) **Durchlaufzeit-Untersuchungen** sind ex definitione auf **Zeitdauern** ausgerichtet. Im Mittelpunkt steht die Frage, wieviel Zeit gewisse Produktionsvorgänge in Anspruch nehmen und ob die tatsächlichen mit den geplanten Zeitbedarfen übereinstimmen.

b) Im Gegensatz dazu heben **Analysen der Termintreue** auf **Zeitpunkte** ab. Mit ihnen wird in erster Linie die Absicht verfolgt, die Fertigung anhand des vom PPS-System erzeugten Termingefüges zu bewerten und Abweichungen zwischen geplanten und faktischen Beginn- oder Fertigstellungszeitpunkten aufzudecken.

DIPSEX-P betrachtet im Rahmen seiner Durchlaufzeit-Untersuchungen sowohl Arbeitsgänge als auch Werkstattaufträge. Diese Aufspaltung versetzt das System in die Lage, den Zustand der Fertigung aus verschiedenen Blickwinkeln auszuleuchten. Gewähren ihm die Werkstattaufträge Einblick in die Funktionsweise der Stücklistenauflösung und der Auftragsfreigabe, so ermöglichen es ihm die Arbeitsgang-Analysen, das Abfertigungsverhalten der einzelnen Maschinen, das insbesondere dem Einfluß der Durchlauf- und der Kapazitätsterminierung unterliegt, kritisch zu hinterfragen.

Die Abbildungen 5.3.1/1 und 5.3.1/2 geben die Kennzahlen-Hierarchien wieder, auf denen die Durchlaufzeit-Untersuchungen von DIPSEX-P basieren. Man erkennt, daß die arbeitsgang- und die werkstattauftragsbezogenen Analysen weitreichende strukturelle Ähnlichkeiten aufweisen. Dabei gilt es allerdings zu bedenken, daß sich die Kennzahlen auf jeweils unterschiedliche Entitäten beziehen und daher in allen Fällen, in denen aus Gründen der besseren Lesbarkeit gleichlautende Bezeichnungen verwendet werden, Äquivokationen vorliegen.

Abb. 5.3.1/1 Kennzahlen-Hierarchie "Arbeitsgang-Durchlaufzeit"

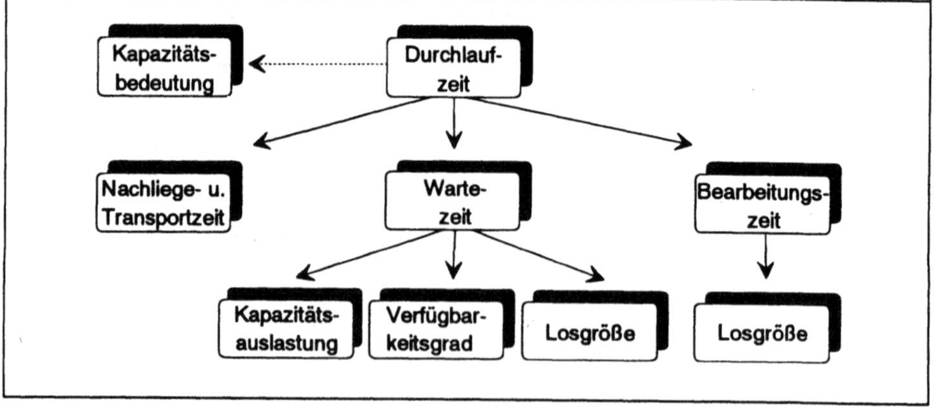

Abb. 5.3.1/2	Kennzahlen-Hierarchie "Werkstattauftrags-Durchlaufzeit"

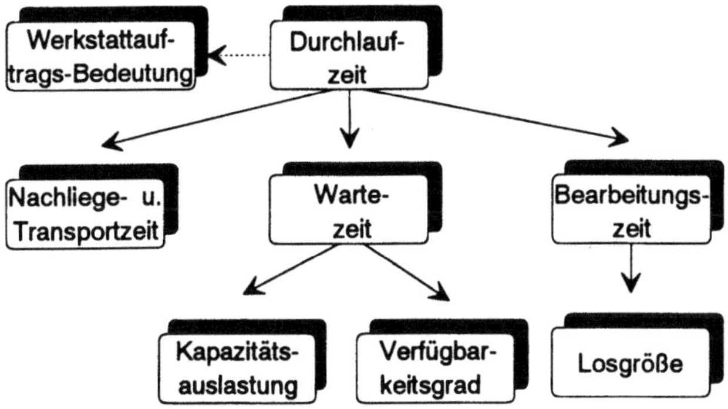

5.3.2 Kennzahlen-Hierarchie "Arbeitsgang-Durchlaufzeit"

5.3.2.1 Kennzahlen

Sämtlichen Arbeitsgang-Kennzahlen ist gemeinsam, daß sie sich auf einzelne Kapazitätseinheiten beziehen und aus den Rückmeldungen der an der betrachteten Maschine abgefertigten Arbeitsgänge berechnet werden. Abbildung 5.3.2.1/1 bietet einen Überblick über die Größen, die in die Analyse der Arbeitsgang-Durchlaufzeiten eingehen.

Abb. 5.3.2.1/1	Kennzahlen der Hierarchie "Arbeitsgang-Durchlaufzeit"

1 Arbeitsgang-Durchlaufzeit
- Definition: Zeitspanne zwischen dem Bearbeitungsende an der jeweiligen Vorgängermaschine und dem Bearbeitungsende an der betrachteten Kapazitätseinheit
- Referenz-Werte: Plan- und Ideal-Werte

1.1 Kapazitätsbedeutung
- Definition: Beitrag einer Kapazitätseinheit zur Ausbringung des gesamten Untersuchungsbereiches
- Referenz-Werte: Ideal-Werte

1.2 Arbeitsgang-Nachliege- und -Transportzeit
- Definition: Zeitspanne zwischen dem Bearbeitungsende an der jeweiligen Vorgänger-Maschine und der Ankunft an der betrachteten Kapazitätseinheit
- Referenz-Werte: Plan- und Ideal-Werte

1.3 Arbeitsgang-Wartezeit
- Definition: Dauer des Aufenthaltes in der Warteschlange
- Referenz-Werte: Plan- und Ideal-Werte

Abb. 5.3.2.1/1	Kennzahlen der Hierarchie "Arbeitsgang-Durchlaufzeit" (Fortsetzung)

1.3.1 Kapazitätsauslastung
- Definition: Anteil der Bearbeitungs- und Rüstzeiten an der tatsächlich verfügbaren Kapazität
- Referenz-Werte: Plan- und Ideal-Werte

1.3.2 Verfügbarkeitsgrad
- Definition: Anteil der tatsächlich verfügbaren an der maximal verfügbaren Kapazität
- Referenz-Werte: Plan-Werte, Ideal-Wert 100 %

1.3.3 Losgröße
- Definition: Arbeitsinhalte der abgefertigten Lose
- Referenz-Werte: Ideal-Werte

1.4 Arbeitsgang-Bearbeitungszeit
- Definition: Dauer der eigentlichen Bearbeitungsvorgänge
- Referenz-Werte: Plan- und Ideal-Werte

1.4.1 Losgröße
Siehe Kennzahl 1.3.3.

Anmerkungen zu den Kennzahlen "Arbeitsgang-Durchlaufzeit", "Arbeitsgang-Nachliege- und -Transportzeit", "Arbeitsgang-Wartezeit" und "Arbeitsgang-Bearbeitungszeit":

Eine Reihe von Kennzahlen quantifiziert die Arbeitsgang-Durchlaufzeiten und ihre einzelnen Bestandteile. DIPSEX-P lehnt sich hier an eine weitverbreitete Begriffsbildung an, wonach sich die Durchlaufzeit eines Arbeitsganges in die Komponenten "Nachliege-", "Transport-", "Warte-", "Rüst-" und "Bearbeitungszeit" aufgliedert (vgl. z. B. KETTNER/KREUTZFELD 78, S. 158). Das System weicht von dieser Terminologie lediglich in zwei Punkten ab: Zum einen trägt es der gängigen Rückmeldepraxis dadurch Rechnung, daß es die beiden Bestandteile "Nachliegezeit" und "Transportzeit" zu einer einzigen Größe zusammenfaßt; zum anderen spart es die Rüstzeiten wegen der geringen Bedeutung, die ihnen im Rahmen von Durchlaufzeit-Untersuchungen üblicherweise zukommt, aus seinen Analysen aus.

Bei den erwähnten Durchlaufzeit-Kennzahlen bedient sich DIPSEX-P nicht nur ungewichteter, sondern auch gewichteter Durchschnitte (vgl. WIENDAHL 87b, S. 59 ff.). Diese zeichnen sich gegenüber den ungewichteten Größen dadurch aus, daß sie keine arithmetischen Mittelwerte sind, sondern die Summanden proportional zu ihren Plan-Bearbeitungszeiten, den sogenannten Arbeitsinhalten, berücksichtigen. Dadurch fließen Werte, die Arbeitsgängen mit großen Arbeitsvolumina zugeordnet sind, stärker ein als solche, die zu Arbeitsgängen mit kleinen Arbeitsinhalten gehören. Abbildung 5.3.2.1/2 verdeutlicht anhand der Kennzahl "Arbeitsgang-Durchlaufzeit" den Unterschied zwischen beiden Berechnungsweisen.

Abb. 5.3.2.1/2	Unterschied zwischen ungewichteten und gewichteten Mittelwerten

DEFINITIONEN DER KENNZAHLEN

Abkürzungen:
Σ Summe
\# Anzahl

Ungewichtete Durchlaufzeit

$$\frac{\Sigma \text{ Arbeitsgang-Durchlaufzeiten}}{\#\text{ Arbeitsgänge}}$$

Gewichtete Durchlaufzeit

$$\frac{\Sigma \text{ (Arbeitsgang-Durchlaufzeit} * \text{Arbeitsgang-Arbeitsinhalt)}}{\Sigma \text{ Arbeitsgang-Arbeitsinhalte}}$$

ZAHLENBEISPIEL

Durchlaufzeiten (DLZ) und Arbeitsinhalte (AI) der Arbeitsgänge (AG) 1 bis 4:

AG-Nummer	DLZ	AI
1	10	1
2	5	3
3	8	2
4	4	3

Ungewichtete Durchlaufzeit:

$(10 + 5 + 8 + 4) / 4 = 27 / 4$

Gewichtete Durchlaufzeit:

$(10 * 1 + 5 * 3 + 8 * 2 + 4 * 3) / (1 + 3 + 2 + 3) = 53 / 9$

In der Regel sind für alle Durchlaufzeit-Kennzahlen Plan-Werte in Form von Vorgabezeiten verfügbar. Daneben steht es dem Anwender frei, dem Diagnosesystem durch maschinenspezifische Ideal-Werte anzuzeigen, in welchen Größenordnungen sich die einzelnen Durchlaufzeit-Bestandteile seiner Ansicht nach bewegen sollten.

5.3.2.2 Kennzahlen-Beziehungen

DIPSEX-P stellt für sämtliche Kennzahlen, die sich auf die Durchlaufzeit und ihre Komponenten beziehen, die ungewichtete und die gewichtete Variante einander gegenüber. Durch diesen Vergleich kann das System erkennen, ob sich die Größe von Arbeitsgängen auf ihre Abfertigung auswirkt. Wenn beispielsweise die gewichtete Durchlaufzeit die ungewichtete deutlich übersteigt, verweilen große Arbeitsgänge tendenziell länger in der Produktion als kleine; verhalten sich beide Größen umgekehrt, so liegt eine Benachteiligung kleiner Arbeitsgänge vor.

Als Erklärung für den Trend der Arbeitsgang-Durchlaufzeiten zieht DIPSEX-P die Kennzahlen "Nachliege- und Transportzeit", "Wartezeit" sowie "Bearbeitungszeit" in Erwägung:

a) Die Nachliege- und Transportzeit bezeichnet denjenigen Zeitanteil, den in der Regel nicht die betrachtete Kapazitätseinheit, sondern andere Einflüsse, insbesondere die innerbetrieblichen Transporteinrichtungen und die Materialbereitstellung, zu vertreten haben. Stünden Daten über die Beanspruchung des Transportwesens zur Verfügung, so wäre es möglich, die Nachliege- und Transportzeiten auf tieferliegende Ursachen zurückzuführen. Da dermaßen detaillierte Aufzeichnungen in praxi noch nicht üblich sind, wird davon abgesehen, das innerbetriebliche Förderwesen näher zu beleuchten.

b) Für die beiden Größen "Warte-" und "Bearbeitungszeit" zeichnet hingegen die Kapazitätseinheit verantwortlich. Während letztere im allgemeinen nur einen vergleichsweise kleinen Prozentsatz der Durchlaufzeit ausmacht, entfällt auf die Wartezeit erfahrungsgemäß der größte Anteil; nahezu alle empirischen Analysen, die in der Literatur dokumentiert sind, setzen sie bei etwa 80 % an (vgl. z. B. WIENDAHL 83, S. 218 f. und ZÄPFEL/MISSBAUER 87b, S. 67). Daher versprechen Bestrebungen, die auf eine Verringerung der Wartezeiten abzielen, einen hohen Grenznutzen.

Anschließend versucht das System, die Entwicklung der beiden Durchlaufzeit-Komponenten "Bearbeitungs-" und "Wartezeit" zu erklären. Kommt bei der erstgenannten Kennzahl ausschließlich die Losgröße als Ursache in Betracht, so überprüft DIPSEX-P bei der letztgenannten zusätzlich die Kapazitätsauslastung und den Verfügbarkeitsgrad. Bei der Kapazitätsauslastung wertet es eine gleichläufige, beim Verfügbarkeitsgrad eine gegenläufige Beziehung als Hinweis auf einen kausalen Zusammenhang. Was den Einfluß der Losgröße anbelangt, so stellt sich die Lage wesentlich komplexer dar; hier gilt es, zwischen Engpässen und Nicht-Engpässen zu differenzieren:

a) Bei stark ausgelasteten Maschinen nimmt das System an, daß die Wartezeit weitgehend durch die Auslastung determiniert ist und die Losgröße nicht auf die Warte-, sondern einzig auf die Bearbeitungszeit ausstrahlt.

b) Anders verfährt es dagegen, wenn ein Nicht-Engpaß vorliegt. In diesem Fall geht DIPSEX-P der Frage nach, inwieweit die tatsächliche der durchlaufzeitminimalen Losgröße nahekommt. Das Diagnosesystem sieht die Hypothese, daß die Losgröße für den Trend der Verweilzeit ausschlaggebend ist, immer dann als bestätigt an, wenn die Ideal-Ist-Abweichung der Losgröße und die Verweilzeit, die man näherungsweise der Summe aus Warte- und Bearbeitungszeit gleichsetzen kann, eine gleichläufige Beziehung aufweisen.

Die typischen Konstellationen, die DIPSEX-P bei der Analyse der Arbeitsgang-Durchlaufzeiten heranzieht, sind in Abbildung 5.3.2.2/1 zusammengefaßt.

Abb. 5.3.2.2/1	Typische Konstellationen der Kennzahlen-Hierarchie "Arbeitsgang-Durchlaufzeit"

Übergeordnete Kennzahl	**Untergeordnete Kennzahl**	**TK**
Durchlaufzeit	Nachliege- und Transportzeit	+
Durchlaufzeit	Wartezeit	+
Durchlaufzeit	Bearbeitungszeit	+
Wartezeit	Kapazitätsauslastung	+
Wartezeit	Verfügbarkeitsgrad	–
Wartezeit	Losgröße	*
Bearbeitungszeit	Losgröße	*

Legende:
TK Typische Konstellationen
\+ Gleichläufige Beziehung
– Gegenläufige Beziehung
* Siehe Erklärung im Text

5.3.3 Kennzahlen-Hierarchie "Werkstattauftrags-Durchlaufzeit"

5.3.3.1 Kennzahlen

Die Kennzahlen, die der Hierarchie "Werkstattauftrags-Durchlaufzeit" angehören, sind in Abbildung 5.3.3.1/1 aufgelistet. Hinsichtlich ihrer Bezugsobjekte zerfallen sie in zwei Gruppen:

a) Die Größen "Durchlaufzeit", "Werkstattauftrags-Bedeutung", "Nachliege- und Transportzeit", "Wartezeit" und "Bearbeitungszeit" sind **werkstattauftragsspezifische** Mittelwerte. Im einfachsten Fall handelt es sich um globale Durchschnitte, die sich über sämtliche Werkstattaufträge erstrecken. Ihre Aussagekraft läßt sich jedoch beträchtlich steigern, wenn man sie getrennt nach Teilegruppen ermittelt. Es bietet sich an, dieselbe Einteilung wie bei den in Abschnitt 5.2.2 beschriebenen Bestandsanalysen zu verwenden.

b) Im Gegensatz dazu werden die Kennzahlen "Kapazitätsauslastung", "Verfügbarkeitsgrad" und "Losgröße" durch eine **maschinenbezogene** Verdichtung von Arbeitsgang-Rückmeldungen gewonnen. Gegenüber den in Abschnitt 5.1 erläuterten Kapazitätsanalysen ergibt sich insofern ein geringfügiger Unterschied, als DIPSEX-P seinen Untersuchungen der Werkstattauftrags-Durchlaufzeit keine maschinenweise errechneten, sondern lediglich pauschale, über die Gesamtheit aller Kapazitätseinheiten gebildete Durchschnitte zugrunde legt. Diese Vereinfachung erklärt sich aus der Tatsache, daß es im allgemeinen nicht möglich ist, Werkstattaufträge einzelnen Arbeitsstationen zuzuordnen.

Abb. 5.3.3.1/1	Kennzahlen der Hierarchie "Werkstattauftrags-Durchlaufzeit"

1 Werkstattauftrags-Durchlaufzeit
- Definition: Zeitspanne zwischen der Auftragsfreigabe und der Beendigung des letzten Arbeitsganges
- Referenz-Werte: Plan- und Ideal-Werte

1.1 Werkstattauftrags-Bedeutung
- Definition: Anteil einer Werkstattauftrags-Gruppe am Arbeitsvolumen aller Werkstattauftrags-Gruppen
- Referenz-Werte: Ideal-Werte

1.2 Werkstattauftrags-Nachliege- und -Transportzeit
- Definition: mittlere Summe der Zeitanteile "Arbeitsgang-Nachliege- und -Transportzeit" der zu den Werkstattaufträgen gehörenden Arbeitsgänge
- Referenz-Werte: Plan- und Ideal-Werte

1.3 Werkstattauftrags-Wartezeit
- Definition: mittlere Summe der Zeitanteile "Arbeitsgang-Wartezeit" der zu den Werkstattaufträgen gehörenden Arbeitsgänge
- Referenz-Werte: Plan- und Ideal-Werte

1.3.1 Kapazitätsauslastung
- Definition: Anteil der Bearbeitungs- und Rüstzeiten an der tatsächlich verfügbaren Kapazität
- Referenz-Werte: Plan- und Ideal-Werte

1.3.2 Verfügbarkeitsgrad
- Definition: Anteil der tatsächlich verfügbaren an der maximal verfügbaren Kapazität
- Referenz-Werte: Plan-Werte; Ideal-Wert 100 %

1.4 Werkstattauftrags-Bearbeitungszeit
- Definition: mittlere Summe der Zeitanteile "Arbeitsgang-Bearbeitungszeit" der zu den Werkstattaufträgen gehörenden Arbeitsgänge
- Referenz-Werte: Plan- und Ideal-Werte

1.4.1 Losgröße
- Definition: Arbeitsinhalte der abgefertigten Lose
- Referenz-Werte: Ideal-Werte

Anmerkungen zu den Kennzahlen "Werkstattauftrags-Durchlaufzeit", "Werkstattauftrags-Nachliege- und -Transportzeit", "Werkstattauftrags-Wartezeit" und "Werkstattauftrags-Bearbeitungszeit":

Eine Reihe von Kenngrößen mißt die durchschnittliche Länge der Werkstattauftrags-Durchlaufzeit und ihrer einzelnen Bestandteile. Dabei erweist es sich als notwendig, ursprünglich nur für Arbeitsgänge definierte Termini technici auf Werkstattaufträge zu übertragen. Zu diesem Zweck werden für jeden Werkstattauftrag die entsprechenden Zeitanteile seiner Arbeitsgänge aufaddiert und anschließend die so erhaltenen Summen über alle Werkstattaufträge gemittelt.

Um entscheiden zu können, inwieweit die Arbeitsvolumina der Aufträge auf ihr Durchlaufverhalten ausstrahlen, zieht DIPSEX-P - ähnlich wie im Bereich "Arbeitsgang-Durchlaufzeiten" - nicht nur ungewichtete, sondern auch mit Arbeitsinhalten gewichtete Durchschnitte heran; der Arbeitsinhalt eines Werkstattauftrages ergibt sich hierbei als Summe der Arbeitsinhalte seiner Arbeitsgänge.

5.3.3.2 Kennzahlen-Beziehungen

Die Analyse der Werkstattauftrags-Durchlaufzeiten gleicht über weite Strecken den entsprechenden arbeitsgangspezifischen Untersuchungen.

Weichen gewichtete und ungewichtete Kennzahlen stark voneinander ab, so steht zu vermuten, daß die Arbeitsinhalte der Werkstattaufträge das Durchlaufverhalten entscheidend beeinflussen.

Als potentielle Ursachen für die Entwicklung der Werkstattauftrags-Durchlaufzeit kommen ex definitione die drei Faktoren "Nachliege- und Transportzeit", "Wartezeit" sowie "Bearbeitungszeit" in Betracht. Da im allgemeinen keine eindeutige Zuordnung zwischen Werkstattaufträgen und Maschinen besteht, würden detaillierte Diagnosen der Durchlaufzeit-Komponenten einen hohen Aufwand erfordern. Daher beschränkt sich DIPSEX-P darauf, anhand pauschaler Kapazitäts-Kennzahlen der Frage nachzugehen, inwieweit der Trend der Wartezeit auf die Kennzahlen "Verfügbarkeitsgrad" sowie "Kapazitätsauslastung" und jener der Bearbeitungszeit auf die Kennzahl "Losgröße" zurückzuführen sind. Diese Vereinfachung erscheint insbesondere deshalb gerechtfertigt, weil das Abfertigungsverhalten der einzelnen Maschinen bereits durch die in Abschnitt 5.3.2 diskutierten arbeitsgangbezogenen Untersuchungen abgedeckt ist.

Die typischen Konstellationen, auf denen die Schlußfolgerungen von DIPSEX-P beruhen, sind in Abbildung 5.3.3.2/1 zusammengestellt.

Abb. 5.3.3.2/1	Typische Konstellationen der Kennzahlen-Hierarchie "Werkstattauftrags-Durchlaufzeit"	
Übergeordnete Kennzahl	**Untergeordnete Kennzahl**	**TK**
Durchlaufzeit	Nachliege- und Transportzeit	+
Durchlaufzeit	Wartezeit	+
Durchlaufzeit	Bearbeitungszeit	+
Wartezeit	Kapazitätsauslastung	+
Wartezeit	Verfügbarkeitsgrad	–
Bearbeitungszeit	Losgröße	+

Legende: TK Typische Konstellationen
\+ Gleichläufige Beziehung
– Gegenläufige Beziehung

5.4 Detailuntersuchungen im Bereich "Termintreue"

5.4.1 Überblick über die Kennzahlen-Hierarchien

Befassen sich die Durchlaufzeit-Analysen ausschließlich mit **Zeitdauern**, so wendet sich DIPSEX-P im Bereich "Termintreue" der nicht minder wichtigen Frage zu, inwieweit die **tatsächlichen** mit den **geplanten Beginn- und Endterminen** übereinstimmen. Auch hier betrachtet das Diagnosesystem sowohl Werkstattaufträge als auch Arbeitsgänge. Die Abbildungen 5.4.1/1 und 5.4.1/2 geben die Kennzahlen-Hierarchien wieder, auf denen seine Untersuchungen basieren.

Abb. 5.4.1/1 Kennzahlen-Hierarchie "Arbeitsgang-End-Verzug"

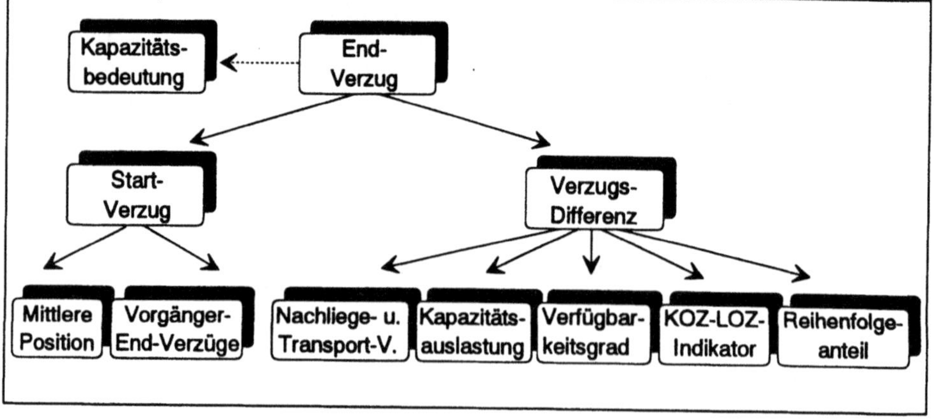

Abb. 5.4.1/2	Kennzahlen-Hierarchie "Werkstattauftrags-End-Verzug"

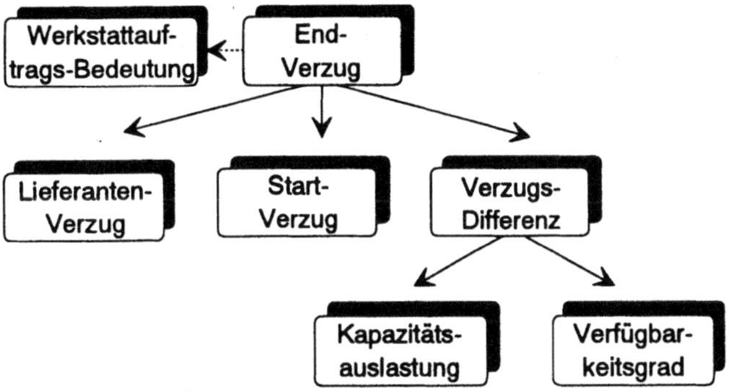

5.4.2 Kennzahlen-Hierarchie "Arbeitsgang-End-Verzug"

5.4.2.1 Kennzahlen

Abbildung 5.4.2.1/1 zeigt die Kennzahlen, aus denen die Hierarchie "Arbeitsgang-End-Verzug" aufgebaut ist. Es handelt sich ausnahmslos um maschinenweise errechnete Durchschnitte.

Abb. 5.4.2.1/1	Kennzahlen der Hierarchie "Arbeitsgang-End-Verzug"

1 Arbeitsgang-End-Verzug
- Definition: Abweichung zwischen tatsächlichen und geplanten Arbeitsgang-Endterminen an der betrachteten Maschine
- Referenz-Werte: Ideal-Wert 0

1.1 Kapazitätsbedeutung
- Definition: Beitrag einer Kapazitätseinheit zur Ausbringung des gesamten Untersuchungsbereiches
- Referenz-Werte: Ideal-Werte

1.2 Arbeitsgang-Start-Verzug
- Definition: Abweichung zwischen tatsächlichen und geplanten Arbeitsgang-Endterminen an der jeweiligen Vorgänger-Maschine
- Referenz-Werte: Ideal-Wert 0

1.2.1 Mittlere Position
- Definition: Stellung der betrachteten Kapazitätseinheit innerhalb des Materialflusses
- Referenz-Werte: entfällt

Abb. 5.4.2.1/1	Kennzahlen der Hierarchie "Arbeitsgang-End-Verzug" (Fortsetzung)

1.2.2 Arbeitsgang-End-Verzüge der Vorgänger-Maschinen
- Definition: End-Verzüge derjenigen Kapazitätseinheiten, die der betrachteten Maschine im Materialfluß vorgelagert sind
- Referenz-Werte: Ideal-Wert 0

1.3 Arbeitsgang-Verzugs-Differenz
- Definition: Abweichung zwischen tatsächlichen und geplanten Arbeitsgang-Durchlaufzeiten an der betrachteten Maschine
- Referenz-Werte: Ideal-Wert 0

1.3.1 Arbeitsgang-Nachliege- und -Transport-Verzugs-Differenz
- Definition: Abweichung zwischen tatsächlichen und geplanten Arbeitsgang-Nachliege- und -Transportzeiten
- Referenz-Werte: Ideal-Wert 0

1.3.2 Kapazitätsauslastung
- Definition: Anteil der Bearbeitungs- und Rüstzeiten an der tatsächlich verfügbaren Kapazität
- Referenz-Werte: Plan- und Ideal-Werte

1.3.3 Verfügbarkeitsgrad
- Definition: Anteil der tatsächlich verfügbaren an der maximal verfügbaren Kapazität
- Referenz-Werte: Plan-Werte; Ideal-Wert 100 %

1.3.4 KOZ-LOZ-Indikator
- Definition: Differenz von ungewichteter und gewichteter Wartezeit; Kennzahl, aus der sich ablesen läßt, ob die Abarbeitungsstrategie an der betrachteten Kapazitätseinheit eher der KOZ- oder eher der LOZ-Regel folgt
- Referenz-Werte: entfällt

1.3.5 Reihenfolgeanteil
- Definition: Differenz von gewichteter Verweilzeit und Vorlauf; Kennzahl, aus der sich ablesen läßt, inwieweit die Abarbeitungsstrategie an der betrachteten Kapazitätseinheit von der FIFO-Regel abweicht
- Referenz-Werte: entfällt

Anmerkungen zu den Kennzahlen "Arbeitsgang-End-Verzug", "Arbeitsgang-Start-Verzug", "Arbeitsgang-End-Verzüge der Vorgänger-Maschinen", "Arbeitsgang-Verzugs-Differenz" und "Arbeitsgang-Nachliege- und -Transport-Verzugs-Differenz":

DIPSEX-P spaltet alle Verzugs-Kennzahlen in die drei Bestandteile **"Terminabweichung"**, **"Verfrühung"** und **"Verspätung"** auf. Berücksichtigt die Verfrühung nur solche Ereignisse, die vor dem geplanten Termin, und die Verspätung ausschließlich solche, die nach dem geplanten Termin zum Abschluß gekommen sind, so fließen in die Terminabweichung sämtliche Ereignisse ein, unabhängig davon, ob sie verfrüht oder verspätet eingetreten sind. Während die Terminabweichung die **mittlere Termintreue** quantifiziert, messen die Verfrühungs- und Verspätungs-Zahlen die **Streuung der Termintreue**.

Durch die drei Kennzahlen-Varianten wird DIPSEX-P in die Lage versetzt, die Terminsituation aus unterschiedlichen Blickwinkeln auszuleuchten. So lassen die verschiedenen Arten des Arbeitsgang-Start-Verzuges erkennen, in welchem Ausmaß Arbeitsgänge bereits zu Beginn verfrüht oder verspätet sind; in analoger Weise kann das Diagnosesystem aus den Varianten der Arbeitsgang-Verzugs-Differenz ablesen, inwieweit Arbeitsgänge kürzer oder länger als vorgesehen dauern. Die Fertigung gibt einzig dann Anlaß zu **voller** Zufriedenheit, wenn neben der Terminabweichung auch die Verfrühung und die Verspätung nahe bei 0 liegende Werte annehmen. Alle anderen Konstellationen deuten auf Mängel in der Planung oder der Durchführung hin. Weist etwa die Terminabweichung stark positive oder stark negative Werte auf, so sind häufig bereits die vom PPS-System erzeugten Pläne mit Mängeln behaftet; möglicherweise werden Vorgabezeiten zu kurz oder zu lang gewählt oder Plan-Termine auf zu frühe oder zu späte Zeitpunkte festgesetzt. Die Situation ist indessen nicht nur dann unbefriedigend, wenn die Fertigung die vorgeschriebenen Termine grundsätzlich in der einen oder der anderen Richtung verfehlt, sondern auch dann, wenn zwar die Terminabweichung niedrig ausfällt, gleichzeitig aber sowohl zahlreiche Verfrühungen als auch zahlreiche Verspätungen zu verzeichnen sind. Würde in derartigen Fällen ausschließlich die Kennzahlen-Variante "Terminabweichung" verwendet, so könnte der irrige Eindruck entstehen, die Termintreue gebe keinen Ablaß zur Beunruhigung.

Zusätzlich führt DIPSEX-P für die drei Größen "Verfrühung", "Verspätung" und "Terminabweichung" jeweils einen ungewichteten und einen gewichteten Mittelwert. Indem das System beide Zahlen einander gegenüberstellt, kann es erkennen, ob die jeweilige Verzugsart tendenziell eher kleine oder eher große Arbeitsgänge betrifft.

Jede Verzugs-Größe tritt damit in sechs Varianten auf. Hinter dem Arbeitsgang-End-Verzug verbergen sich zum Beispiel folgende Kennzahlen:

- ungewichtete und gewichtete Arbeitsgang-End-Terminabweichung,
- ungewichtete und gewichtete Arbeitsgang-End-Verfrühung sowie
- ungewichtete und gewichtete Arbeitsgang-End-Verspätung.

Anmerkungen zur Kennzahl "mittlere Position":

Die mittlere Position zeigt an, welche Stellung eine Kapazitätseinheit innerhalb des Materialflusses einnimmt (vgl. WIENDAHL 87b, S. 130 f.). Zu diesem Zweck denkt man sich die Arbeitsgänge eines jeden Werkstattauftrages in aufsteigender Folge durchnumeriert und bildet für jede Maschine den Mittelwert über die Nummern aller von ihr abgefertigten Arbeitsgänge. Wurde beispielsweise die Arbeitsstation im Verlauf der betrachteten Periode von insgesamt sechs Arbeitsgängen durchlaufen, die innerhalb ihrer jeweiligen Werkstattaufträge an

7., 3., 6., 6., 3. und 1.

Stelle stehen, so errechnet sich die mittlere Position zu

$$(7 + 3 + 6 + 6 + 3 + 1) / 6.$$

Da das Diagnosesystem diese Kennzahl nicht zu detaillierten Untersuchungen heranzieht, sondern mit ihrer Hilfe lediglich grob abschätzt, wie weit eine Maschine von der Auftragsfreigabe entfernt ist, beschränkt es sich auf die ungewichtete Variante.

Anmerkungen zu den Kennzahlen "KOZ-LOZ-Indikator" und "Reihenfolgeanteil":

Der KOZ-LOZ-Indikator und der Reihenfolgeanteil dienen dazu, Hypothesen über die Abfertigungsstrategie zu überprüfen.

Der KOZ-LOZ-Indikator ist die Differenz zwischen der ungewichteten und der gewichteten Wartezeit. Er gibt Aufschluß darüber, ob bei der Reihenfolgeplanung tendenziell eher die KOZ- oder die LOZ-Strategie vorherrscht. Sofern der Kapazitätszuteilung die erstgenannte Regel zugrunde liegt, müssen größere Arbeitsgänge im Mittel länger auf die Bearbeitung warten als kleinere, so daß die gewichtete Wartezeit die ungewichtete übersteigt; der KOZ-LOZ-Indikator weist dann ein negatives Vorzeichen auf. Umgekehrt verhält es sich im Falle der LOZ-Regel: Da größere Arbeitsgänge kürzer in der Warteschlange ausharren müssen als kleinere, liegt hier die gewichtete Wartezeit unter der ungewichteten, und der KOZ-LOZ-Indikator erhält einen positiven Wert.

Beim Reihenfolgeanteil handelt es sich ebenfalls um eine abgeleitete Kennzahl. Er ergibt sich als Differenz zwischen der gewichteten Verweilzeit und dem sogenannten Vorlauf (vgl. BECHTE 83, S. 93). Der Vorlauf läßt sich im Durchlaufdiagramm als mittlerer horizontaler Abstand zwischen der Zu- und der Abgangskurve deuten. In ihm spiegelt sich wider, wie lange die Arbeitsgänge durchschnittlich am Arbeitsplatz geblieben wären, falls man sie grundsätzlich nach dem FIFO-Prinzip abgefertigt hätte (vgl. BECHTE 83, S. 93 f. und WIENDAHL 87b, S. 112). Die Berechnung des Reihenfolgeanteils läuft damit auf einen Vergleich zwischen der tatsächlichen und der gemäß FIFO-Regel zu erwartenden Verweilzeit hinaus.

Mit Hilfe des Reihenfolgeanteils schätzt DIPSEX-P ab, inwieweit die Reihenfolgeplanung nach dem FIFO-Prinzip verfährt. Ist er positiv, so neigt die angewandte Prioritätsregel dazu, ältere Aufträge vorzuziehen; wenn er den Wert 0 annimmt, liegt eine reine FIFO-Strategie vor; ein negativer Reihenfolgeanteil läßt auf eine bevorzugte Abfertigung jüngerer Aufträge schließen.

5.4.2.2 Kennzahlen-Beziehungen

End-Verzüge von Arbeitsgängen gehen ex definitione entweder auf Start-Verzüge oder auf Verzugs-Differenzen zurück. Letztere stimmen mit den Plan-Ist-Abweichungen der Durchlaufzeiten überein und knüpfen somit an die in Kapitel 5.3 diskutieren Durchlaufzeit-Analysen an. Mit Hilfe zusätzlicher Kennzahlen versucht DIPSEX-P, zu tieferliegenden Ursachen vorzustoßen.

Um zu ergründen, ob der Start-Verzug der Auftragsfreigabe oder vorgelagerten Kapazitätseinheiten anzulasten ist, zieht das Diagnosesystem die mittlere Position heran. Liegt die Kennzahl nahe bei 1, so erhält die Arbeitsstation die bei ihr eintreffenden Arbeitsgänge in der Regel unmittelbar von der Auftragsfreigabe; nimmt sie größere Werte an, so durchlaufen die Lose zumeist mehrere Vorgänger-Maschinen, ehe sie zur betrachteten Kapazitätseinheit gelangen. Des weiteren spaltet DIPSEX-P den Start-Verzug mit Hilfe der End-Verzüge der Vorgängermaschinen in seine einzelnen Bestandteile auf, um auf diese Weise ausfindig zu machen, welche der im Materialfluß vorgelagerten Kapazitätseinheiten den stärksten Einfluß auf den Start-Verzug ausüben. Dadurch wird es möglich, im Detail zu verfolgen, wie sich Verzüge über mehrere Arbeitsstationen hinweg fortpflanzen.

Als Ursachen für die Entwicklung der Verzugs-Differenz kommen zum einen falsch dimensionierte Plan-Zeiten in Frage. Der Verdacht, daß den Planungen systematisch verzerrte Vorgaben zugrunde gelegt werden, drängt sich vor allem dann auf, wenn die Kennzahlen-Variante "Terminabweichungs-Differenz" hohe Werte annimmt. Weitere potentielle Einflußfaktoren sind die Nachliege- und Transport-Verzugs-Differenz, die Kapazitätsauslastung, der Verfügbarkeitsgrad sowie die Reihenfolgeplanung.

Während die Nachliege- und Transport-Verzugs-Differenz denjenigen Teil der Arbeitsgang-Verzugs-Differenz darstellt, den in der Regel nicht die betrachtete Kapazitätseinheit, sondern andere Faktoren, etwa das Transportwesen oder die Materialbereitstellung, zu vertreten haben, betreffen die Kapazitätsauslastung, der Verfügbarkeitsgrad sowie die Reihenfolgeplanung unmittelbar das Abfertigungsverhalten der einzelnen Arbeitsstationen. Im Falle der Kapazitätsauslastung gilt eine gleichläufige, im Falle des Verfügbarkeitsgrades eine gegenläufige Beziehung als Hinweis auf einen ursächlichen Zusammenhang. Um die Auswirkungen der Reihenfolgeplanung zu durchleuchten, bedient sich DIPSEX-P der Kennzahlen "KOZ-LOZ-Indikator" und "Reihenfolgeanteil". Obwohl es eine Vielzahl von Prioritätsregeln gibt (vgl. z. B. PANWALKAR/ISKANDER 77, HACKSTEIN 84, S. 192 f., KNOOP 86, S. 35 f. und HAUPT 89), analysiert das System lediglich, ob die Abfertigung tendenziell auf einer LOZ-, einer KOZ-, einer FIFO- oder einer stark von FIFO abweichenden Regel beruht. Diese Vereinfachung erscheint aus zwei Gründen gerechtfertigt: Zum einen können die genannten idealtypischen Strategien mit Hilfe der oben erwähnten Kennzahlen diagnostiziert werden, ohne daß es erforderlich wäre, die Warteschlangendisziplin mit übermäßig aufwendigen statistischen Verfahren en détail zu rekonstruieren; zum anderen ist für sie reichhaltige Literatur verfügbar, so daß sich über ihre Vor- und Nachteile relativ zuverlässige Tendenzaussagen treffen lassen.

Bei der Sichtung der einschlägigen Literaturstellen kristallisieren sich die folgenden generellen Wertungen heraus (vgl. z. B. EILON 79, BLACKSTONE/PHILLIPS/HOGG 82, BERG 84, HOFMANN 84, S. 101 ff., MÜLLER-MERBACH 84, HANSMANN 87 und REESE 88, S. 8 ff.):

a) Die FIFO-Regel stellt zwar sicher, daß Aufträge nicht über Gebühr warten müssen. Was hingegen die Erfüllung weitergehender Ziele, wie etwa der Minimierung des Rüstzeitanteils oder der flexiblen Abarbeitung von Eilaufträgen, anbelangt, so ist es nicht empfehlenswert, sie starr zu befolgen. Weicht man jedoch grundsätzlich von ihr ab, so resultiert daraus eine Privilegierung älterer oder jüngerer Aufträge, während sich für die liegengebliebenen Lose, die bei der Kapazitätszuteilung vorläufig nicht zum Zuge gekommen sind, die Wartezeiten unnötig aufblähen; dadurch erhöht sich die Anzahl derjenigen Aufträge, die schneller oder langsamer als geplant fertiggestellt werden, wohingegen die mittlere Terminabweichungs-Differenz weitgehend unbeeinflußt bleibt. Für die Schwachstellendiagnose leitet sich daraus die Heuristik ab, daß ein stark von 0 abweichender Reihenfolgeanteil auf häufige Reihenfolgevertauschungen hindeutet und eine mögliche Ursache für Verzugs-Differenzen, insbesondere für Verfrühungs- und Verspätungs-Differenzen, darstellt.

b) Die KOZ-Strategie führt in bezug auf die Durchlaufzeit, die Terminabweichungs-Differenz und die mittlere Anzahl wartender Lose im allgemeinen zu akzeptablen Ergebnissen. Allerdings besteht die Gefahr, daß die rasche Abfertigung kleiner Lose mit Verzögerungen für die großen erkauft wird und sich damit sowohl Verfrühungs- als auch Verspätungs-Differenzen einstellen. Im Gegensatz dazu gilt die LOZ-Regel hinsichtlich der drei genannten Ziele als weitgehend unbrauchbar. Infolgedessen stuft DIPSEX-P die KOZ-Regel als bedingt positiv und die LOZ-Regel als negativ ein.

In Abbildung 5.4.2.2/1 sind die typischen Konstellationen, mit deren Hilfe DIPSEX-P seine Schlüsse zieht, tabellarisch aufgelistet.

Abb. 5.4.2.2/1 — Typische Konstellationen der Kennzahlen-Hierarchie "Arbeitsgang-End-Verzug"

Übergeordnete Kennzahl	Untergeordnete Kennzahl	TK
End-Verzug	Start-Verzug	+
End-Verzug	Verzugs-Differenz	+
Start-Verzug	Mittlere Position	*
Start-Verzug	Vorgänger-End-Verzüge	+
Verzugs-Differenz	Nachliege- und Transport-Verzugs-Differenz	+
Verzugs-Differenz	Kapazitätsauslastung	+
Verzugs-Differenz	Verfügbarkeitsgrad	–
Verzugs-Differenz	KOZ-LOZ-Indikator	*
Verzugs-Differenz	Reihenfolgeanteil	*

Legende:
TK Typische Konstellationen
\+ Gleichläufige Beziehung
– Gegenläufige Beziehung
* Siehe Erklärung im Text

5.4.3 Kennzahlen-Hierarchie "Werkstattauftrags-End-Verzug"

5.4.3.1 Kennzahlen

Die Kenngrößen, aus denen die Hierarchie "Werkstattauftrags-End-Verzug" besteht, sind in Abbildung 5.4.3.1/1 wiedergegeben.

Abb. 5.4.3.1/1	Kennzahlen der Hierarchie "Werkstattauftrags-End-Verzug"

1 Werkstattauftrags-End-Verzug
- Definition: Abweichung zwischen tatsächlichen und geplanten Werkstattauftrags-End-Terminen
- Referenz-Werte: Ideal-Wert 0

1.1 Werkstattauftrags-Bedeutung
- Definition: Anteil einer Werkstattauftrags-Gruppe am Arbeitsvolumen aller Werkstattauftrags-Gruppen
- Referenz-Werte: Ideal-Werte

1.2 Lieferanten-Verzug
- Definition: Abweichung zwischen tatsächlichen und geplanten Lieferterminen
- Referenz-Werte: Ideal-Wert 0

1.3 Werkstattauftrags-Start-Verzug
- Definition: Abweichung zwischen tatsächlichen und geplanten Werkstattauftrags-Start-Terminen
- Referenz-Werte: Ideal-Wert 0

1.4 Werkstattauftrags-Verzugs-Differenz
- Definition: Abweichung zwischen tatsächlichen und geplanten Werkstattauftrags-Durchlaufzeiten
- Referenz-Werte: Ideal-Wert 0

1.4.1 Kapazitätsauslastung
- Definition: Anteil der Bearbeitungs- und Rüstzeiten an der tatsächlich verfügbaren Kapazität
- Referenz-Werte: Plan- und Ideal-Werte

1.4.2 Verfügbarkeitsgrad
- Definition: Anteil der tatsächlich verfügbaren an der maximal verfügbaren Kapazität
- Referenz-Werte: Plan-Werte; Ideal-Wert 100 %

Während sich die Kennzahlen "End-Verzug", "Werkstattauftrags-Bedeutung", "Start-Verzug" und "Verzugs-Differenz" auf Werkstattauftrags-Gruppen beziehen und die Kennzahl "Lieferanten-Verzug" als globaler Durchschnitt über sämtliche eingehende Lieferungen errechnet wird, handelt es sich bei den Kennzahlen "Kapazitätsauslastung" und "Verfügbarkeitsgrad" um maschinenbezogene Werte. Im Gegensatz zu den Größen, auf denen die in Abschnitt 5.1 erörterten Kapazitätsanalysen beruhen, sind sie allerdings keine maschinenweise gebildeten, sondern lediglich globale Mittelwerte, die sich über sämtliche Kapazitätseinheiten erstrecken.

Anmerkungen zu den Kennzahlen "Werkstattauftrags-End-Verzug", "Werkstattauftrags-Start-Verzug" und "Werkstattauftrags-Verzugs-Differenz":

Bei allen Kennzahlen, die Werkstattauftrags-Verzüge messen, unterscheidet DIPSEX-P jeweils zwischen Terminabweichungs-, Verfrühungs- und Verspätungs-Größen sowie zwischen ungewichteten und gewichteten Mittelwerten. So tritt etwa der Werkstattauftrags-End-Verzug in folgenden sechs Varianten auf:

- ungewichtete und gewichtete Werkstattauftrags-End-Terminabweichung,
- ungewichtete und gewichtete Werkstattauftrags-End-Verfrühung sowie
- ungewichtete und gewichtete Werkstattauftrags-End-Verspätung.

Anmerkungen zur Kennzahl "Lieferanten-Verzug":

Da der Lieferanten-Verzug lediglich dazu dient, auf globaler Ebene einen möglichen Einflußfaktor abzuprüfen, ist es nicht angezeigt, ihn ähnlich den übrigen Verzugs-Größen weiter aufzugliedern. DIPSEX-P legt seinen Betrachtungen daher die einfachste Kennzahlen-Variante, nämlich die ungewichtete Abweichung zwischen Plan- und Ist-Lieferterminen, zugrunde.

5.4.3.2 Kennzahlen-Beziehungen

Die Analyse der Werkstattauftrags-Verzüge ähnelt in ihrem Aufbau den entsprechenden arbeitsgangbezogenen Untersuchungen.

Als mögliche Erklärungen für End-Verzüge kommen Lieferanten-Verzüge, Start-Verzüge und Verzugs-Differenzen in Frage. Läßt sich ein Zusammenhang zwischen End- und Lieferanten-Verzügen nachweisen, so ist zu erwägen, die Bestellpolitik zu revidieren. Sofern verspätete Fertigstellungen auf Anfangs-Verzüge zurückgehen, zeichnen die Auftragsfreigabe oder die Materialbereitstellung für die mangelhafte Termintreue verantwortlich. Sind hingegen die Verzugs-Differenzen der ausschlaggebende Faktor, so liegt die Schwachstelle in Plan-Ist-Abweichungen der Werkstattauftrags-Durchlaufzeiten begründet.

Um potentielle Ursachen für die Entwicklung der Verzugs-Differenzen ausfindig zu machen, durchleuchtet DIPSEX-P stellvertretend für die zahlreichen schwer quantifizierbaren Einflüsse, welche auf die Werkstatt ausstrahlen, die Kapazitätsauslastung und den Verfügbarkeitsgrad. Ähnlich wie bei der Untersuchung der Werkstattauftrags-Durchlaufzeit, so beschränkt sich DIPSEX-P auch hier auf pauschale Mittelwerte; fundiertere Analysen des Auftragsdurchlaufes sind dem in Abschnitt 5.4.2 diskutierten Diagnosebereich "Arbeitsgang-End-Verzug" vorbehalten.

Abbildung 5.4.3.2/1 zeigt die typischen Konstellationen, auf die sich die Schlußfolgerungen von DIPSEX-P stützen.

Abb. 5.4.3.2/1	Typische Konstellationen der Kennzahlen-Hierarchie "Werkstattauftrags-End-Verzug"	
Übergeordnete Kennzahl	**Untergeordnete Kennzahl**	**TK**
End-Verzug	Lieferanten-Verzug	+
End-Verzug	Start-Verzug	+
End-Verzug	Verzugs-Differenz	+
Verzugs-Differenz	Kapazitätsauslastung	+
Verzugs-Differenz	Verfügbarkeitsgrad	–

Legende: TK Typische Konstellationen
\+ Gleichläufige Beziehung
– Gegenläufige Beziehung

5.5 Überblicksuntersuchungen

Behandelten die Abschnitte 5.1 bis 5.4 das für Detailuntersuchungen erforderliche Wissen, so wendet sich das vorliegende Kapitel den Überblicksbetrachtungen zu. Da beide Diagnosearten einander weitgehend ähneln, genügt es, lediglich auf die Unterschiede einzugehen. Überblicksuntersuchungen weichen von Detailanalysen vor allem in folgenden drei Punkten ab:

a) Ihre Bezugsobjekte sind nicht einzelne Kapazitätseinheiten, Teilegruppen oder Werkstattauftrags-Gruppen, sondern Mengen, die jeweils mehrere derartige Entitäten zusammenfassen. Ihre Analysen stützen sich auf hochverdichtete Durchschnittswerte und gehen insbesondere der Frage nach, wie hoch der Anteil jener Objekte ist, bei denen Über- bzw. Unterschreitungen oder positive bzw. negative Trends zu verzeichnen sind.

b) Die Beurteilungskennzahlen "Kapazitätsbedeutung", "Teilebedeutung" und "Werkstattauftrags-Bedeutung" fungieren im Rahmen von Überblicksbetrachtungen als Hilfsgrößen, um die partikulären Diagnosen zu einem Gesamturteil zu verdichten. Dazu mittelt das Diagnosesystem - getrennt nach Maschinen, Teilegruppen und Werkstattauftrags-Gruppen - die Bedeutungen aller Objekte, bei denen es starke Abweichungen von Referenz-Werten festgestellt hat. Übersteigt einer der Durchschnitte die vom Benutzer vorgegebenen Schwellen, so gibt es ein entsprechendes Memento aus.

c) Da bei der Betrachtung aggregierter Größen eine detaillierte Diagnostik an ihre Grenzen stößt, beschränken sich Überblicksanalysen auf die beiden obersten Ebenen der Kennzahlen-Hierarchien. Hier finden sich jene Faktoren, die unmittelbar auf die an der Spitze stehende Kennzahl einwirken. Indirekte Einflüsse, die niedrigeren Stufen angehören, bleiben außer Betracht. In den Abbildungen 5.5/1 bis 5.5/4 sind die reduzierten Kennzahlen-Hierarchien dargestellt, auf denen die Überblicksbetrachtungen der Bereiche "Kapazitätsnutzung", "Bestände", "Durchlaufzeiten" und "Termintreue" aufbauen.

Abb. 5.5/1 Aggregierte Betrachtung der Kapazitätsauslastung und der Warteschlangenlänge

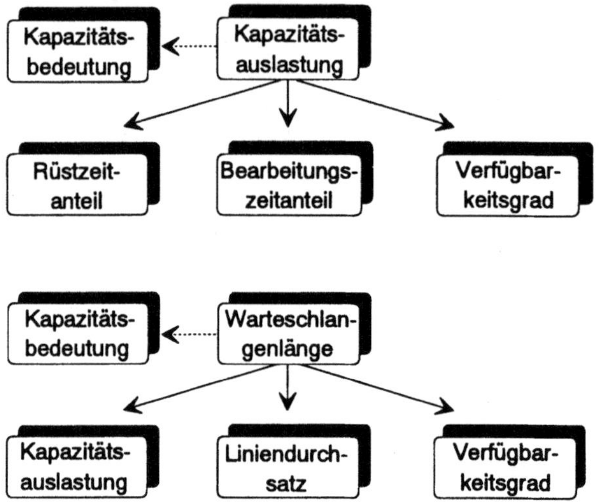

Abb. 5.5/2 Aggregierte Betrachtung des Bestandes

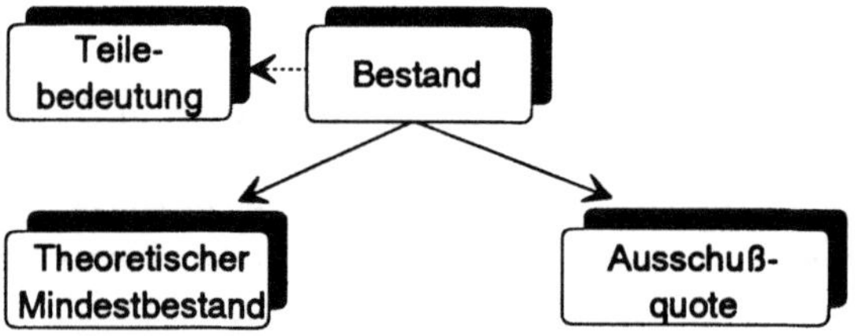

Abb. 5.5/3 Aggregierte Betrachtung der Arbeitsgang- und der Werkstattauftrags-Durchlaufzeit

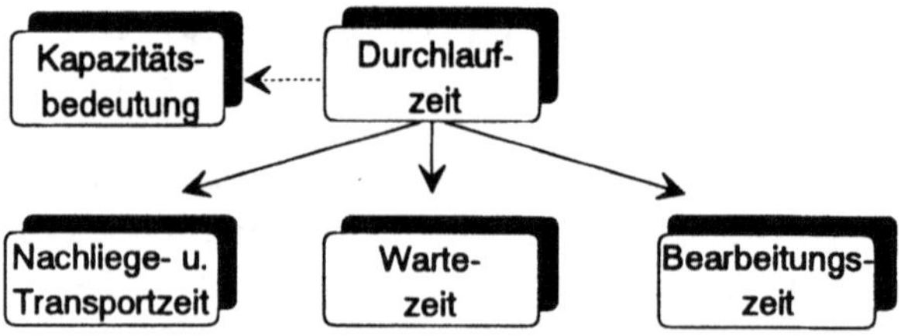

Abb. 5.5/3

Aggregierte Betrachtung der Arbeitsgang- und der Werkstattauftrags-Durchlaufzeit (Fortsetzung)

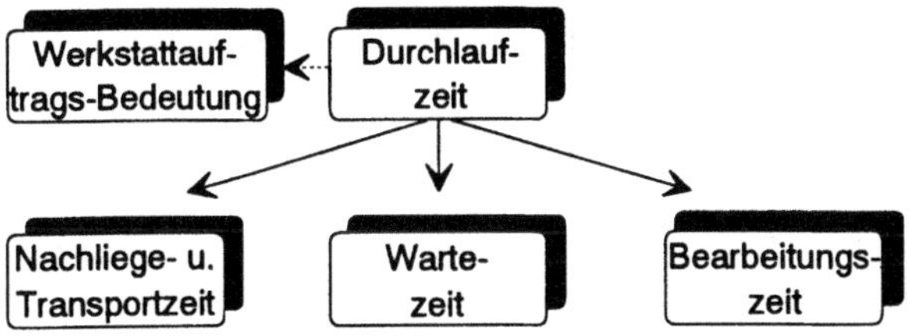

Abb. 5.5/4

Aggregierte Betrachtung des Arbeitsgang- und des Werkstattauftrags-End-Verzuges

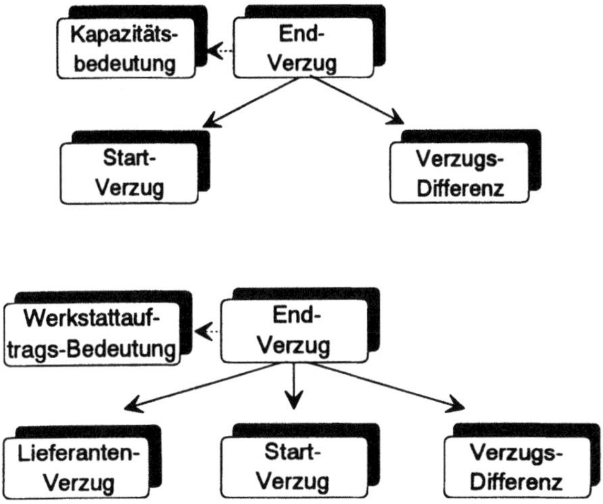

6 Prototyp von DIPSEX-P

6.1 Verwendete Hard- und Software

Ein erster Prototyp von DIPSEX-P, der den Beweis für die Durchführbarkeit des in den Kapiteln 4 und 5 dargelegten Konzeptes antreten sollte, entstand an der Abteilung Wirtschaftsinformatik der Universität Erlangen-Nürnberg (vgl. LORMANN 90 und DÖTSCH 91). Er läuft auf einem Großrechner des Typs IBM 3090-120 S, der im Regionalen Rechenzentrum der Universität Erlangen-Nürnberg installiert ist, und wurde mit der regelbasierten Expertensystem-Shell ESE/VM (**E**xpert **S**ystem **E**nvironment/Virtual **M**achine) realisiert (vgl. BEHRENDT 87, IBM 88a und IBM 88b). Das zugrundeliegende Betriebssystem ist CMS (**C**ommunication **M**onitoring **S**ystem).

ESE setzt sich aus zwei komplementären Produkten zusammen: Die **Entwicklungsumgebung ESDE** (**E**xpert **S**ystem **D**evelopment **E**nvironment) ist auf die Bedürfnisse des Entwicklers zugeschnitten und bietet ihm zahlreiche Funktionen an, die ihn beim Aufbau und bei der Erprobung von Wissensbasen unterstützen; im Gegensatz dazu eignet sich die **Konsultationsumgebung ESCE** (**E**xpert **S**ystem **C**onsultation **E**nvironment), die auf derartige Hilfen verzichtet, aufgrund ihrer größeren Abarbeitungseffizienz für den routinemäßigen Einsatz bereits ausgetesteter Expertensysteme. In beiden Umgebungen ist eine rudimentäre Erklärungskomponente verfügbar.

Mit ESE entwickelte Expertensysteme bestehen aus einer oder mehreren **Wissensbasen**, die jeweils einen material zusammengehörigen Ausschnitt des Gesamtwissens abbilden. Innerhalb der Wissensbasen beruht die Wissensrepräsentation auf fünf sogenannten ESE-Objekten:

a) Anwendungsspezifisch veränderbare **Bildschirmmasken** erlauben es dem Entwickler, die Benutzeroberfläche seinen Wünschen gemäß auszugestalten.

b) **Parameter** geben Fakten und Ergebnisse in Form von Attribut-Wert-Paaren wieder; sie ähneln weitgehend den Variablen herkömmlicher Programmiersprachen.

c) **Regeln** stellen zwischen Objekten, insbesondere zwischen Parametern, Wenn-Dann-Beziehungen her. Eine DIPSEX-P-Regel für eine zeitraumbezogene Analyse der Kapazitätsauslastung lautet sinngemäß folgendermaßen: "Wenn der Parameter 'Steigung der Kapazitätsauslastung' signifikant positiv und der Parameter 'Steigung des Verfügbarkeitsgrades' signifikant negativ ist, dann soll dem Parameter 'Diagnose' der Text zugewiesen werden: 'Die gestiegene Kapazitätsauslastung geht vermutlich auf den gesunkenen Verfügbarkeitsgrad zurück.'"

d) **Focus-Control-Blöcke** (FCBs) fassen jeweils die zu einem Teilproblem gehörenden Bildschirmmasken, Parameter und Regeln zusammen. Der Entwickler kann sie gemäß der Struktur der zu bearbeitenden Aufgabe in komplexen Hierarchien anordnen und dadurch der Wissensbasis eine modulare Architektur verleihen. Im Falle von DIPSEX-S liegt es etwa nahe, die FCB-Bäume den zwischen den Kennzahlen bestehenden kausalen Zusammenhängen nachzubilden. Darüber hinaus umfassen die FCBs sogenannte

Kontrolltexte, welche die Abarbeitungsstrategie festlegen. Der Kontrolltext des für die Kapazitätsauslastung zuständigen FCB beinhaltet beispielsweise eine Passage, die sinngemäß folgendes besagt: "Nach der Analyse der Kapazitätsauslastung sind die drei FCBs zur Diagnose des Rüstzeitanteils, des Bearbeitungszeitanteils und des Verfügbarkeitsgrades zu aktivieren"

e) Inhaltlich zusammengehörige ESE-Objekte kann der Entwickler zu **Gruppen** arrangieren. Damit eröffnet sich ihm die Möglichkeit, mehrere Parameter, Regeln oder Focus Control-Blöcke jeweils unter einem gemeinsamen Namen anzusprechen und so die Ablaufsteuerung zu vereinfachen.

Einige periphere Komponenten des Prototyps sind nicht mit ESE, sondern mit anderen Programmierwerkzeugen realisiert. Ein Transfer- und ein Verdichtungsprogramm sind in VS COBOL II implementiert. Bei der Erstellung der DIPSEX-P-Datenbanken fiel die Wahl auf das Softwareprodukt SQL/DS (**S**tructured **Q**uery **L**anguage/**D**ata **S**ystems); den Ausschlag gab der Umstand, daß es über erprobte Schnittstellen zur eingesetzten Expertensystem-Shell ESE verfügt.

6.2 Aufbau und Funktionsweise des Prototyps

6.2.1 Überblick

Abbildung 6.2.1/1 veranschaulicht den Aufbau des DIPSEX-P-Prototyps.

Abb. 6.2.1/1	Aufbau des DIPSEX-P-Prototyps

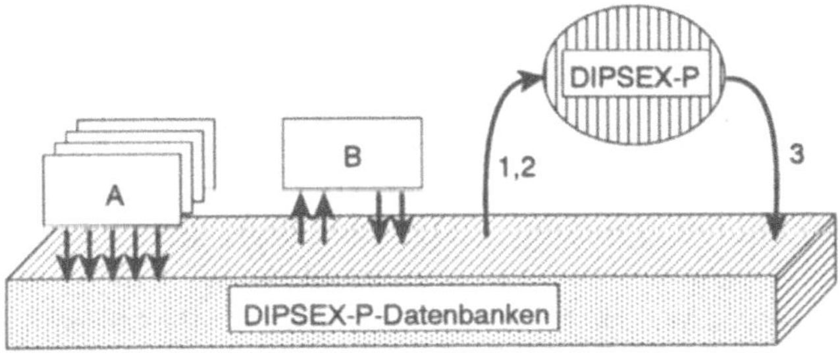

A ("Kennzahlenberechnung"): Eingabe der Kennzahlen-Zeitreihen

B (Kennzahlenverdichtung): Berechnung statistischer Kenngrößen aus den Kennzahlen-Zeitreihen

Eingaben und Ausgaben von DIPSEX-P:
1: Kennzahlen-Zeitreihen
2: Statistische Kenngrößen der Kennzahlen-Zeitreihen
3: Diagnosen

Im Gegensatz zu dem in Abbildung 4.1.1/1 skizzierten Konzept verfügt er über keine unmittelbare Anbindung an ein PPS-System. Es hat sich vielmehr als notwendig erwiesen, die für seine Diagnosen benötigten Kennzahlen-Zeitreihen in einer Hilfsdatei abzulegen und den DIPSEX-P-Datenbanken mit Hilfe eines konventionellen Programms zuzuführen. Diese Hilfslösung erklärt sich vor allem aus der Tatsache, daß die gegenwärtig an der Abteilung Wirtschaftsinformatik vorhandene COPICS-Version im Gegensatz zur verwendeten Expertensystem-Shell nicht unter CMS, sondern unter DOS/VSE (**D**isk **O**perating **S**ystem/Virtual Storage **E**xtended) läuft und systemnahe Bridge-Software, die einen konsistenten Datentransfer über die Betriebssystemgrenze hinweg erlauben würde, im geschilderten Projektstadium noch nicht fertiggestellt war.

Um den Prototypen in eine realitätsnahe Testumgebung einbetten zu können, entstand im Rahmen eines übergeordneten Forschungsprojektes ein Modellbetrieb (vgl. ARENZ 88 und KRAUSE 88). Dabei galt es, zwei gegensätzliche Anforderungen miteinander in Einklang zu bringen: Die Produktion sollte einerseits leicht überschaubar sein, andererseits aber eine für Forschungszwecke hinreichende Komplexität aufweisen. Der Modellbetrieb ist einem realen Fahrradhersteller nachempfunden, in dessen Fertigungsbereich etwa 350 Personen beschäftigt sind und dessen Jahresumsatz sich auf 50 bis 60 Mio. DM beläuft. Seine drei Produktgruppen umfassen 47 Fahrradtypen. Zu ihrer Fertigung sind ungefähr 700 Teile sowie 120 Einzelmaschinen erforderlich. Mit Hilfe des Modellbetriebes lassen sich Szenarien erstellen, die Experimente in verschiedenen fingierten Situationen ermöglichen. Daneben wird an der Implementierung eines Simulators gearbeitet, der die in der Realität auftretenden ungeplanten Ereignisse nachbildet und Rückmeldungen an COPICS erzeugt.

6.2.2 Vorverarbeitung

Die Eingabe der Zeitreihen übernimmt ein in VS COBOL II geschriebenes Programm, das, um die Analogie zu der in Abbildung 4.1.1/1 dargestellten Architektur zu wahren, als **"Kennzahlenberechnung"** bezeichnet wird. Seine Aufgabe erschöpft sich - entgegen dem ursprünglichen Konzept - darin, die Kennzahlen aus einer sequentiellen Hilfsdatei zu lesen und in die entsprechenden DIPSEX-P-Datenbanken einzutragen.

Bei der **Kennzahlenverdichtung** mußte ebenfalls vom anfänglichen Entwurf geringfügig abgewichen werden. Zunächst war geplant, das Verdichtungsprogramm zur Laufzeit anzustoßen. Bei der Realisation des Prototyps stellte sich indessen heraus, daß der Aufruf externer COBOL-Prozeduren den Programmabbruch der Expertensystem-Shell nach sich zieht. Deshalb wurde eine starre Lösung gewählt, bei der die Kennzahlenverdichtung den Analysesitzungen stets vorausgeht.

Das Programm "Kennzahlenverdichtung" ist ebenfalls in VS COBOL II implementiert. Es bereitet die Kennzahlen-Zeitreihen für vergangenheits- und zukunftsorientierte Zeitraumbetrachtungen auf. Während es für die Zwecke retrospektiver Diagnosen Erwartungswerte, Varianzen und Trends berechnet, schreibt es im Hinblick auf prospektive Analysen die Zeitreihen mit linearer Trendextrapolation und exponentieller Glättung 1. Ordnung in die Zukunft fort. Um aufzuzeigen, wie sich unterschiedliche Gewichtungen der Vergangenheitswerte in den Vorhersagen niederschlagen, zieht es zwei Glättungsparameter, nämlich 0.2 und 0.4, heran.

6.2.3 Diagnoseerstellung

Der DIPSEX-P-Prototyp setzt sich aus zwei Teil-Expertensystemen zusammen, von denen das eine die betriebsseitigen Ziele "angemessene Kapazitätsauslastung" und "niedrige Bestände" und das andere die marktseitigen Ziele "kurze Durchlaufzeiten" und "gute Termintreue" durchleuchtet (vgl. LORMANN 90 und DÖTSCH 91). Da sich die beiden Subsysteme in ihrem Aufbau weitgehend ähneln, wird im folgenden ausschließlich das auf die betriebsseitigen Ziele spezialisierte Teilprogramm vorgestellt.

Abbildung 6.2.3/1 zeigt die Wissensbasen dieses Prototyps. Hinsichtlich der Funktionen, die sie im Rahmen der Diagnosen wahrnehmen, zerfallen sie in zwei Gruppen: Während die **administrativen Wissensbasen** subsidiäre Aufgaben versehen und beispielsweise den Analyseablauf steuern, das Analysewissen verwalten und den Dialog mit dem Benutzer gestalten, sind die **Diagnosewissensbasen** für die eigentlichen Untersuchungen zuständig.

Abb. 6.2.3/1	Wissensbasen des DIPSEX-P-Prototyps zur Untersuchung der betriebsseitigen Ziele

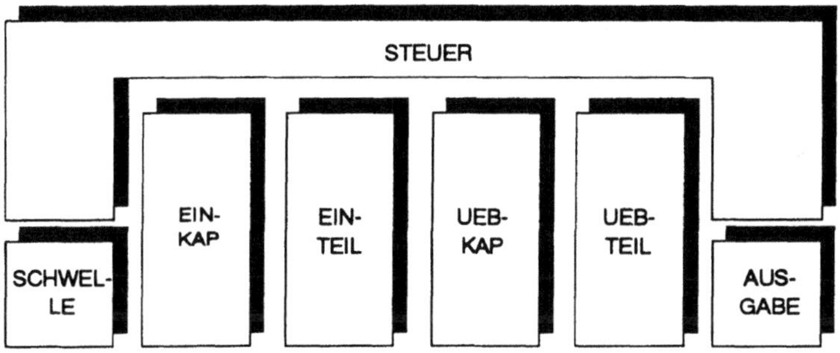

Administrative Wissensbasen
STEUER: Aufruf der anderen Module in Abhängigkeit von den Benutzereingaben
SCHWELLE: Anzeigen und Modifizieren von Referenz-Werten und Toleranzschwellen
AUSGABE: Laden und Anzeigen der Diagnoseergebnisse

Diagnosewissensbasen
EIN-KAP: Detailuntersuchungen des Bereichs "Kapazitätsnutzung"
EIN-TEIL: Detailuntersuchungen des Bereichs "Bestände"
UEB-KAP: Überblicksuntersuchungen des Bereichs "Kapazitätsnutzung"
UEB-TEIL: Überblicksuntersuchungen des Bereichs "Bestände"

6.2.3.1 Administrative Wissensbasen

Abbildung 6.2.3.1/1 gibt eine Vorstellung vom Umfang der administrativen Module. Als Komplexitätsmaß dient die Anzahl der in den Wissensbasen enthaltenen ESE-Objekte.

Abb. 6.2.3.1/1	Umfang der administrativen Module				
WISSENSBASEN	PARAMETER	REGELN	FCBs	GRUPPEN	MASKEN
STEUER	2	4	3	0	2
SCHWELLE	59	30	17	17	6
AUSGABE	415	489	110	63	73

Das Modul STEUER umfaßt zwar nur wenige Regeln, koordiniert jedoch den gesamten Analyseablauf. Je nachdem, ob der Benutzer die Absicht bekundet, einen neuen Diagnoselauf zu starten, die Ergebnisse früherer Analysesitzungen zu laden oder Referenz- und Schwellenwerte einzusehen, stößt es gezielt eines der Module EIN-KAP, EIN-TEIL, UEB-KAP, UEB-TEIL, AUSGABE oder SCHWELLE an.

Das Modul SCHWELLE ermöglicht es dem Anwender, sich die Referenz- und Schwellenwerte menügesteuert anzeigen zu lassen und sie gegebenenfalls abzuändern. Nachdem er die neuen Daten in einem Analyselauf erprobt hat, steht es ihm frei, die bisherigen Werte beizubehalten oder sie durch die neuen zu ersetzen. Entschließt er sich zur Übernahme der modifizierten Parameter, so treten diese in den Datenbanken endgültig an die Stelle der ursprünglichen Werte; anderenfalls führt das Modul SCHWELLE mit Hilfe einer Sicherungskopie der alten Feldinhalte, die in einer Hilfsdatenbank gehalten wurde, eine Restitutio ad integrum durch.

Der Wissensbasis AUSGABE obliegt die Präsentation der von den Diagnosemodulen erstellten Ergebnisse. Sie lädt entweder die Resultate des aktuellen Analyselaufes oder vom Benutzer auszuwählende frühere Diagnosen. Um dem Anwender die Suche im Diagnosearchiv zu erleichtern, bietet sie ihm eine Übersicht über alle aufgezeichneten Datumsangaben an. Weitere Hilfefunktionen, die sowohl für historische als auch für aktuelle Diagnosen verfügbar sind, sollen gewährleisten, daß er sich in den Berichten zurechtfindet. So besteht etwa die Möglichkeit, alle Objekte, für die Ergebnisse vorliegen, oder alle Kapazitätseinheiten, die zum Analysezeitpunkt Engpässe waren, am Bildschirm aufzulisten.

6.2.3.2 Diagnosewissensbasen

Abb. 6.2.3.2/1	Umfang der Diagnosemodule				
WISSENSBASEN	PARAMETER	REGELN	FCBs	GRUPPEN	MASKEN
EIN-KAP	576	455	26	55	1
EIN-TEIL	239	195	14	26	0
UEB-KAP	301	350	25	22	0
UEB-TEIL	225	433	28	38	0

Den Diagnosewissensbasen kommt die Aufgabe zu, die Kennzahlen-Zeitreihen zu analysieren und die Diagnosetexte in speziellen DIPSEX-P-Datenbanken abzulegen. Diese Befunde können anschließend mit Hilfe des Moduls AUSGABE am Bildschirm angezeigt werden. Abbildung 6.2.3.2/1 vermittelt einen Eindruck vom Umfang der Diagnosewissensbasen.

6.2.3.2.1 Struktur der Diagnosewissensbasen

Die Diagnosemodule weisen große strukturelle Ähnlichkeiten auf. In ihnen spiegeln sich einerseits die in Kapitel 5 entwickelten **Kennzahlen-Hierarchien** und andererseits das in Kapitel 4 vorgestellte Integrationsschema wider, das die Analysen nach den Kriterien "**Detaillierungsgrad**", "**fertigungswirtschaftliche Ziele**" und "**Zeitbezug**" klassifiziert. Die Module UEB-KAP und UEB-TEIL sind für die überblicksweise Untersuchung der Kapazitätsnutzung und der Bestände, die Module EIN-KAP und EIN-TEIL für die entsprechenden detaillierten Diagnosen zuständig. Gemäß den vorgestellten Kennzahlen-Hierarchien durchleuchten die kapazitätsbezogenen Module UEB-KAP und EIN-KAP die Bereiche "Kapazitätsauslastung" und "Warteschlangenlänge", während sich die teilebezogenen Wissensbasen UEB-TEIL und EIN-TEIL auf den mittleren Bestand erstrecken. Die vier Diagnosewissensbasen decken sowohl Zeitpunkt- als auch Zeitraumbetrachtungen ab, so daß sich das Kriterium "Zeitbezug" nicht unmittelbar in ihrem Gefüge niederschlägt.

Wie der in Abbildung 6.2.3.2.1/1 wiedergegebene Auszug aus dem FCB-Baum von EIN-KAP zeigt, lehnen sich die Diagnosemodule unmittelbar an die in Kapitel 5 diskutierten Kennzahlen-Hierarchien an: Demjenigen FCB, der die Spitze einer Kennzahlen-Gruppe vertritt, sind jeweils weitere FCBs untergeordnet, die potentielle Einflußfaktoren repräsentieren und somit im Rahmen vertiefender Ursachenforschungen aufgerufen werden müssen.

Abb. 6.2.3.2.1/1	Auszug aus der FCB-Hierarchie des Moduls EIN-KAP

```
*  KAPAZITAETSAUSLASTUNG
***  RUESTZEITANTEIL
*****  AUSSCHUSSQUOTE
*****  LOSGROESSE
***  BEARBEITUNGSZEITANTEIL
*****  AUSSCHUSSQUOTE
***  VERFUEGBARKEITSGRAD

*  WARTESCHLANGENLAENGE
***  LINIENDURCHSATZ
*****  ANGEKOMMENE_ARBEITSINHALTE
*****  ABGEGANGENE_ARBEITSINHALTE
***  AUSLASTUNG
***  VERFUEGBARKEITSGRAD
```

Abbildung 6.2.3.2.1/2 stellt beispielhaft eine Diagnoseregel vor, welche die Konstellation zwischen dem Bearbeitungszeitanteil und der Kapazitätsauslastung überprüft. In verbaler Form lautet sie in etwa folgendermaßen: "Wenn der Parameter 'Anstieg des Bearbeitungszeitanteils' die für positive Trends gesetzte Signifikanzschwelle übersteigt und der Parameter 'Anstieg der Kapazitätsauslastung' die für negative Trends vorgegebene Signifikanzschwelle unterschreitet, erhält der Parameter 'hilfs_txt_bearb_4' einen gewissen (im Beispiel nicht näher spezifizierten) Wert."

Abb. 6.2.3.2.1/2	Beispielhafte Diagnoseregel des Moduls EIN-KAP

RULE: BEARBEITUNGSZEITANTEIL_R017

Rule text	if	bearbeitung_steigung	>	kap_steigung_toleranz
	and	aktkapazitaet_steigung	<	– kap_steigung_toleranz
	then	hilfs_txt_bearb_4	=	'...'

6.2.3.2.2 Struktur der Diagnoseergebnisse

Die Konzinnität der Diagnosemodule offenbart sich auch in der Struktur ihrer Ausgaben. Abbildung 6.2.3.2.2/1 veranschaulicht anhand des Moduls EIN-KAP das allgemeine Schema, an dem sich der Aufbau der Analyseergebnisse ausrichtet.

Abb. 6.2.3.2.2/1	Aufbau der Analyseergebnisse im Modul EIN-KAP

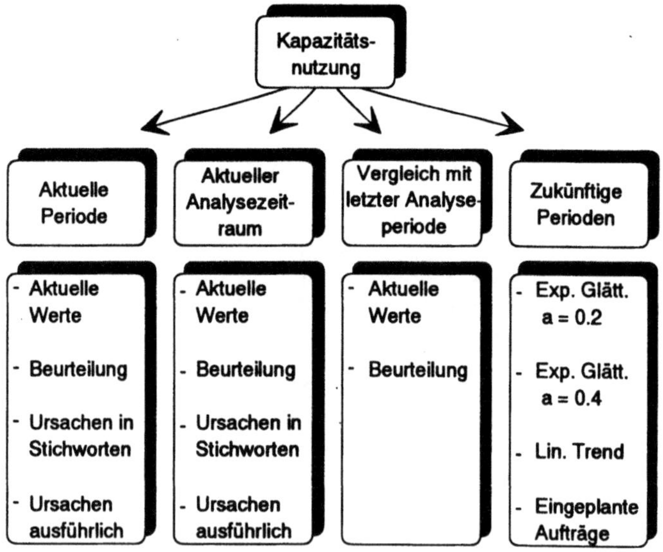

Die Resultate der Diagnosemodule zerfallen jeweils in vier Gruppen. Sie umfassen

- eine zeitpunktbezogene Analyse der für die aktuelle Periode gültigen Kennzahlenwerte,
- eine zeitraumbezogene Untersuchung, die sich auf die seit dem letzten Analyselauf verstrichenen Perioden erstreckt,

- einen Vergleich zwischen den Kennzahlenwerten des aktuellen und des vorangegangenen Analysezeitpunkts sowie
- eine Prognose, welche als Frühwarninstrument auf sich abzeichnende Entwicklungen hinweisen soll.

Bei der Betrachtung der aktuellen Periode und des aktuellen Analysezeitraums präsentiert und bewertet der Prototyp die an der Spitze der Hierarchien stehenden Kennzahlen, wobei er mögliche Gründe für Abweichungen oder Trends sowohl stichpunktartig als auch ausführlich angibt. Der Vergleich mit dem letzten Analysezeitpunkt besitzt grundsätzlich dieselbe Ergebnisstruktur; angesichts des zeitlichen Abstandes verzichtet das System hier allerdings auf tiefergehende Untersuchungen und beschränkt sich darauf, zwischenzeitlich eingetretene Veränderungen aufzuzeigen und kurz zu erläutern. Im Rahmen der Prognose gibt der Prototyp drei Werte aus, von denen zwei auf der exponentiellen Glättung 1. Ordnung und der dritte auf der linearen Trendextrapolation beruhen. Darüber hinaus bietet er an einigen Stellen die Möglichkeit, aus PPS-Daten gewonnene Werte heranzuziehen. So ist es etwa bei kapazitätsbezogenen Diagnosen möglich, durch die Auswertung bereits eingeplanter Aufträge detaillierte Voraussagen über die künftige Kapazitätsauslastung zu treffen. Einschränkend muß allerdings angemerkt werden, daß es sich wegen der fehlenden Anbindung an COPICS auch bei diesen PPS-Daten bislang um fingierte Testszenarien handelt.

6.3 Beispielhafter Konsultationsablauf

Nach dem Aufruf der Wissensbasis STEUER gelangt der Benutzer in das in Abbildung 6.3/1 dargestellte Eingangsmenü.

Abb. 6.3/1 — Eingangsmenü

```
DIPSEX-P                    Diagnosestart                 15. Aug. 1991


        Bitte wählen Sie den gewünschten Menüpunkt mit
        'X' an.


        X     Schwellenwerte verwalten
              Neuer Diagnoselauf
              Laden eines früheren Diagnoselaufes
              Beenden des Programmes


        PF13  HILFE         PF14  WEITERE INFORMATIONEN ZUR AUSWAHL

==>
```

Durch die Auswahl der entsprechenden Menüpunkte kann der Anwender gezielt weitere Wissensbasen ansteuern. Wünscht er beispielsweise, die Schwellen- und Referenz-Werte einzusehen oder ihnen neue Werte zuzuweisen, so kreuzt er den Punkt "Schwellenwerte verwalten" an. Daraufhin lädt STEUER die Wissensbasis SCHWELLE, und auf dem Bildschirm erscheint die in Abbildung 6.3/2 gezeigte Maske.

Abb. 6.3/2	Verwaltung der Referenz-Werte und Toleranzschwellen

```
DIPSEX-P          Anzeige Toleranzschwellen I          15. Aug. 1991

Soll ein Referenz-Wert oder eine Toleranzschwelle verändert
werden, so markieren Sie bitte die gewünschte Kennzahl durch ein
Kreuz. Wollen Sie keine Werte modifizieren, so markieren Sie
bitte den Punkt 'Keine Kennzahl verändern'.

      Kennzahlenbezeichnung   Ideal-Wert  Toleranz-    Toleranz-
                                          obergrenze   untergrenze

X     Keine Werte ändern
      Weitere Kennzahlen
      Kapazitätsauslastung         80          10           10
      Warteschlangenlänge                      10           10
      Liniendurchsatz              100         10           10
      Verfügbarkeitsgrad           100                      5
      Ausschußquote                0           5
      Losgröße                                 10           10
      Mittlerer Vorlauf                        10           5

==>
```

Durch den Menüpunkt "Keine Werte ändern" kommt der Benutzer zur Eingangsmaske zurück. Von dort aus kann er eine neue Analyse starten, indem er den Menüpunkt "Neuer Diagnoselauf" kennzeichnet. Dadurch veranlaßt er STEUER, die Diagnosewissensbasen EIN-KAP, EIN-TEIL, UEB-KAP sowie UEB-TEIL anzustoßen. Sobald die Auswertungen abgeschlossen sind, aktiviert das Modul STEUER automatisch die Wissensbasis AUSGABE. Auf dem Bildschirm baut sich die in Abbildung 6.3/3 skizzierte Auswahlmaske auf. Mit ihrer Hilfe kann der Anwender sowohl den Detaillierungsgrad als auch die zu untersuchende fertigungswirtschaftliche Zielgröße festlegen.

Abb. 6.3/3	Auswahl des Detaillierungsgrades und der Zielgröße

```
DIPSEX-P          Auswahl des Analyseobjektes          15. Aug. 1991

Diagnose vom 15/08/91


      Bitte wählen Sie einen Menüpunkt aus. Das Laden der
      Analyseergebnisse wird dann etwas Zeit in Anspruch
      nehmen.


            Überblick über die Kapazitätssituation
            Überblick über die Bestandssituation
      X     Betrachtung einzelner Kapazitätseinheiten
            Betrachtung einzelner Teilegruppen
            Vorheriges Menü


      PF13  HILFE       PF14  WEITERE INFORMATIONEN ZUR AUSWAHL

==>
```

Im Beispiel wird angenommen, daß der Benutzer eine Detailanalyse des Zieles "Kapazitätsnutzung" vornehmen will. Er wählt den Menüpunkt "Betrachtung einzelner Kapazitäten" an und gelangt in die in Abbildung 6.3/4 wiedergegebene Hilfsmaske, die ihn bei der Selektion der zu betrachtenden Kapazitätseinheit unterstützt.

Abb. 6.3/4	Auswahl der zu untersuchenden Kapazitätseinheit

```
DIPSEX-P          Auswahl der Kapazitätseinheit       15. Aug. 1991

Diagnose vom 15/08/91


        Bitte geben Sie die Bezeichnung der gewünschten
        Kapazitätseinheit in GROSSBUCHSTABEN ein.
        Als Hilfestellung kann eine Liste aller Kapazitäts-
        einheiten oder aller Engpässe angezeigt werden;
        im ersten Fall ist KAPAZITÄTEN, im zweiten Fall
        ENGPÄSSE einzugeben.

        Zum Programmabbruch bitte ENDE eingeben.


        ===>  ENGPÄSSE     <===


        PF13  HILFE        PF14  WEITERE INFORMATIONEN ZUR AUSWAHL

==>
```

Da sich seine Aufmerksamkeit vornehmlich auf die überlasteten Aggregate richtet, fordert der Anwender ein Verzeichnis aller Engpässe an. Aus dieser Aufstellung wählt er - wie in Abbildung 6.3/5 angedeutet - menügestützt einen Arbeitsplatz aus.

Abb. 6.3/5	Verzeichnis der Engpässe

```
DIPSEX-P          Auswahl der Kapazitätseinheit       15. Aug. 1991

Diagnose vom 15/08/91

        Verzeichnis aller Engpaß-Kapazitätseinheiten:

        MO-ABL11
        MO-EIF11
        MO-VOS11
        MO-KOM21


        Bitte wählen Sie eine Kapazitätseinheit aus:

        ===>  MO-ABL11     <===


        PF13  HILFE        PF14  WEITERE INFORMATIONEN ZUR AUSWAHL

==>
```

Nach der Eingabe der zu analysierenden Kapazitätseinheit verzweigt das System zu der in Abbildung 6.3/6 gezeigten Auswahlmaske; diese ist analog zu Abbildung 6.2.3.2.2/1 aufgebaut und gestattet es dem Benutzer, den Zeitbezug der Untersuchung zu spezifizieren.

Abb. 6.3/6	Auswahl des Zeitbezuges

```
DIPSEX-P            Auswahl des Zeitbezuges            15. Aug. 1991

Diagnose vom 15/08/91


      Bitte markieren Sie die gewünschten Ergebnisse:

      X     Aktuelle Kapazitätssituation
            Veränderungen im Diagnose-Zeitraum
            Vergleich mit dem letzten Diagnose-Zeitpunkt
            Prognose der Kapazitätssituation
            Vorheriges Menü


      PF13  HILFE       PF14  WEITERE INFORMATIONEN ZUR AUSWAHL

==>
```

Im vorliegenden Beispiel entscheidet sich der Anwender für den Bereich "Aktuelle Kapazitätssituation". Im weiteren Analyseverlauf spiegeln sich die in Kapitel 5 dargelegten Kennzahlen-Hierarchien wider. Seine wesentlichen Stationen veranschaulichen die Abbildungen 6.3/7 bis 6.3/10.

Zunächst stellt das System für jene Kennzahlen, die an der Spitze der Hierarchien "Kapazitätsauslastung" und "Warteschlangenlänge" stehen, Ist- und Referenz-Werte einander gegenüber.

Abb. 6.3/7	Vergleich zwischen Ist- und Referenz-Werten

```
DIPSEX-P            MO-ABL11 - Aktuelle Situation      15. Aug. 1991

Diagnose vom 15/08/91                                  Seite 1 von 5
                    Aktuelle Kapazitätssituation

      In der letzten Periode betrug die Auslastung der Kapazitäts-
      einheit MO-ABL11 91 %, wobei auf sie 27 % aller abgefertigten
      Arbeitsinhalte entfielen.
      Der Plan-Wert (82 %) wurde dabei um 11 %, der Ideal-Wert (80%)
      um 13 % überschritten.

      Die Warteschlangenlänge betrug 88 Stunden. Sie bewegte sich
      damit im geplanten Bereich (81 Stunden). Die Abarbeitung der
      Warteschlange nimmt voraussichtlich 1 Periode in Anspruch.


      Ihre Eingabe:

      <Nächste Seite +> <Zurück zum Menü M>

==>
```

An den Vergleich schließt sich eine Beurteilung der aktuellen Situation an.

Abb. 6.3/8	Beurteilung der aktuellen Kapazitätssituation

```
DIPSEX-P              MO-ABL11 - Aktuelle Situation         15. Aug. 1991

Diagnose vom 15/08/91                                        Seite 2 von 5
                Bewertung der aktuellen Kapazitätssituation

      Die Kapazitätssituation ist in bezug auf die Auslastung
      negativ zu bewerten, da die aktuelle Auslastung über dem
      Ideal-Wert (80 %) liegt. Weiterhin läßt die geplante
      Auslastung (82 %), die über dem Ideal-Wert liegt, auf eine
      mangelhafte Kapazitätsplanung schließen.

      Hinsichtlich der Warteschlangenlänge ist die aktuelle
      Situation als negativ zu betrachten, da die Kapazitäts-
      einheit überlastet war und zugleich Warteschlangen
      auftraten.

      Ihre Eingabe: +

      <Nächste Seite +>  <Vorherige Seite ->  <Zurück zum Menü M>

==>
```

Danach faßt das System stichpunktartig mögliche Ursachen zusammen.

Abb. 6.3/9	Stichpunktartige Auflistung möglicher Abweichungsursachen

```
DIPSEX-P              MO-ABL11 - Aktuelle Situation         15. Aug. 1991

Diagnose vom 15/08/91                                        Seite 3 von 5

      Mögliche Ursachen für die Plan-Ist-Überschreitung der
      Kapazitätsauslastung:

      -     Plan-Ist-Unterschreitung des Verfügbarkeitsgrades
      -     Plan-Ist-Überschreitung des Rüstzeitanteils






      Ihre Eingabe: +

      <Nächste Seite +>  <Vorherige Seite ->  <Zurück zum Menü M>

==>
```

Ausgehend von der Überblicksmaske kann der Anwender in weiteren Dialogschritten den Abweichungen nachgehen, die bei untergeordneten Kennzahlen zu verzeichnen sind. Dabei stehen nicht nur für diejenigen Kennzahlen, die in der stichpunktartigen Aufzählung als mögliche Ursachen aufgeführt sind, Informationen bereit, sondern auch für jene, die nicht als Erklärung für die beobachteten Abweichungen in Frage kommen oder ihnen sogar entgegenwirken.

Abb. 6.3/10	Ausführliche Darstellung möglicher Abweichungsursachen

```
DIPSEX-P            MO-ABL11 - Aktuelle Situation        15. Aug. 1991

Diagnose vom 15/08/91                                    Seite 4 von 5

      - Rüstzeitanteil:
      In der letzten Periode betrug der Rüstzeitanteil 32 %. Er
      lag damit um 28 % über dem geplanten Wert (25 %). Auf dieser
      Plan-Ist-Abweichung könnte die Plan-Ist-Überschreitung der
      Kapazitätsauslastung beruhen.

      - Bearbeitungszeitanteil:
      In der letzten Periode betrug der Bearbeitungszeitanteil 57 %.
      Er lag damit um 12 % unter dem geplanten Wert (65 %). Da
      keine Plan-Ist-Unterschreitung der Kapazitätsauslastung
      auftrat, muß dieser Faktor kompensiert worden sein oder ein
      Erfassungsfehler vorliegen.
      Ihre Eingabe: +

      <Nächste Seite +> <Zurück zum Menü M>

==>
```

7 Diagnosemethodik von DIPSEX-S

Im Mittelpunkt der nachfolgenden Ausführungen steht das Ablaufkonzept, nach dem DIPSEX-S seine Analysen durchführt. Anschließend befassen sich die Kapitel 8 und 9 mit dem Inhalt seiner Wissensbasis und mit seiner prototypischen Realisierung.

7.1 Überblick

7.1.1 Diagnoseablauf

Das Diagnosesystem DIPSEX-S zielt darauf ab, externe Berater bei der Analyse des Produktionsbereiches zu unterstützen. Im Unterschied zum vorher beschriebenen Programm DIPSEX-P, das die Fertigung **regelmäßig** auf Schwachstellen durchleuchtet, ist DIPSEX-S auf **aperiodische** Untersuchungen zugeschnitten. Da das System in einer Vielzahl von Unternehmen einsetzbar sein soll, bleibt ihm - anders als seinem Pendant DIPSEX-P - der Zugriff auf betriebliche Datenbestände verwehrt; für seine Diagnosen stehen ihm einzig Benutzereingaben zur Verfügung. DIPSEX-S gehört somit zur Gruppe der intelligenten Checklisten, wie sie etwa für die strategische Produktplanung und die Prozeßdiagnose bereits ansatzweise erprobt worden sind (vgl. PLATTFAUT 88 und BISWAS/OLIFF/SEN 88). Gegenüber konventionellen Fragebögen zeichnen sich derartige Programme dadurch aus, daß sie nicht vorgegebene Merkposten sequentiell abarbeiten, sondern die jeweils nächste Frage in Abhängigkeit von den zuvor erhaltenen Antworten generieren und so unnötige Dialogpassagen unterdrücken. Ihr Vorteil besteht vornehmlich darin, daß sie eine Gedächtnisstütze bereitstellen und im Rahmen der in ihrer Wissensbasis abgespeicherten Informationen Vollständigkeit gewährleisten (vgl. MERTENS/BORKOWSKI/GEIS 90, S. 6).

Aufgrund des beschriebenen Einsatzmodus muß das System so allgemeingültig ausgelegt werden, daß es sich für ein breites Spektrum von Klientenbetrieben eignet. Allerdings sollten sich seine Expertisen trotz der angestrebten Betriebsunabhängigkeit nicht in analytisch wahren Sätzen erschöpfen, sondern auf Besonderheiten der jeweiligen Fertigung eingehen. Es empfiehlt sich daher, bei aperiodischen Diagnosen nach einem zweiphasigen Schema zu verfahren:

a) In einem ersten Schritt entscheidet der Klient, welche Schwachstellenkategorien er zu analysieren wünscht.

b) An diese **klientenspezifische Vorauswahl** schließt sich die **interaktive Diagnoseerstellung** an, in der das System mit Hilfe der Benutzereingaben und der in seiner Wissensbasis hinterlegten Zusammenhänge die beobachteten Fertigungsprobleme zu erklären versucht.

7.1.2 Untersuchungsbereiche

Wie aus Abbildung 7.1.2/1 hervorgeht, lehnt sich DIPSEX-S eng an die in Kapitel 2 vorgestellte Schwachstellen-Systematik an.

Abb. 7.1.2/1 Untersuchungsbereiche von DIPSEX-S

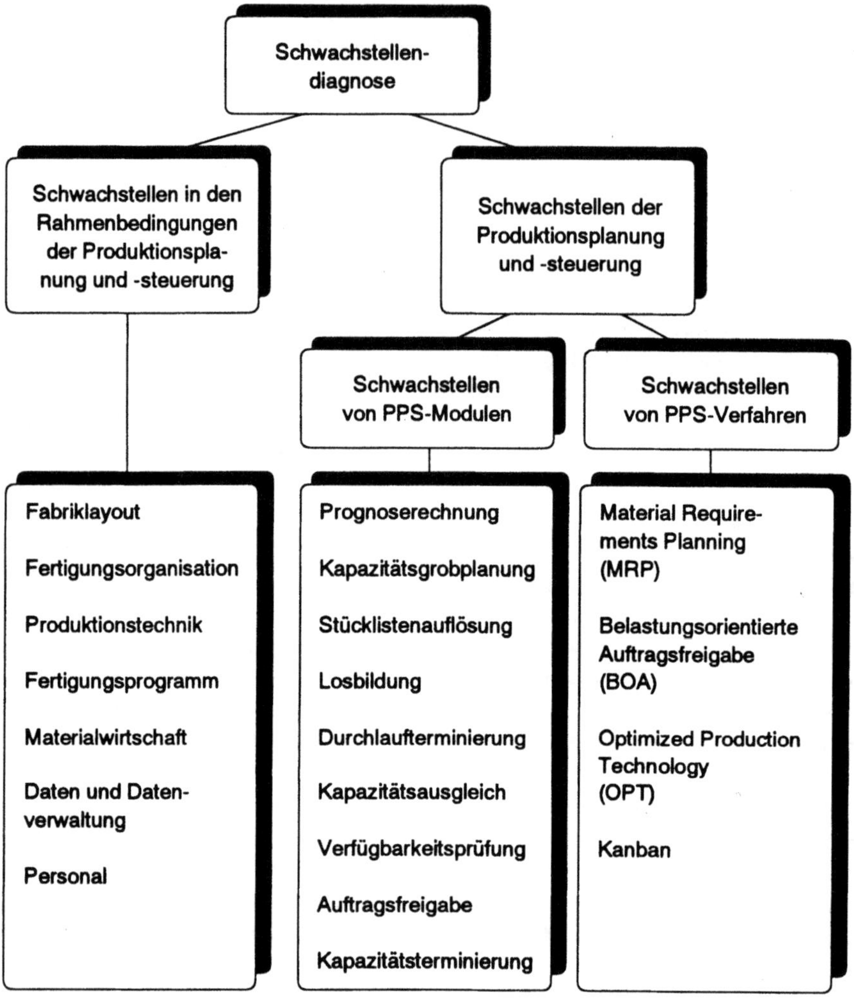

Die Analysen erstrecken sich sowohl auf die **Produktionsplanung und -steuerung** als auch auf deren **Rahmenbedingungen**. Der erstgenannte Bereich wird durch zwei Wissensbasis-Ausschnitte abgedeckt, von denen der eine für **PPS-Module** und der andere für **PPS-Verfahren** zuständig ist [8]. Diese Aufspaltung erscheint aus zwei Gründen gerechtfertigt:

8) Unter den PPS-Verfahren ist keine eigene Rubrik für MRP II (Manufacturing Resource Planning) vorgesehen. Dieses neuartige PPS-Paradigma zielt darauf ab, das Fertigungsprogramm mittelfristig so auf die Produktionskapazitäten abzustimmen, daß Ungleichgewichte zwischen Kapazitätsangebot und -nachfrage weitgehend vermieden werden. Als methodisches Werkzeug dienen oft Matrizenrechnungen, mit deren Hilfe man das Produktionsprogramm auf die Fertigungskapazitäten projizieren kann (vgl. MERTENS/STEPPAN 88, STEPPAN 90 und MERTENS/GRIESE 91). Hinter dem Schlagwort "MRP II" verbergen sich im wesentlichen um das Modul "Kapazitätsgrobplanung" erweiterte Varianten traditioneller MRP-Verfahren. Von den verbreiteten PPS-Modularprogrammen besitzen zum Beispiel die Systeme R/2 von SAP und COPICS von IBM MRP II-Komponenten (vgl. HEINRICH 89, IBM 89c und IBM 90).

a) Zum einen präjudiziert die Entscheidung für ein bestimmtes PPS-Verfahren nicht, welche Module implementiert werden müssen. So ist es durchaus denkbar, daß ein MRP-Anwender auf den Baustein "Kapazitätsterminierung" verzichtet.

b) Zum anderen ist es in der Praxis nicht unüblich, einen Teil der PPS-Funktionen programmgestützt und den verbleibenden Rest personell abzuwickeln. Beispielsweise belegen in den USA durchgeführte Umfragen, daß in vielen MRP-Installationen die Module "Kapazitätsgrobplanung" und "-ausgleich" fehlen (vgl. ANDERSON/SCHROEDER/ TUPY/WHITE 82, LAFORGE/STURR 86 und HARHEN 88, S. 30).

Welche Mängel für die einzelnen PPS-Bausteine in Betracht kommen, hängt vor allem davon ab, inwieweit sie in die computergestützte Produktionsplanung und -steuerung einbezogen sind:

a) Bei **automatisierten PPS-Teilfunktionen** versucht DIPSEX-S, die eingegebenen Symptome auf eine **unsachgemäße Betriebsweise** zurückzuführen. Derartige Defizite rühren meist von unangemessenen Parametereinstellungen, wie etwa verzerrten Plan-Durchlaufzeiten, her.

b) Für **nicht automatisierte PPS-Teilfunktionen** prüft das System, ob Schwachstellen in der **fehlenden DV-Unterstützung** begründet liegen. Wenn beispielsweise ein Betrieb über keine Kapazitätsgrobplanung verfügt, besteht die Gefahr, daß daraus eine fundamentale Disparität zwischen Kapazitätsangebot und -nachfrage resultiert, die selbst durch nachträgliche dispositive Maßnahmen nicht mehr vollständig ausgeglichen werden kann.

Viele Schwachstellen lassen sich einzelnen **PPS-Teilfunktionen** anlasten. Daneben gibt es zahlreiche Defizite, die weniger auf bestimmte PPS-Bausteine als vielmehr auf die Art und Weise zurückgehen, wie diese im Rahmen des eingesetzten **PPS-Verfahrens** zusammenwirken. Daher umfaßt die Wissensbasis eine Reihe zusätzlicher Wissensgranulate, in denen, getrennt nach verschiedenen PPS-Paradigmata, mögliche Schwachstellen-Ursachen hinterlegt sind. Bei den betrachteten PPS-Methoden handelt es sich nicht um konkrete Programmpakete, sondern um Konzepte, unter die jeweils eine Reihe kommerzieller Software-Produkte subsumiert werden können. Sollten sich in Zukunft neuartige, in der Wissensbasis bislang nicht enthaltene PPS-Verfahren durchsetzen, so ist es aufgrund der modularen Systemarchitektur ein Leichtes, DIPSEX-S entsprechend zu erweitern. Darüber hinaus ist zu erwägen, in ausgereifteren Ausbaustufen die Beschränkung auf PPS-**Konzepte** fallenzulassen und dem System für einzelne **Programmpakete**, die eine hohe Marktdurchdringung aufweisen, speziell zugeschnittene Wissenselemente hinzuzufügen.

Im Hinblick auf die PPS-Paradigmata geht DIPSEX-S zwei denkbaren Schwachstellen-Ursachen nach:

a) Den ersten Untersuchungsschwerpunkt bilden Defizite, die auf **Besonderheiten des Verfahrens** beruhen (vgl. MIEBACH 90, S. 14 ff.). So können bei der Belastungsorientierten Auftragsfreigabe Terminverzüge dadurch bedingt sein, daß die wechselseitige Vernetzung der Werkstattaufträge unberücksichtigt bleibt. Einige dieser Mängel sind untrennbar mit dem jeweiligen PPS-Ansatz verbunden. Zum großen Teil lassen sie sich allerdings durch eine umsichtige Produktionsplanung und -steuerung vermeiden, ohne daß es erforderlich wäre, auf ein anderes PPS-Paradigma umzuschwenken. Insofern erschöpfen sich DIPSEX-S-Diagnosen, die verfahrensinhärente Mängel zum Gegenstand haben, keineswegs darin, inkurable Schwachstellen zu konstatieren, sondern tragen durchaus in konstruktiver Weise zur Verbesserung der Produktion bei.

b) Daneben prüft DIPSEX-S die **Einsatzvoraussetzungen** der Verfahren ab (vgl. MIEBACH 90, S. 14 ff.). Da diese in der Regel keine Conditio sine qua non sind, sondern lediglich angeben, unter welchen Umständen die PPS-Methode die besten Resultate erbringt, verzichtet hier DIPSEX-S auf apodiktische Schlußfolgerungen und legt die Befunde ohne eine weitergehende Kommentierung dar. In der Expertise wird aufgeführt, wie hoch der Anteil der nicht erfüllten Bedingungen ist und welche Bedeutung den Verstößen zukommt. Aus diesen Angaben kann ein geschulter Experte ersehen, ob sich die verletzten Voraussetzungen als eine Quantité négligeable darstellen, ob die Leistungsfähigkeit des Verfahrens durch die Modifikation bestimmter Rahmenbedingungen verbessert werden kann oder ob es aufgrund der widrigen Einsatzumgebung angezeigt scheint, zu einer geeigneteren PPS-Methode überzugehen.

Die modulare Strukturierung der Wissensbasis ist ein wesentlicher Fortschritt gegenüber dem in Abschnitt 3.2.2.2.2 skizzierten Vorgängersystem DIPSEX (vgl. ALLGEYER 87, S. 62 ff.). Da bei diesem die aus dem Rechnungswesen entlehnte DuPont-Pyramide das Ordnungsprinzip bildete, wurden innerhalb der einzelnen Diagnosebereiche höchst disparate Aspekte, etwa Fragen der Losgrößenbestimmung und des Fabriklayouts, angeschnitten. Im Gegensatz dazu richten sich beim weiterentwickelten System die Untersuchungen an produktionsspezifischen Kriterien aus. Insbesondere trägt es dem Umstand Rechnung, daß die einzelnen Schwachstellen-Kategorien unterschiedliche Fristigkeiten besitzen und angesichts beschränkter Investitionsbudgets häufig der Wunsch besteht, den Analysebereich geeignet einzugrenzen.

Abb. 7.1.2/2 Beispielhafte Gegenmaßnahmen in den DIPSEX-S-Untersuchungsbereichen

ANALYSEBEREICH	GEGENMASSNAHMEN
PPS-Rahmenbedingungen	Veränderungen der Fabrikstruktur, der Fertigungsorganisation etc.
PPS-Module	Umparametrierung eines Moduls, Ersetzen eines Moduls durch ein anderes, Einführung eines Moduls für eine vorher nicht automatisierte PPS-Teilfunktion, personelle Abwicklung einer zuvor automatisierten PPS-Teilfunktion
PPS-Verfahren	Übergang zu einem anderen Verfahren, Vermeiden verfahrensspezifischer Schwächen durch umsichtige Planung

Mit dem reichhaltigen Spektrum möglicher Diagnosegebiete korrespondiert eine nicht minder breite Palette von Gegenmaßnahmen. In Abbildung 7.1.2/2 sind für jeden Untersuchungsbereich exemplarisch einige verfügbare Therapien aufgeführt. Man erkennt, daß DIPSEX-S sowohl **aktive** als auch **reaktive Strategien** unterstützt.

7.2 Klientenspezifische Vorauswahl

Ehe die eigentliche Konsultation beginnt, ist der Benutzer angehalten, auf Formularbildschirmen die zu analysierenden Gebiete auszuwählen. Auf diese Weise bleiben ihm in der nachfolgenden Untersuchung Fragen zu Bereichen, die er als nicht relevant erachtet, weitgehend erspart; zudem macht man sich sein Vorwissen zunutze, um mögliche Schwachstellen bereits vorab einzugrenzen.

Im Rahmen dieser klientenspezifischen Vorauswahl muß zunächst geklärt werden, ob sich die Analyse auf die Produktionsplanung und -steuerung, die PPS-Rahmenbedingungen oder die gesamte Fertigung erstrecken soll.

Wenn sich der Anwender für die Rahmenbedingungen entscheidet, stehen ihm zwei Alternativen offen:

a) Sofern er bereits von vornherein zu wissen glaubt, welche Bereiche mit Schwachstellen behaftet sind, kann er auf dem Formularbildschirm die entsprechenden Positionen kennzeichnen und damit die Untersuchung unverzüglich in die gewünschte Richtung lenken.

b) Sieht er sich hingegen außerstande, einen begründeten Verdacht zu äußern, so bietet ihm das System die Möglichkeit, sich bei der Selektion beraten zu lassen. Es holt dazu menügestützt Auskünfte zu einer Reihe besonders aussagekräftiger Leitsymptome, beispielsweise zu den Durchlaufzeiten, den Terminverzügen oder der Kapitalbindung, ein. Anhand der eingegebenen Antworten ermittelt es, in welchen Gebieten Defizite vorzuliegen scheinen, und listet seine Vorschläge auf. Dem Anwender ist es freigestellt, die Empfehlungen des Systems unverändert zu übernehmen oder sie gemäß seinen Vorstellungen zu modifizieren.

Hat der Benutzer den Bereich "Produktionsplanung und -steuerung" selektiert, so fordert ihn DIPSEX-S zunächst auf, jene PPS-Teilfunktionen zu benennen, die er zu durchleuchten wünscht. Dadurch kann er gezielt diejenigen Gebiete übergehen, in denen er keine Auffälligkeiten vermutet. Zusätzlich bittet ihn das System anzugeben, welche PPS-Module in seinem Betrieb vorhanden sind. Die Unterscheidung zwischen installierten und zu untersuchenden PPS-Funktionen ist vor allem deshalb angezeigt, weil - wie in Abschnitt 7.1.2 dargelegt - Schwachstellen sowohl auf den unsachgemäßen Einsatz als auch auf das Fehlen von PPS-Bausteinen zurückgehen können. Zuletzt erkundigt sich DIPSEX-S nach dem eingesetzten PPS-Verfahren. Sofern eine hybride Fertigungssteuerung verwendet wird, die sich einer eindeutigen Klassifikation entzieht, ist es zulässig, mehrere PPS-Paradigmata anzuwählen. Es empfiehlt sich, den Abfragen jeweils Plausibilitätsprüfungen nachzuschalten. Beispielsweise sollte der Anwender gewarnt werden, falls er PPS-Teilfunktionen zu analysieren versucht, über die sein Betrieb nicht verfügt.

7.3 Interaktive Diagnoseerstellung

Auf die klientenspezifische Vorauswahl folgt die interaktive Diagnoseerstellung, in der das System die Liste der zuvor selektierten Bereiche sukzessive abarbeitet. Die Untersuchungen lehnen sich innerhalb der Analysezweige "PPS-Rahmenbedingungen" und "Produktionsplanung und -steuerung" weitgehend an das in Kapitel 7.3.1 beschriebene Grundschema an. Mit bereichsspezifischen Abwandlungen dieses Schemas befaßt sich Kapitel 7.3.2.

7.3.1 Bereichsneutrales Grundschema

Im Rahmen der interaktiven Diagnoseerstellung holt das System mit Hilfe von Formularbildschirmen Informationen zu verschiedenen Schwachstellensymptomen ein. Bei diesen stark repetitiven Abläufen greift DIPSEX-S auf ein Dialog-Konzept zurück, das sich bei anderen intelligenten Checklisten, etwa dem System STRATEX zur Unterstützung der strategischen Produktplanung (vgl. PLATTFAUT 88), bereits bewährt hat. Es beruht auf der Unterscheidung zwischen **qualitativen Benutzereinschätzungen** und **Konfidenzfaktoren**:

a) Durch seine Benutzereinschätzungen gibt der Anwender zu erkennen, wie er den Ist-Zustand seiner Fertigung in bezug auf ein bestimmtes Symptom beurteilt. Dazu setzt ihm DIPSEX-S eine fünfstufige Skala vor, die von -2 (sehr gut) bis +2 (sehr schlecht) reicht. Weiß der Benutzer eine Frage nicht definitiv zu beantworten, so kann er den Wert 0 einsetzen.

b) Daneben muß der Anwender seinen Auskünften jeweils einen Konfidenzfaktor beifügen; dieser liegt zwischen 0 und 1 und zeigt an, welche Zuverlässigkeit er seinen Angaben beimißt.

Die Benutzereinschätzungen und Konfidenzfaktoren dienen dazu, schrittweise von elementaren Symptomen auf komplexe Hypothesen zu schließen. Parallel zum Deduktionsprozeß schreibt das Diagnosesystem die Konfidenzfaktoren fort, um ein ungefähres Maß für die Verläßlichkeit der von ihm abgeleiteten Diagnosen zu erhalten.

Was die **Verrechnung der Konfidenzfaktoren** anbelangt, so kann man beim Systementwurf aus einem reichen Fundus in der Literatur vorgeschlagener Algorithmen auswählen (vgl. z. B. SHORTLIFFE/BUCHANAN 75, DUDA/HART/NILSSON 76, GOODMAN/NGUYEN 85, MAMDANI 85, SPIEGELHALTER 86, PUPPE 87 und PUPPE 88). Am bekanntesten ist das von Shortliffe und Buchanan entwickelte MYCIN-Modell, das erstmals im medizinischen Diagnosesystem MYCIN angewendet wurde. Auch bei DIPSEX-S fiel die Wahl auf eine leicht abgewandelte Variante dieses erprobten Konzeptes (vgl. VOGEL 90, S. 14 ff.).

Während die Frage, nach welcher Formel die Konfidenzfaktoren verarbeitet werden sollen, zu den konzeptionellen Adiaphora zählt, gehört die Vorgehensweise bei der **Herleitung von Schwachstellen** zu den konstitutiven Systemmerkmalen. DIPSEX-S sollte eine Hypothese einzig dann akzeptieren, wenn die Symptome, die potentiell auf ihr Vorhandensein deuten, hinreichend stark ausgeprägt sind. Beim Versuch, eine vorgegebene Hypothese zu überprüfen, addiert das System daher für alle zugehörigen Symptome die Produkte aus Benutzereinschätzungen und Konfidenzfaktoren auf. Überschreitet die Summe einen prästabilierten Schwellenwert, so legt es die Hypothese dem Benutzer zur Beurteilung vor. Dieser kann nun darüber befinden, ob er sie für zutreffend hält. Dabei gibt ihm DIPSEX-S eine fünfstufige Skala vor, die sich von -2 (nicht zutreffend) bis +2 (genau zutreffend) erstreckt. Die Vermutung gilt genau dann als bestätigt, wenn sie entweder mit +1 oder mit +2 bewertet wird. Die akzeptierte Hypothese kann ihrerseits ein Symptom für eine übergeordnete Hypothese abgeben. Der Ableitungsprozeß setzt sich so lange rekursiv fort, bis sämtliche Schwachstellen, welche die Wissensbasis für den Analysebereich enthält, entweder verifiziert oder falsifiziert sind.

Ein Ausschnitt aus den Untersuchungen zum Thema "Fertigungsprogramm" verdeutlicht, wie DIPSEX-S bei der Ableitung und anschließenden Begutachtung von Hypothesen verfährt. Das System fragt zunächst die folgenden elementaren Symptome ab:

Die Rüstzeiten sind zu lang.
Die Bearbeitungszeiten sind zu lang.
Es treten häufig Terminverzüge auf.
Die Lieferzeiten sind zu lang.
Die Teilevielfalt ist sehr groß.

Sofern der Anwender die Mehrzahl der aufgeführten Indizien für zutreffend erklärt, erhält er folgende Hypothese angezeigt:

Es werden zu viele Sonderwünsche akzeptiert.

Falls er sie als wahr bestätigt, fungiert sie gemeinsam mit der auf ähnliche Weise gewonnenen Vermutung

Die Variantenvielfalt ist hoch.

ihrerseits als Symptom für die Schwachstelle:

Die Anzahl der Ausführungsformen pro Artikel ist hoch.

Zusammen mit weiteren Hypothesen, die sich analog herleiten, ergibt sich - entsprechende Dialogeingaben vorausgesetzt - letztendlich die Schwachstelle

Die Erzeugnisprogrammdichte (d. h. die Zahl der Ausführungsformen) ist zu hoch.

Die beschriebene Strategie, bei der das Diagnosesystem Hypothesen probeweise ableitet, um sie anschließend durch den Anwender explizit bestätigen oder verwerfen zu lassen, erlaubt es, falsche Analysepfade, in die der Inferenzprozeß beispielsweise aufgrund unüberlegter Eingaben geraten ist, frühzeitig aufzudecken und die Untersuchungen gegebenenfalls in eine andere Richtung umzulenken. Außerdem versetzt sie den Benutzer in die Lage, die Schlußfolgerungen von DIPSEX-S leichter nachzuvollziehen.

7.3.2 Bereichsspezifische Abwandlungen des Grundschemas

7.3.2.1 Abwandlungen im Bereich "PPS-Rahmenbedingungen"

Untersuchungen im Bereich der PPS-Rahmenbedingungen zeichnen sich dadurch aus, daß Hypothesen meist aus umfangreichen Symptomkombinationen hergeleitet werden und in mehrstufigen Schlußfolgerungsketten ihrerseits als Vorbedingungen für weitere Hypothesen dienen. Zudem sind die einzelnen Analysegebiete durch zahlreiche **Querverbindungen** miteinander verflochten. So erklären sich etwa Defizite, die vordergründig die Produktionstechnik zu betreffen scheinen, unter Umständen aus Mängeln im Personalsektor. Falls das Diagnosesystem den Bereich, auf den der Querbezug verweist, bereits in früheren Dialogschritten durchleuchtet hat, greift es auf die zuvor gewonnenen Resultate zurück. Anderenfalls stößt es eine verkürzte Analyse an, die sich auf wenige charakteristische Daten beschränkt, und weist in der Expertise auf den gefundenen Querbezug hin. Auf diese Weise berücksichtigt DIPSEX-S Wechselbeziehungen, ohne indessen dem Benutzer eine Ausweitung der Analyse gegen seinen Willen aufzuoktroyieren. Beispielsweise fragt das System bei der Betrachtung der Produktionstechnik folgende Leitsymptome ab, die sich auf potentielle Schwächen im Personalsektor beziehen:

Die Rüstzeiten sind zu lang.
Die Bearbeitungszeiten sind zu lang.
Die Wartungskosten sind zu hoch.
Die Personalkosten sind zu hoch.
Die Ausschußquote ist zu hoch.
Die Qualität ist zu schlecht.

Sofern der Benutzer hinreichend vielen Beschwerden zustimmt, schließt DIPSEX-S auf den Verdacht:

Das Personal ist nicht geeignet.

Dieses Symptom trägt seinerseits zur Ableitung der Schwachstelle

Die Produktivität ist niedrig.

bei. In der Expertise macht DIPSEX-S darauf aufmerksam, daß der Personalsektor anscheinend mit Mängeln behaftet ist, und regt weitergehende Analysen an:

Symptom: Das Personal ist nicht geeignet.
Hinweis: Aufgrund dieses Symptoms empfiehlt es sich, auch den Bereich "Personal" detailliert zu untersuchen.

7.3.2.2 Abwandlungen im Bereich "Produktionsplanung und -steuerung"

7.3.2.2.1 Abwandlungen im Bereich "PPS-Module"

Im Analysekomplex "PPS-Module" lehnt sich der Modus procedendi weitgehend an die Vorgehensweise im Bereich der PPS-Rahmenbedingungen an. Insbesondere gilt es auch hier, auf mögliche **Interdependenzen** zu achten. Daher prüft DIPSEX-S, inwieweit die Wirkung des zu untersuchenden PPS-Bausteins durch andere Module beeinträchtigt werden kann, und fügt in die Expertise gegebenenfalls entsprechende Hinweise ein. So richtet es bei der Analyse des Moduls "Kapazitätsausgleich" an den Benutzer folgende Warnung:

Fehlende oder unzureichende Kapazitätsgrobplanung kann Kapazitätsprobleme verursachen. Deshalb sollte auch das Modul "Kapazitätsgrobplanung" untersucht werden.

Zusätzlich macht es auf Mängel aufmerksam, die eventuell durch das **Fehlen von PPS-Bausteinen** hervorgerufen werden. Im Bereich "Kapazitätsausgleich" lautet die betreffende Passage folgendermaßen:

Mögliche Schwachstellen durch Fehlen des Kapazitätsausgleichs:
Die Kapazitäten sind später ungleichmäßig ausgelastet.

Die bereichsspezifischen Besonderheiten liegen weniger im eigentlichen Deduktionsprozeß als vielmehr in der Art und Weise begründet, wie die gewonnenen Analyseergebnisse weiterverarbeitet werden. Während DIPSEX-S bei den PPS-Rahmenbedingungen lediglich sehr allgemeine Diagnosen ableitet, ohne für die festgestellten Mängel potentielle Ursachen zu benennen, tritt es bei den PPS-Teilfunktionen in eine tiefergehende **Ursachenforschung** ein. Sobald das System eine Schwachstelle gefunden hat, zählt es mögliche Gründe auf und bittet den Anwender, diese entweder zu akzeptieren oder zu verwerfen.

Ein Dialogausschnitt, der dem Bereich "Kapazitätsausgleich" entnommen ist, verdeutlicht die allgemeine Vorgehensweise. Der Benutzer erhält zunächst die folgenden elementaren Symptome zur Begutachtung vorgelegt:

Es treten vorher nicht ausgewiesene Terminverzüge auf.
Ursprünglich ausgewiesene Terminverzüge treten nicht auf.

Daraus ergibt sich nach einigen Zwischenschritten die Hypothese:

Das Kapazitätsgebirge ist auch nach dem Kapazitätsausgleich unrealistisch.

Bestätigt der Anwender die Schwachstelle, so schlägt ihm das System eine Reihe von Ursachen vor:

Es werden unrealistische Basisdaten verwendet, weil z. B. die Durchlaufzeiten stark streuen.
In der Fertigung treten zu häufig Störungen auf.
Bedarfsveränderungen modifizieren häufig das Kapazitätsgebirge.

Bei den meisten Planungsläufen ergeben sich Änderungen.
Bestehende Ausweichkapazitäten werden nicht berücksichtigt.

7.3.2.2.2 Abwandlungen im Bereich "PPS-Verfahren"

Dem Analysekomplex "PPS-Verfahren" liegt das Grundschema ebenfalls in leicht abgewandelter Form zugrunde. DIPSEX-S prüft hier zunächst, inwieweit der Betrieb den **verfahrensspezifischen Einsatzvoraussetzungen** genügt. Neben allgemeinen Eigenschaften der Produktion spielen hier vornehmlich der Fertigungstyp, wie z. B. Werkstatt- oder Fließfertigung, und der Produktionsumfang, z. B. Einzel- oder Großserienfertigung, eine Rolle. So werden für MRP-Verfahren in der Literatur unter anderem folgende Voraussetzungen genannt:

MRP eignet sich am besten für Werkstattfertigung mit Einzelmaschinen und für Baustellenfertigung in der Einzel- und Kleinserienfertigung sowie für getaktete Fließfertigung in der Großserien- und Massenfertigung.

Die Belastungssituation muß in etwa dem Kapazitätsangebot entsprechen, damit sich zuverlässige Maschinenbelegungspläne erstellen lassen.

Nachdem DIPSEX-S vom Benutzer die benötigten Informationen eingeholt hat, teilt es mit, wie groß der Anteil der nicht erfüllten Bedingungen ist und welches Gewicht diesen Verstößen zukommt. Um die Bedeutung der Voraussetzungen ermessen zu können, greift das System auf eine Hilfsdatei zu, in welcher der Unternehmensberater im Vorfeld der Konsultation Zahlenwerte hinterlegt, die zwischen 0 und 100 liegen und Indikatoren für die Wichtigkeit der einzelnen Bedingungen sind.

Sobald die Einsatzvoraussetzungen überprüft worden sind, fährt DIPSEX-S entsprechend dem Grundschema fort und versucht, anhand vom Anwender eingegebener Symptome **Schwachstellen aufzudecken**. Im Bereich "MRP" beinhaltet die Wissensbasis unter anderem folgende Ursache-Wirkungs-Ketten:

Treten viele Eilaufträge auf oder fehlt die Kapazitätsgrobplanung, so können die Durchlaufterminierung und der Kapazitätsausgleich die ihnen zugedachten Aufgaben der Kapazitätsplanung nur unzureichend wahrnehmen. Daraus resultieren womöglich unrealistische Terminvorgaben und Kapazitätsüberlastungen.

Es ist kein Bestandsregelungsmechanismus vorhanden, so daß alle Aufträge, deren geplanter Starttermin innerhalb eines Vorschauhorizontes zu liegen kommt, ohne Rücksicht auf die Kapazitätsverfügbarkeit freigegeben werden. Dadurch entstehen Warteschlangen vor den Maschinen, hohe Bestände, lange Durchlaufzeiten sowie Lieferterminverzüge.

7.4 Funktionen zur Benutzerunterstützung

Außer den Regeln, die zur Diagnose der Schwachstellen dienen, enthält DIPSEX-S zwei zusätzliche Service-Funktionen, die zwar nicht zu den konstitutiven Merkmalen des Systems zählen, denen aber aus der Sicht von Klienten, die komfortable Dialoge zu führen wünschen, eine nicht zu unterschätzende Bedeutung zukommt:

a) Falls der Anwender eine Frage nicht unverzüglich zu beantworten weiß, kann er die **Sitzung abbrechen**, sich die benötigten Angaben verschaffen und anschließend die Konsultation erneut aufnehmen.

b) Des weiteren bietet das System die Möglichkeit, für ausgewählte Kennzahlen **Referenz-Werte** anzuzeigen.

7.4.1 Unterbrechung von Analysesitzungen

Sieht sich der Benutzer außerstande, Sachverhalte, nach denen sich DIPSEX-S erkundigt, ex tempore zu beurteilen, so stellt er die entsprechenden Fragen zurück und veranlaßt das System, den vorläufigen Stand der Konsultation abzuspeichern. Nachdem er sich die gewünschten Informationen, beispielsweise durch Messungen oder Befragungen, besorgt hat, nimmt das Programm diese Angaben entgegen und generiert die endgültige Expertise. Für die Unterbrechungs-Funktion sind zwei Spielarten denkbar:

a) In der ersten Variante sammelt das System während des Dialogs sämtliche Fragen, die der Anwender unbeantwortet läßt, und gibt sie am Ende der Sitzung in einem Zwischenbericht aus. Sobald sich der Benutzer kundig gemacht hat, setzt er die abgebrochene Konsultation fort, führt dem Programm die bislang noch ausstehenden Informationen zu und erhält daraufhin die vollständige Expertise. Dadurch ist gewährleistet, daß eine Diagnosesitzung höchstens zwei Durchgänge umfaßt.

b) Eine weniger benutzerfreundliche, aber einfacher zu realisierende Möglichkeit besteht darin, die Konsultation bei jedem Zweifelsfall sofort zu unterbrechen. Dieser Vorgehensweise haftet indessen der Nachteil an, daß die Zahl der Durchläufe nicht a priori feststeht.

Wegen einiger Besonderheiten des verwendeten Expertensystem-Tools Xi Plus fiel bei dem in Kapitel 9 beschriebenen Prototypen die Wahl auf die zweite Alternative. Die Schwierigkeiten erklären sich vor allem daraus, daß es Xi Plus nicht gestattet, ein Ermittlungsziel zunächst offenzulassen und die Analyse später mit veränderten oder ergänzten Eingabedaten fortzuführen.

7.4.2 Verwendung von Referenz-Werten

Häufig kann der Zustand einer Fertigung nur dann fundiert beurteilt werden, wenn Vergleichsdaten über strukturell ähnliche Unternehmen vorliegen. Daher sollten dem Benutzer für einzelne quantifizierbare Sachverhalte, wie etwa Lieferzeit, Werkstattbestände, Personalkosten, Lieferservicegrad oder Produktionskosten, Referenz-Werte zur Verfügung stehen. Das System DIPSEX-S trägt diesem Verlangen insofern Rechnung, als es über ein Hilfsprogramm verfügt, das die DV-technischen Voraussetzungen für eine derartige Service-Funktion schafft. Das Programm ermöglicht es, für eine Reihe von Unternehmensklassen Referenz-Werte zu verwalten und bei Bedarf auf sie zuzugreifen. Dem Unternehmensberater fällt die Aufgabe zu, die Datei im Vorfeld der Konsultation mit Vergleichs-Zahlen zu füllen.

Die Klasseneinteilung basiert auf den in einem Vorabdialog erhobenen Merkmalen "Branche", "Umsatz" und "Anzahl der Beschäftigten"; für den ersten Deskriptor sind vier und für den zweiten und dritten je drei Gruppen vorgesehen, so daß sich insgesamt 36 Unternehmensklassen ergeben. Das Konzept ist jedoch so flexibel ausgelegt, daß es problemlos auf andere Gruppeneinteilungen und Deskriptoren übertragen werden kann. Dadurch läßt sich das System mit geringem Umstellungsaufwand an beliebige Betriebstypologien anpassen (vgl. z. B. SCHÄFER 69/71, GROSSE-OETRINGHAUS 74, ZAJONC 76, RABUS 80 und SCHOMBURG 81). In Abbildung 7.4.2/1 ist angedeutet, wie DIPSEX-S aufgrund der eingegebenen Merkmale die zugehörigen Referenz-Werte findet. Die Datei, in der die Vergleichs-Werte abgelegt sind, ähnelt in ihrem logischen Aufbau einem dreidimensionalen Quader, der sich aus 36 Teilquadern zusammensetzt. Jede dieser Substrukturen ist eindeutig einer Unternehmensklasse zugeordnet und enthält einen Zahlenvektor, der die jeweiligen Referenz-Werte repräsentiert.

Abb. 7.4.2/1	Logischer Aufbau der Referenz-Werte-Datei

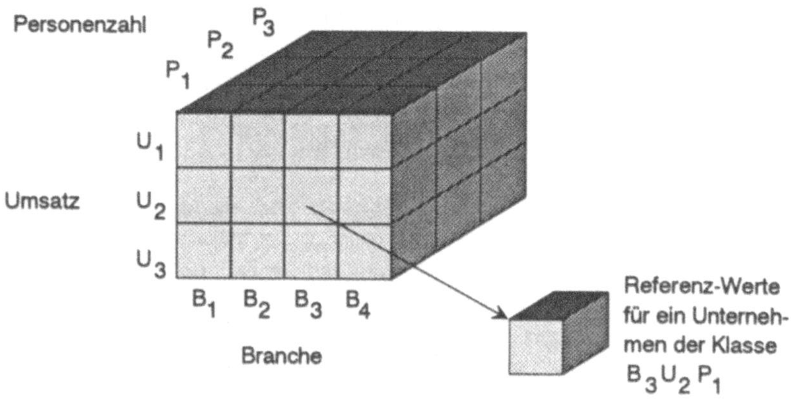

8 Wissensbasis von DIPSEX-S

Es würde an dieser Stelle zu weit führen, das Diagnosewissen von DIPSEX-S in extenso zu diskutieren. Deshalb beschränken sich die nachfolgenden Ausführungen darauf, die bei der Wissensakquisition verwendeten Quellen offenzulegen und den Aufbau der Wissensbasis anhand ausgewählter Ausschnitte zu verdeutlichen. Diese verkürzt wiedergegebenen Beispiele aus dem Fragenkatalog von DIPSEX-S sind im Anhang in voller Länge abgedruckt.

8.1 Schwachstellen in den PPS-Rahmenbedingungen

Schwachstellen der PPS-Rahmenbedingungen können zum großen Teil anhand **definitorischer Begriffsbestimmungen** systematisiert werden. So zerfällt etwa der Bereich "Fertigungsprogramm" in die Aspekte "Erzeugnisprogrammbreite", "-dichte" und "-tiefe". Bei der Sammlung der Defizite erwiesen sich insbesondere folgende Publikationen als hilfreich: JAEGER/KLEIN/KUNTZE 82, KAISER 84, STEINBUCH/OLFERT 84, STREBEL 84, HOITSCH 85, HELBERG 87, KRAJEWSKI/KING/RITZMANN/WONG 87, WILDEMANN 88, WILDEMANN 89a sowie WILDEMANN 89b. Eine Zusammenfassung der Schwachstellen findet sich in MIEBACH 90, S. 3 ff.

Um einen Eindruck von der Struktur des DIPSEX-S-Wissens zu vermitteln, zeigt Abbildung 8.1/1 Auszüge aus jenem Wissensbasis-Ausschnitt, der sich innerhalb des Analyse-Astes "Fertigungsprogramm" mit der Erzeugnisprogrammdichte befaßt. Durch die Einrückungen wird kenntlich gemacht, wie sich aus elementaren Beschwerden schrittweise komplexere Symptome und schließlich die zugrunde liegende Schwachstellen herleiten.

Abb. 8.1/1	Ausschnitt aus dem Wissensbasis-Bereich "Fertigungsprogramm"

Beschwerden:
Die Produktionskosten sind zu hoch.
Die Rechenzeiten sind zu lang und der Speicherbedarf für die Produktdaten zu hoch.
Es gibt viele unterschiedliche Tätigkeitsprofile für die Betriebsmittel.

> **Symptom:**
> Die Variantenvielfalt ist hoch.

Beschwerden:
Der Rüstzeitanteil ist zu hoch.
Die Rüstkosten sind zu hoch.
Die Bearbeitungszeiten sind zu lang.
Es treten häufig Terminverzüge auf.
Die Lieferzeiten sind zu lang.
Die Teilevielfalt ist sehr groß.

> **Symptom:**
> Es werden zu viele Sonderwünsche akzeptiert.
>
> > **Symptom:**
> > Die Anzahl der Ausführungsformen pro Artikel ist hoch.
> >
> > . . .
> >
> > **Symptom:**
> > Standardisierung fehlt.
> >
> > > **Schwachstelle:**
> > > Die Erzeugnisprogrammdichte (d. h. die Zahl der Ausführungsformen) ist zu hoch.

8.2 Schwachstellen in der Produktionsplanung und -steuerung

8.2.1 Schwachstellen von PPS-Modulen

Konnte man sich im Falle der PPS-Rahmenbedingungen noch weitgehend an Definitionen anlehnen, so stehen bei den modulspezifischen Defiziten kaum derartige Begriffszerlegungen zur Verfügung. Erschwerend kommt hinzu, daß die produktionswirtschaftliche Literatur die Mängel von PPS-Bausteinen meist nur am Rande abhandelt und sich bei den PPS-Schwachstellen überwiegend nicht auf einzelne Module, sondern auf PPS-Verfahren konzentriert. Angesichts der ungünstigen Quellenlage bietet es sich an, als Ausgangspunkt die **beabsichtigte Funktionsweise** der einzelnen PPS-Module zu wählen und Schwachstellen anhand möglicher Beeinträchtigungen zu klassifizieren. Es gilt allerdings zu bedenken, daß diese heuristische Vorgehensweise keine Vollständigkeit gewährleistet. Beim Entwurf der Wissensbasis wurden vor allem folgende Quellen herangezogen: ZÄPFEL 82, BOTT/ RITZMANN 83, KERNLER 83, JOHN 84, PABST 85, WIENDAHL 87b, BROWNE/ HARHEN/SHIVNAN 88, ADAM 88a und MERTENS 91. Miebach hat die modulspezifischen Schwächen in einer ausführlichen Studie zusammengestellt (vgl. MIEBACH 90, S. 8 ff.).

In Abbildung 8.2.1/1 ist ein exemplarischer Ausschnitt aus dem Analyse-Gebiet "Kapazitätsausgleich" wiedergegeben.

Abb. 8.2.1/1	Ausschnitt aus dem Wissensbasis-Bereich "Kapazitätsausgleich"

Beschwerde:
Es treten vorher nicht ausgewiesene Terminverzüge auf.

Symptom:
Trotz Kapazitätsausgleich sind Überlastungen vorhanden.

Beschwerde:
Ursprünglich ausgewiesene Terminverzüge treten nicht auf.

Symptom:
Trotz Kapazitätsausgleich sind Unterlastungen vorhanden.

Schwachstelle:
Das Kapazitätsgebirge ist auch nach dem Kapazitätsausgleich unrealistisch.

Ursachen:
- Es werden unrealistische Basisdaten zugrunde gelegt, weil z. B. die Durchlaufzeiten stark streuen.
- In der Fertigung treten zu häufig Störungen auf.
- Bedarfsänderungen modifizieren häufig das Kapazitätsgebirge.
- Bei den meisten Planungsläufen ergeben sich Änderungen.
- Bestehende Ausweichmaschinen werden nicht berücksichtigt.

...

Einflüsse anderer PPS-Bausteine:
- Prognoserechnung:
  Wegen fehlender oder unzureichender Prognoserechnung sind Überlastungen möglich.

...

Mögliche Schwachstellen durch Fehlen des Kapazitätsausgleichs:
Die Kapazitäten sind später ungleichmäßig ausgelastet.

8.2.2 Schwachstellen von PPS-Verfahren

Da sich in den zurückliegenden Jahren eine große Zahl von Publikationen mit den Mängeln und Einsatzvoraussetzungen der unterschiedlichen PPS-Konzepte beschäftigt hat, stellt sich hier die Quellenlage als besonders günstig dar. In der Wissensbasis fanden vor allem folgende Veröffentlichungen ihren Niederschlag: TÜRKE 82, ZIMMERMANN 84b, AGGARWAL 85, GELDERS/WASSENHOVE 85, PABST 85, KRÜGER 86, GUTZMANN/WYSK 86, SWANN 86, BUSCH 87, KRAJEWSKI/KING/RITZMANN/WONG 87, STENGEL 87, WIENDAHL 87b, ZIMMERMANN 87, ADAM 88b, BROWNE/HARHEN/SHIVNAN 88, WIENDAHL 88, HARHEN 88, ZÄPFEL/MISSBAUER 88, BRETZKE 89, FANDEL/FRANÇOIS 89, HEINRICH 89, ADAM 89, ZIMMERMANN 89 sowie KNOLMAYER 90. Miebach hat die Schwachstellen und Einsatzvoraussetzungen der einzelnen PPS-Verfahren in einer Literaturstudie gesammelt (vgl. MIEBACH 90, S. 16 ff.).

Um die PPS-Methoden durchgängig vergleichen zu können, sind ihre Mängel in die Rubriken "**Kapazitätsplanung**", "**Terminplanung**", "**Bestandsregelung**" sowie "**Sonstige Defizite**" unterteilt. Abbildung 8.2.2/1 zeigt einen Ausschnitt aus dem Analysebereich "MRP".

Abb. 8.2.2/1	Ausschnitt aus dem Wissensbasis-Bereich "MRP"

<u>Einsatzvoraussetzungen:</u>

- MRP eignet sich am besten für
  - Werkstattfertigung mit Einzelmaschinen und für Baustellenfertigung in der Einzel- und Kleinserienfertigung
  - sowie für getaktete Fließfertigung in der Großserien- und Massenfertigung.
- Die Belastungssituation muß in etwa dem Kapazitätsangebot entsprechen, damit sich zuverlässige Maschinenbelegungspläne erstellen lassen.

. . .

<u>Probleme in der Kapazitätsplanung:</u>

Beschwerden:
Kapazitätsüberlastungen, Lieferterminverzüge
Schwachstelle:
Sowohl die Kapazitätsgrobplanung als auch die Durchlaufterminierung planen die Aufträge unter der fiktiven Annahme ein, Kapazitäten und Materialien seien zu den errechneten Zeitpunkten potentiell unbegrenzt verfügbar; deshalb fließen Kapazitätsrestriktionen in die Planungen allenfalls am Rande ein.

Beschwerden:
Umplanungsaufwand, Lieferterminverzüge
Schwachstelle:
Kapazitätsüberlastungen werden erst sichtbar, nachdem im Anschluß an die Auftragseinplanung der Kapazitätsausgleich erfolgt ist.

. . .

9 Prototyp von DIPSEX-S

9.1 Verwendete Hard- und Software

Ein erster Prototyp von DIPSEX-S entstand auf einem IBM-kompatiblen PC unter dem Betriebssystem MS-DOS V. 4.01 (vgl. VOGEL 90). Als Entwicklungswerkzeug diente die Expertensystem-Shell Xi Plus V. 3.00 der ExperTeam GmbH (vgl. EXPERTEAM 89). Ähnlich dem Tool ESE umfaßt Xi Plus zwei alternative Betriebsmodi: Während es die **Entwicklungsumgebung** Systemerstellern ermöglicht, Wissensbasen aufzubauen und auf syntaktische Inkonsistenzen zu testen, bietet die **Befragungsumgebung** ein auf die Bedürfnisse von Systembenutzern zugeschnittenes Menü an, mit dessen Hilfe Konsultationen durchgeführt und Schlußfolgerungen unter Verwendung einer rudimentären Erklärungskomponente ansatzweise überprüft werden können.

Wenn auch die Xi Plus-eigene Terminologie in einigen Punkten von den ESE-Begriffsbildungen abweicht, treten doch bei näherer Betrachtung Gemeinsamkeiten hervor. Dies verwundert um so weniger, als beide Werkzeuge in die Klasse der regelbasierten Tools fallen und daher demselben Wissensrepräsentations-Paradigma verhaftet sind. Im einzelnen beruht Xi Plus auf folgenden Konzepten:

a) In den **Regeln** ist hauptsächlich deklaratives Fachwissen niedergelegt. Daneben gibt es eine spezielle Regelklasse - sogenannte Vorrangregeln -, die überwiegend für die Ablaufsteuerung zuständig ist. Sofern man sich mnemotechnischer Bezeichnernamen bedient, lesen sich Xi Plus-Regeln über weite Passagen wie natürlichsprachige Sätze, so daß eine Kommentierung, wie sie die Prinzipien der ordnungsgemäßen Programmierung üblicherweise gebieten, nahezu entbehrlich erscheint.

b) **Wissensbasen** gliedern sich in einen Textteil, der Regeln, Fakten und Voreinstellungen enthält, und in Definitionen, die sich auf Ermittlungsziele, Bezeichner und Behauptungen beziehen. Außer auf die eigenen Definitionen dürfen sie auch auf Masken- und Berichtsbibliotheken zugreifen, die übergeordneten Strukturen angehören. Wissensbasen können einander aufrufen und dabei ähnlich den Prozeduren höherer Programmiersprachen Parameter übergeben.

c) **Anwendungen** fassen Wissensbasen, Masken- und Berichtsbibliotheken sowie Schnittstellen-Definitionen, die zueinander in einem inhaltlichen Bezug stehen, jeweils zu in sich abgeschlossenen Einheiten zusammen.

Will man mit Xi Plus komplexe Probleme angehen, so empfiehlt es sich, die Programme stark zu modularisieren und in Hierarchien aus zahlreichen kleinen Anwendungen und Wissensbasen aufzulösen. Der Grund liegt vor allem darin, daß große monolithische Programmeinheiten den von Xi Plus verwalteten Hauptspeicher zum Überlaufen zu bringen drohen und damit die Gefahr von Programmabstürzen heraufbeschwören. Die Speicherprobleme verschärfen sich noch, wenn - wie im Falle der intelligenten Checkliste DIPSEX-S - ein dialogorientiertes System vorliegt, das eine Vielzahl von Masken beinhaltet.

9.2 Aufbau und Funktionsweise des Prototyps

9.2.1 Überblick

Wie aus Abbildung 9.2.1/1 hervorgeht, lehnt sich die Hierarchie der Anwendungen und Wissensbasen, aus denen sich der Prototyp zusammensetzt, unmittelbar an die in Abschnitt 7.1.2 beschriebenen Analysebereiche an.

Die Anwendung START steuert den Konsultationsablauf, sorgt für die Zuordnung der für das untersuchte Unternehmen benötigten Vergleichswerte, ermöglicht die Wiederaufnahme unterbrochener Sitzungen und verzweigt in Abhängigkeit von den Benutzereingaben in die Bereiche "PPS-Rahmenbedingungen" oder "Produktionsplanung und -steuerung". Innerhalb der beiden Analyse-Äste zerfallen die Anwendungen jeweils in zwei Gruppen: Während STRUKTURELL STEUER und PPS STEUER die Vorauswahl übernehmen, obliegen die eigentlichen Diagnosen den Anwendungen STRUKTURELL 1, STRUKTURELL 2, PPS MODUL 1, PPS MODUL 2, PPS MODUL 3 sowie PPS VERFAHREN. Den Steuer-Wissensbasen, die sich sowohl in den Vorauswahl- als auch in den Diagnose-Anwendungen finden, kommt die Aufgabe zu, bei Bedarf weitere Wissensbasen und Anwendungen aufzurufen und den Datenaustausch zu koordinieren.

Bei den Diagnose-Anwendungen wurde die Modularisierung weiter vorangetrieben, als es aus inhaltlichen Gründen gerechtfertigt erscheint. So ist etwa das Wissen zu den PPS-Teilfunktionen über die drei Anwendungen PPS MODUL 1, PPS MODUL 2 und PPS MODUL 3 und dasjenige zu den PPS-Rahmenbedingungen über die beiden Anwendungen STRUKTURELL 1 und STRUKTURELL 2 verstreut. Diese übertrieben anmutende Aufsplitterung wurde durch die in Kapitel 9.1 erwähnten Speicherprobleme erzwungen.

9.2.2 Klientenspezifische Vorauswahl

Zu Beginn der Diagnosesitzung gibt der Benutzer an, ob er die PPS-Rahmenbedingungen oder die Produktionsplanung und -steuerung zu durchleuchten beabsichtigt. Nachdem das System in die entsprechende Anwendung STRUKTURELL STEUER oder PPS STEUER verzweigt hat, gilt es abzuklären, welche Bereiche überprüft werden sollen. Die systeminternen Abläufe unterscheiden sich in den beiden Analyse-Ästen geringfügig:

a) Hat sich der Benutzer für das Gebiet "Produktionsplanung und -steuerung" entschieden, so fordert ihn die Anwendung PPS STEUER in mehreren Auswahlmenüs auf, die installierten und die zu untersuchenden PPS-Teilfunktionen sowie das verwendete PPS-Verfahren zu kennzeichnen. Aus seinen Eingaben wird eine Analyse-Agenda aufgebaut. Danach beginnt die Steuer-Anwendung, die darin enthaltenen Einträge sukzessive abzuarbeiten, indem sie die für die einzelnen Sachgebiete zuständigen Diagnose-Anwendungen aufruft.

b) Bei den PPS-Rahmenbedingungen stehen dem Benutzer zwei Wege offen: Er kann den Inhalt der Agenda entweder selbst zusammenstellen oder bei seiner Selektionsentschei-

Abb. 9.2.1/1 Anwendungen und Wissensbasen von DIPSEX-S

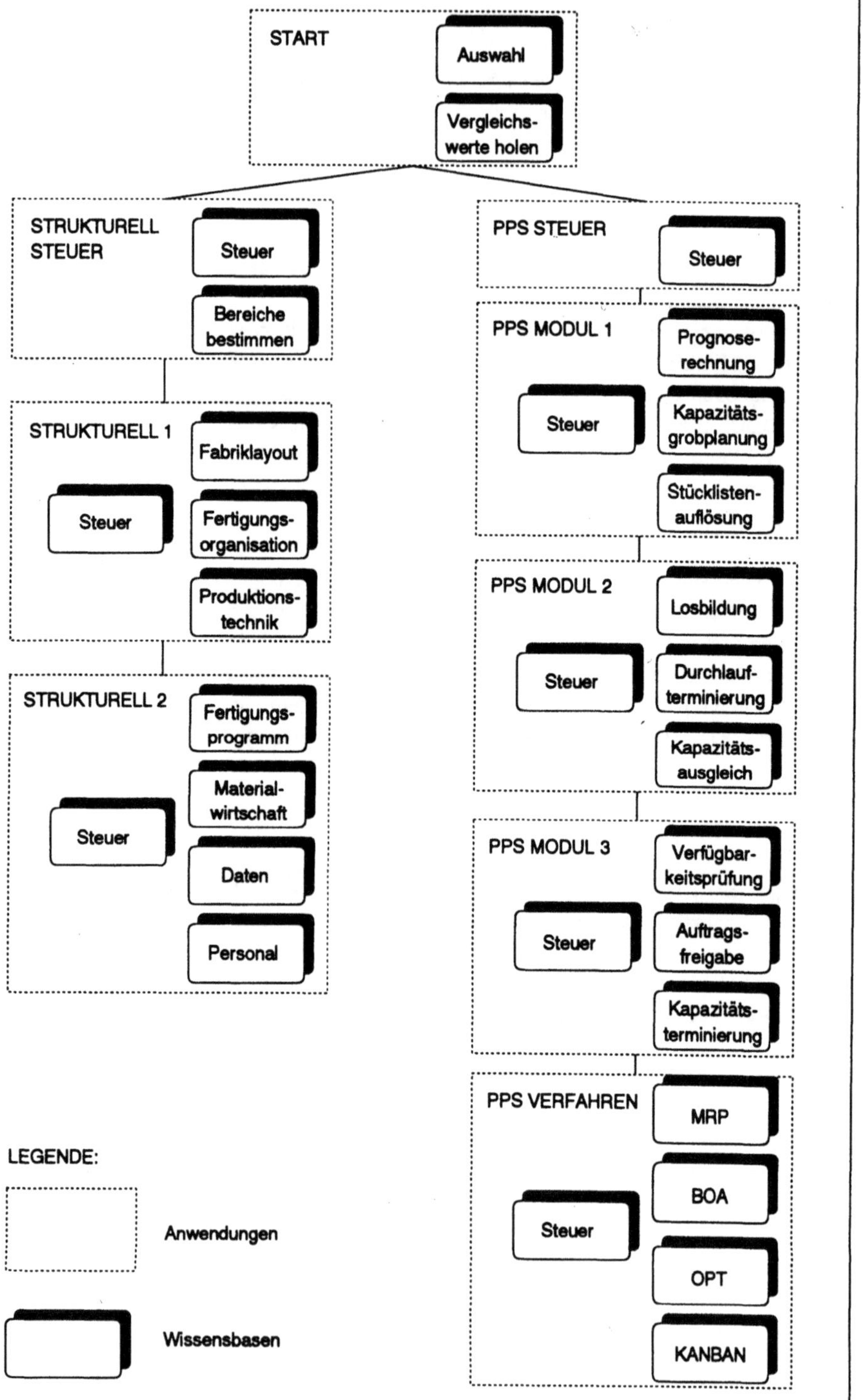

dung die Hilfe des Systems in Anspruch nehmen. Sofern er die zweite Alternative wählt, bittet ihn die Anwendung STRUKTURELL STEUER, eine Reihe von Schwachstellensymptomen zu beurteilen. Bei der internen Auswertung dieser Informationen schlägt sie das Produkt aus Benutzereinschätzung und Konfidenzfaktor den Konten jener Bereiche zu, auf die das jeweilige Symptom hindeutet. Sofern der Kontostand eines Gebietes einen vorgegebenen Grenzwert übersteigt, wird es in die Liste möglicher Untersuchungskandidaten aufgenommen. Die Steuer-Anwendung legt dem Anwender diese vorläufige Kandidatenliste zur Begutachtung vor und erzeugt daraus die endgültige Agenda, indem sie die von ihm zurückgewiesenen Einträge entfernt. Anschließend stößt sie nacheinander die auf die einzelnen Themenbereiche spezialisierten Diagnose-Anwendungen an.

9.2.3 Interaktive Diagnoseerstellung

Beim DIPSEX-P-Prototypen war es wegen der schwer durchschaubaren ESE-Syntax nicht angebracht, die internen Abläufe anhand von Wissensbasis-Zitaten zu verdeutlichen. Im Falle des Tools Xi Plus stellt sich die Lage insofern anders dar, als seine Regeln bei umsichtiger Formulierung beinahe selbsterklärend sind. Daher scheint es didaktisch vertretbar, die interaktive Schwachstellendiagnose mit Hilfe realer Xi Plus-Regeln zu erläutern.

9.2.3.1 Bereichsneutrales Grundschema

Der Inferenzmechanismus von Xi Plus stellt sowohl die Vorwärts- als auch die Rückwärtsverkettungs-Strategie zur Verfügung. Da eine im Zuge der Vorwärtsverkettung erreichte Bedingung den sofortigen Aufruf weiterer vorwärtsverkettender Regeln bewirkt und diese ihrerseits neue Bedingungen erzeugen können, geraten Wissensbasen, die einzig auf einer derartigen datengetriebenen Strategie aufbauen, im allgemeinen sehr unübersichtlich. Die Rückwärtsverkettung weist demgegenüber den Vorzug auf, daß sie komplexe Aufgaben in kleinere Teilaufgaben zu zergliedern erlaubt und dadurch die Ablaufsteuerung wesentlich einfacher ausfällt, als es bei Verwendung der Vorwärtsverkettung möglich wäre. Überdies erleichtert sie den Dialogverkehr mit dem Benutzer, weil der Inferenzprozeß die Informationsbeschaffung weitgehend selbsttätig lenkt und vom Anwender einzig jene Daten erfragt, die zur Herleitung des gegenwärtig verfolgten Ermittlungszieles benötigt werden. Aus diesem Grund bestehen die für die Schwachstellenermittlung zuständigen DIPSEX-S-Wissensbasen überwiegend aus rückwärtsverkettenden Regeln; daneben enthalten sie an einigen Stellen Vorrangregeln, die von der Backward-Chaining-Strategie ausgenommen sind und das Erstellen von Berichten, die Reihenfolgesteuerung sowie weitere Verwaltungsaufgaben wahrnehmen, die vom eigentlichen Analysewissen getrennt werden sollten.

Als Ermittlungsziele, von denen die Initialzündungen für die Rückwärtsverkettung ausgehen, fungieren die Schwachstellen des betrachteten Untersuchungsbereiches. In Abhängigkeit von diesen Zielen versucht DIPSEX-S, die in den Regeln aufgeführten Antezedenzien zu überprüfen. Gelingt es nicht, sie durch die Aktivierung weiterer Regeln oder unter Rückgriff auf die in der Datenbank niedergelegten Werte zu verifizieren oder zu widerlegen, so wendet sich das System an den Benutzer. Dazu bedient es sich der in der Maskenbibliothek gespeicherten Formularbildschirme. Parallel zur Ableitung der Diagnosen schreibt es gemäß einer Formel, die dem MYCIN-Schema nachempfunden ist, die Konfidenzfaktoren fort.

Die systeminternen Abläufe bei der Ermittlung von Schwachstellen sollen nachfolgend anhand jenes Beispiels verdeutlicht werden, das bereits in Kapitel 7.3.1 dazu diente, das bereichsneutrale Grundschema aus Benutzersicht aufzuzeigen.

Der Inferenzprozeß startet stets mit dem Ziel

verdacht enthält schwachstelle.

In der Wissensbasis von DIPSEX-S befindet sich unter anderem folgende Regel, welche die Schwachstelle *"hohe Erzeugnisprogrammdichte"* zum Gegenstand hat:

wenn symptome enthält "Die Anzahl der Ausführungsformen ist hoch"
oder wenn symptome enthält "Standardisierung fehlt"
dann konfidenz = sym_konf
und verdacht enthält "Erzeugnisprogrammdichte hoch"

Wegen der disjunktiven Verknüpfung genügt es, lediglich ein Antezedens zu verifizieren. Also sucht das System Regeln, die als Folgerung eine der beiden genannten Bedingungen liefern. Dabei trifft es auf das folgende Wissensgranulat:

wenn hypothese enthält "Die Anzahl der Ausführungsformen ist hoch"
und "Die Anzahl der Ausführungsformen ist hoch" >= 1
dann symptome enthält "Die Anzahl der Ausführungsformen ist hoch"

Die beiden durch eine Konjunktion verbundenen Antezedenzien veranlassen DIPSEX-S, die angegebene Hypothese zuerst herzuleiten und anschließend dem Benutzer zur Begutachtung vorzulegen. Der Verdacht gilt genau dann als bestätigt, wenn der Anwender in das entsprechende Maskenfeld mindestens eine "1" einträgt. Da DIPSEX-S seine Schlußfolgerungen grundsätzlich durch den Anwender absichern läßt, ist allen Hypothesen eine derartige Bestätigungs-Regel zugeordnet. Diese Regeln sind vollkommen uniform aufgebaut, so daß im folgenden darauf verzichtet wird, sie jeweils explizit zu erwähnen.

Im weiteren Verlauf des Inferenzprozesses stellt sich heraus, daß der Verdacht, es gebe zu viele Ausführungsformen, zwei Symptome als Antezedenzien besitzt und sein Konfidenzfaktor sich als Maximum der beiden Symptom-Konfidenzen errechnet:

wenn symptome enthält "Akzeptieren von Sonderwünschen"
oder wenn symptome enthält "Die Variantenvielfalt ist hoch"
dann sym_konf = max (sym1_konf, sym2_konf)
und hypothese enthält "Die Anzahl der Ausführungsformen ist hoch"

Aufgrund der Oder-Verknüpfung muß das System mindestens eine der beiden Symptome, die neu hinzugekommen sind, als Hypothesen bestätigen. Die nächste Regel, auf die der Inferenzprozeß stößt, betrifft das Symptom *"Akzeptieren von Sonderwünschen"*:

*wenn rüstzeit * rzkonf + bearbeitungszeit * bzkonf +*
*terminverzüge * tvkonf + lieferzeit * lzkonf + teilevielfalt * tfkonf*
>= 3
*dann sym1_konf = (rzkonf + bzkonf + tvkonf + lzkonf + tfkonf) / 5 * 100*
und hypothese enthält "Akzeptieren von Sonderwünschen"

DIPSEX-S durchsucht nun seine Wissensbasis erneut. Dabei zeigt sich, daß sie kein weiteres Wissensgranulat beinhaltet, das sich auf das angegebene Antezedens bezieht. Um die Vorbedingung dennoch verifizieren oder widerlegen zu können, prüft das System, ob sich in seiner Datenbank, in der die bisherigen Benutzereingaben protokolliert sind, Werte für die Bezeichner "rüstzeit", "rzkonf", "bearbeitungszeit", "bzkonf", "terminverzüge", "tvkonf", "lieferzeit", "lzkonf", "teilevielfalt" sowie "tfkonf" finden. Verläuft die Suche erfolgreich, so verwendet es diese Daten. Anderenfalls holt es die benötigten Auskünfte vom Anwender ein. Sodann vergleicht es den aus den Bezeichnern gebildeten arithmetischen Ausdruck mit dem prästabilierten Grenzwert, der im vorliegenden Beispiel den Wert 3 hat; diese Schwellenwerte bemessen sich nach der Anzahl der in der Regel vorkommenden Schwachstellenindikatoren und sind in der Wissensbasis fest vorgegeben. Sofern die Ungleichung zutrifft, gilt die Hypothese *"Akzeptieren von Sonderwünschen"* als bestätigt, und DIPSEX-S weist ihr als Konfidenzfaktor den Mittelwert der Einzelkonfidenzen zu. Da nunmehr auch die Bedingung der vorhergehenden Regel erfüllt ist, kann das System diese ebenfalls ausführen. Der Prozeß setzt sich so lange fort, bis der systeminterne Stack abgebaut und der Abarbeitungsmechanismus wieder bei jener Regel, die das Ermittlungsziel enthält, angelangt ist. Mit Hilfe einer Vorrangregel übergibt DIPSEX-S die gefundene Schwachstelle und deren Konfidenzfaktor an die Berichtsdatei "ergebnis":

sobald verdacht enthält "Erzeugnisprogrammdichte hoch"
dann bericht an datei ergebnis "Daraus leitet sich die Schwachstelle ab:
Die Erzeugnisprogrammdichte (d. h. die Zahl der Ausführungsformen) ist zu hoch.
Ermittelt mit einer Zuverlässigkeit von [konfidenz] %."

Damit hat das System den Verdacht, daß die Erzeugnisprogrammdichte zu hoch ist, ad acta gelegt. Welchen Weg es anschließend einschlägt, hängt vom Inhalt der Wissensbasis und vom Stand des Inferenzprozesses ab. Falls die im Rahmen der Vorauswahl zusammengestellte Agenda keine weiteren Einträge enthält, schließt DIPSEX-S die Konsultation ab. Im anderen Falle verbleiben zwei Alternativen: Entweder wendet sich das System innerhalb des aktuellen Analysebereiches einem neuen Verdacht zu, oder es wechselt zu einem anderen Untersuchungsgebiet über.

9.2.3.2 Bereichsspezifische Abwandlungen des Grundschemas

Aus implementierungstechnischer Sicht erweist es sich ausschließlich im Bereich "Produktionsplanung und -steuerung" als erforderlich, vom Grundschema in wesentlichen Punkten abzuweichen.

9.2.3.2.1 Abwandlungen im Bereich "PPS-Module"

DIPSEX-S begnügt sich bei der Analyse von PPS-Teilfunktionen nicht mit der bloßen Konstatierung von Defiziten, sondern versucht darüber hinaus, zu deren **Ursachen** vorzustoßen. Sooft daher eine Schwachstelle bestätigt worden ist, geht das System der Frage nach, welche Gründe dafür verantwortlich sein könnten. Einige Wissensgranulate, die dem Diagnose-Ast "Kapazitätsausgleich" entnommen sind, verdeutlichen diese Vorgehensweise:

wenn symptome enthält "Trotz Kapazitätsausgleich sind Überlastungen vorhanden"
und geprüft ursachen
dann verdacht enthält "kapazitätsgebirge unrealistisch"

Das konjunktiv verknüpfte Antezedens "*geprüft ursachen*" bewirkt, daß DIPSEX-S die Regel erst dann bearbeiten kann, wenn alle Ursachen für die Schwachstelle überprüft worden sind. Deshalb ruft das System im Zuge der Rückwärtsverkettung alle Regeln auf, in deren Konsequenzen der Bezeichner "ursachen" vorkommt. Dadurch zeigt es dem Benutzer sämtliche in der Wissensbasis hinterlegten Gründe an und richtet an ihn jeweils die Frage, ob er die Erklärung für zutreffend erachtet. Eine Ursache gilt immer dann als bestätigt, wenn in den Formularbildschirm mindestens eine "1" eingetragen wird. Die entsprechenden Wissensbasis-Elemente ähneln weitgehend jenen, die zur Ableitung von Hypothesen dienen:

wenn mögliche gründe enthält "Bei den meisten Planungsläufen ergeben sich Änderungen"
und "Bei den meisten Planungsläufen ergeben sich Änderungen" >= 1
dann ursachen enthält "Bei den meisten Planungsläufen ergeben sich Änderungen"

Um den Defiziten die ihnen zugrunde liegenden Ursachen zuordnen zu können, greift das System auf Verknüpfungs-Regeln zurück, die folgendermaßen aufgebaut sind:

wenn symptome enthält "Trotz Kapazitätsausgleich sind Überlastungen vorhanden"
dann mögliche gründe enthält "Bei den meisten Planungsläufen ergeben sich Änderungen"
und mögliche gründe enthält "In der Fertigung treten zu häufig Störungen auf"
und mögliche gründe enthält ...

An dieser Stelle offenbart sich in mustergültiger Weise die leichte Erweiterbarkeit von DIPSEX-S: Wünscht der Systementwickler in die Wissensbasis zusätzliche Ursachen aufzunehmen, so braucht er den Konsequenzen der Verknüpfungs-Regeln lediglich weitere konjunktiv verbundene Glieder anzufügen.

Die vom Benutzer bestätigten Ursachen übergibt DIPSEX-S an die Berichtsdatei "ergebnis". In der Expertise erscheinen sie jeweils unter der zugehörigen Schwachstelle:

...
Daraus leitet sich die Schwachstelle ab:
Das Kapazitätsgebirge ist auch nach dem Kapazitätsausgleich unrealistisch.
Das kann folgende Gründe haben:

Bei den meisten Planungsläufen ergeben sich Änderungen.

...

9.2.3.2.2 Abwandlungen im Bereich "PPS-Verfahren"

Auch bei der Untersuchung der PPS-Verfahren geht DIPSEX-S nach einem leicht modifizierten Schema vor. Ehe das System in die eigentliche Schwachstellenanalyse eintritt, wendet es sich den **Einsatzvoraussetzungen** zu. Die betreffenden Wissensbasis-Elemente weisen folgende Gestalt auf:

*wenn belastungssituation * bskonf >= 1*
dann anzahl verletzte voraussetzungen = anzahl verletzte voraussetzungen + 1
und schwere verstöße = max (schwere verstöße, einsatz3)
und einsatzvoraussetzungen enthält "Die Belastungssituation muß in etwa dem Kapazitätsangebot entsprechen, damit sich zuverlässige Maschinenbelegungspläne erstellen lassen."

Diese Regeln veranlassen DIPSEX-S, an den Anwender Bewertungsfragen zu den einzelnen Voraussetzungen zu richten. Wenn aus den Eingaben hervorgeht, daß ein Verstoß vorliegt, so erhöht das System die Variable "anzahl verletzte voraussetzungen" um 1 und prüft, ob es dem Bezeichner "schwere verstöße", der sich als maximale Bedeutung aller Verstöße errechnet, einen neuen Wert zuweisen muß. Die Bedeutungen der einzelnen Voraussetzungen lädt es zu Beginn der PPS-Teilanalyse mit Hilfe einer externen Xi Plus-Funktion aus der im Komma-Trennzeichen-Format aufgebauten Datei "einsatz.cdf".

Nachdem das System sämtliche Einsatzvoraussetzungen abgearbeitet hat, untersucht es jene Mängel, für die nicht die betriebliche Umgebung, sondern Eigenheiten des Verfahrens verantwortlich zeichnen. Zu diesem Zweck zeigt es auf dem Bildschirm wiederum Bewertungsfragen an. Die aus den Antworten des Benutzers erschlossenen Schwachstellen gehen ebenfalls in die Berichtsdatei "ergebnis" ein:

*wenn terminverzüge * tvkonv + kapazitätsüberlastung * kükonf >= 1.5*
dann kapazitätsplanung enthält kapazitätsrestriktionen
und bericht an datei ergebnis "Kapazitätsüberlastungen und Lieferterminverzüge können dadurch entstehen, daß Kapazitätsrestriktionen in die Planungen nur am Rande einfließen; sowohl die Kapazitätsgrobplanung als auch die Durchlaufterminierung planen die Aufträge unter der Annahme ein, Kapazitäten und Materialien seien zu den errechneten Zeitpunkten potentiell unbegrenzt verfügbar."

9.2.4 Funktionen zur Benutzerunterstützung

9.2.4.1 Unterbrechung von Analysesitzungen

Abbildung 9.2.4.1/1 gibt die Maskenfolge wieder, die das System während der Unterbrechungsbehandlung durchläuft.

Abb. 9.2.4.1/1 Maskenfolge bei der Unterbrechung einer Konsultation

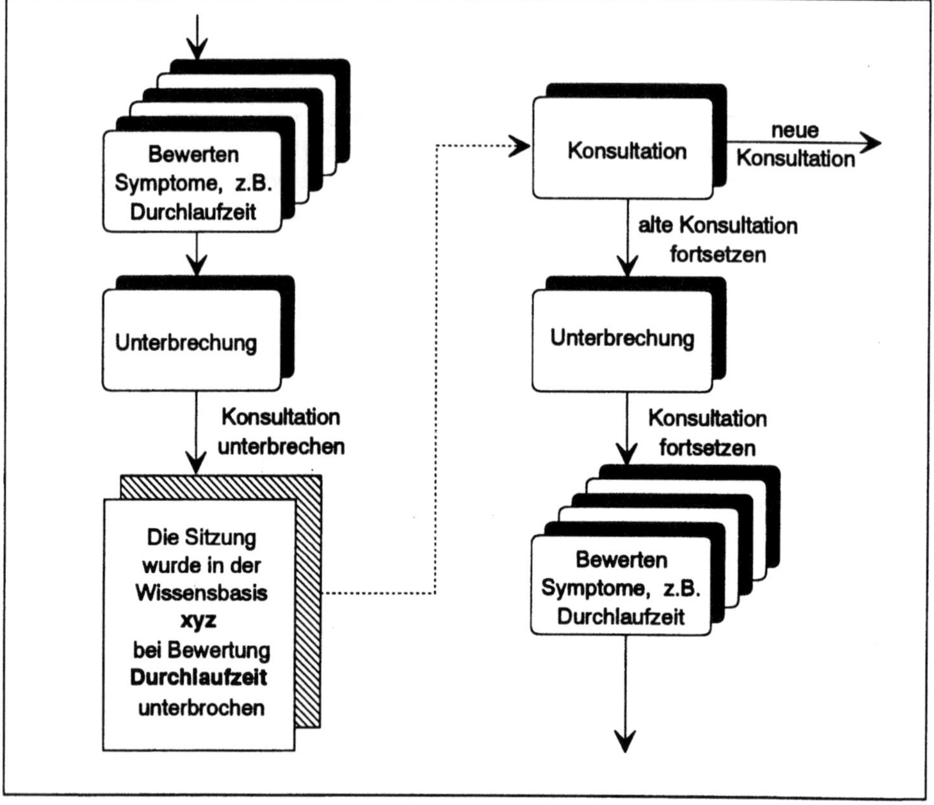

Weiß der Anwender eine Frage zur Fertigungssituation nicht aus dem Stegreif zu beantworten, so kreuzt er im entsprechenden Bildschirmformular das Unterbrechungs-Feld an und gelangt daraufhin in die Maske "Unterbrechung". Nachdem er dort bestätigt hat, daß er die Sitzung tatsächlich zu verlassen gedenkt, speichert DIPSEX-S den aktuellen Konsultationszustand ab, hält in einer weiteren Datei den Ort sowie den Grund der Unterbrechung fest und kehrt in die Anwendung START zurück. Sodann generiert das System einen kurzen Bericht und schließt die Sitzung ab. Nach der Wiederaufnahme findet sich der Benutzer in der Maske "Konsultation" wieder. Da in der Statusdatei vermerkt ist, daß eine abgebrochene Sitzung existiert, fragt ihn DIPSEX-S, ob er die vorherige Konsultation fortsetzen oder eine neue beginnen möchte. Entscheidet er sich für die erstgenannte Alternative, so stellt das System anhand der Statusinformationen fest, in welcher Anwendung und in welcher Wissensbasis die Unterbrechung erfolgte, und verzweigt an diese Stelle. Dort legt es die Maske "Unterbrechung" dem Anwender aus implementierungstechnischen Gründen ein zweites Mal vor, wobei er nunmehr den Menüpunkt "Konsultation fortsetzen" kennzeichnen muß. Danach lädt es den gespeicherten Konsultationszustand und nimmt die Untersuchung an jener Stelle wieder auf, an der sie der Benutzer zuvor verlassen hat.

Der Anwender kann die Unterbrechungs-Option im Verlauf einer Sitzung beliebig oft aufrufen. Ihre Praktikabilität wird jedoch dadurch geschmälert, daß er gezwungen ist, sie bei jedem Zweifelsfall stets von neuem zu aktivieren. Die in Kapitel 7.4.1 beschriebene benutzerfreundlichere Lösung, bei der DIPSEX-S alle Fragen, die der Benutzer nicht zu entscheiden weiß, einstweilig zurückstellt, um sie am Schluß gebündelt auszugeben, scheitert an Unzulänglichkeiten von Xi Plus. Als nachteilig erweist sich insbesondere, daß es nicht möglich ist, Regeln, mit deren Abarbeitung bereits begonnen worden ist, vorläufig ohne Ergebnis zu belassen und später unter Berücksichtigung neuer Erkenntnisse auszuwerten. Wird der Inferenzprozeß während einer Ableitung unterbrochen, so legt Xi Plus sofort sämtliche unvollständigen Folgerungen mit dem Attribut "nicht erfüllt" in seiner Datenbank ab.

9.2.4.2 Verwendung von Referenz-Werten

Um für gewisse quantifizierbare Tatbestände Vergleichswerte anbieten zu können, erkundigt sich DIPSEX-S am Anfang der Sitzung nach ausgewählten Merkmalen des Klientenbetriebes und ordnet ihn anhand der Benutzereingaben in eine Unternehmensklasse ein. Danach sucht das System mit Hilfe externer Xi Plus-Funktionen in der Vergleichswerte-Datei "vergl_w.cdf", die ähnlich der in Abschnitt 9.2.3.2.2 erwähnten Datei "einsatz.cdf" ein Komma-Trennzeichen-Format aufweist und die in Abbildung 7.4.2/1 skizzierte dreidimensionale Struktur in linearisierter Form enthält, den zugehörigen Mittelwert-Vektor und speichert ihn in der Datei "mittel.dat" ab. Nach der benutzerspezifischen Vorauswahl liest das System die Vergleichswerte ein und hält sie in der Xi Plus-internen Datenbank in ständigem Zugriff.

Steht für eine Frage ein Referenz-Wert bereit, so erscheint auf dem Bildschirm ein entsprechender Hinweis. Durch Betätigen der Hilfe-Taste kann der Anwender das System veranlassen, den Mittelwert in das aktuelle Bildschirmformular einzublenden.

9.3 Beispielhafter Konsultationsablauf

Abbildung 9.3/1 zeigt in leicht vereinfachter Form die Maskenfolge, die der Anwender während einer Analysesitzung durchläuft.

In der Maske "Vorauswahl" legt der Benutzer fest, ob er die PPS-Rahmenbedingungen oder die Produktionsplanung und -steuerung zu durchleuchten wünscht. Anschließend kennzeichnet er in den Selektions-Bildschirmen "Auswahl Rahmenbedingungen", "Auswahl PPS-Module" und "Auswahl PPS-Verfahren" jene Gebiete, in denen er Schwachstellen vermutet. In Abbildung 9.3/2 ist exemplarisch die Selektionsmaske für den Analysezweig "PPS-Rahmenbedingungen" wiedergegeben. Die Formulare, die DIPSEX-S zur Auswahl der PPS-Module und -Verfahren heranzieht, sind ähnlich aufgebaut.

Abb. 9.3/1	Maskenfolge bei der Durchführung von Analysen

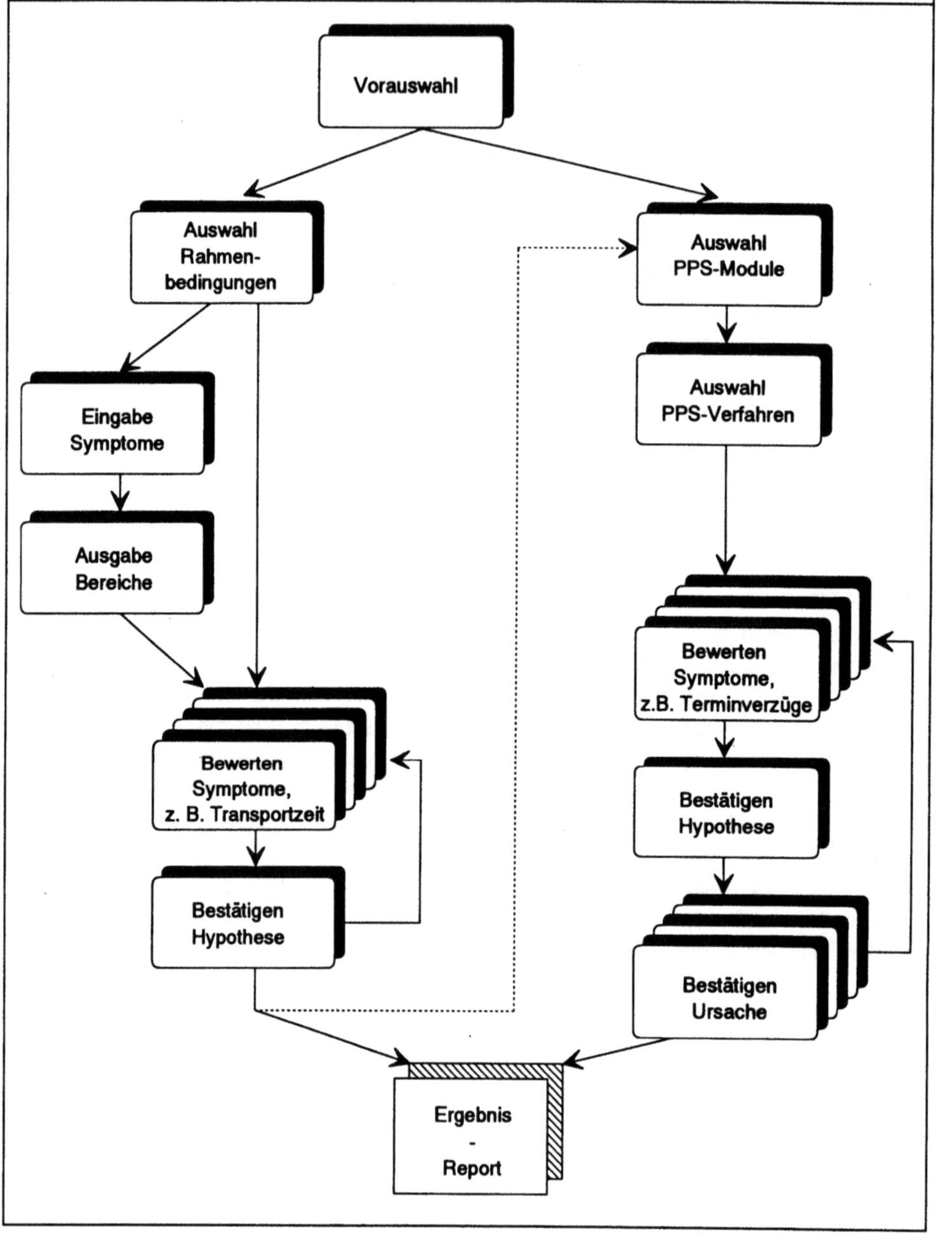

Abb. 9.3/2	Maske "Auswahl Rahmenbedingungen"

```
                VORAUSWAHL RAHMENBEDINGUNGEN
### UNTERSUCHUNG DER SCHWACHSTELLEN DER PPS-RAHMENBEDINGUNGEN ###

Sollten Sie einen konkreten Verdacht haben, in welchen der ange-
gebenen Gebiete sich Schwachstellen konzentrieren könnten, kreu-
zen Sie bitte die betreffenden Bereiche folgendermaßen an:
        Bereich  ( X )

Dadurch wird die Untersuchung auf die ausgewählten Gebiete be-
schränkt.
        Fabriklayout                    (   )
        Fertigungsorganisation          (   )
        Produktionstechnik              (   )
        Fertigungsprogramm              (   )
        Materialwirtschaft              (   )
        Daten und Datenverwaltung       (   )
        Personalbereich                 (   )

Haben Sie keinen derartigen Verdacht, so kreuzen Sie bitte das
folgende Feld an:       (   )
```

Bei den PPS-Rahmenbedingungen steht dem Benutzer zusätzlich die Möglichkeit offen, sich durch das System beraten zu lassen. Dazu stellt ihm DIPSEX-S auf Masken, die sich nur unwesentlich von den später behandelten Bildschirmen des Typs "Bewerten Symptome" unterscheiden, einige aussagekräftige Leitsymptome zur Auswahl. Der Anwender erhält daraufhin die potentiell mit Mängeln behafteten Gebiete angezeigt.

Der interaktiven Schwachstellenanalyse liegt in den Zweigen "PPS-Rahmenbedingungen" und "Produktionsplanung und -steuerung" jeweils ein vergleichbares Ablaufschema zugrunde. DIPSEX-S erkundigt sich zunächst in einer Reihe von Masken nach Schwachstellen-Symptomen. Ein typisches Beispiel für einen Formularbildschirm des Typs "Bewerten Symptome" findet sich in Abbildung 9.3/3.

Abb. 9.3/3	Maske des Typs "Bewerten Symptome"

```
                      DURCHLAUFZEIT

Sind die Durchlaufzeiten unbefriedigend lang?

Geben Sie bitte eine Zahl ein, die zwischen
        - 2 (zufriedenstellend) und
        + 2 (zu lang) liegt;

falls Sie die Frage nicht beantworten können oder wollen, so
geben Sie bitte den Wert 0 ein:
        (   )

Bewerten Sie jetzt die Zuverlässigkeit Ihrer Aussage mit einem
Faktor zwischen 0 (völlig unsicher) und 1 (völlig sicher):
        (   )

Falls Sie die Konsultation unterbrechen und die Frage erst
später beantworten wollen, kreuzen Sie bitte das folgende Feld
an:
        (   )
```

Dem Anwender werden so lange derartige Beurteilungs-Masken vorgelegt, bis sich die Indizien für eine Hypothese hinreichend stark verdichtet haben. Sodann fragt das System den Benutzer in einem weiteren Formular, ob er den Verdacht für zutreffend erachtet. In Abbildung 9.3/4 ist eine solche Bestätigungs-Maske wiedergegeben.

Abb. 9.3/4	Maske des Typs "Bestätigen Hypothese"

```
                    BESTÄTIGEN HYPOTHESE

Aufgrund der eingegebenen Symptome ergibt sich der folgende
Verdacht:

      DIE ANZAHL DER AUSFÜHRUNGSFORMEN PRO ARTIKEL IST HOCH.

Können Sie diesen Verdacht bestätigen?

Geben Sie eine Zahl zwischen - 2 und + 2 ein, je nachdem, ob
die Vermutung auf die Verhältnisse in Ihrem Betrieb wenig (-2)
oder stark (+2) zutrifft:

           (   )
```

Im Bereich "PPS-Bausteine" schließt sich die Untersuchung möglicher Ursachen an. Da sich diese Analysen stark an die oben dargestellten Abläufe bei der Hypothesen-Bestätigung anlehnen, sind die Masken in beiden Fällen ähnlich ausgelegt.

Sobald das System die Agenda abgearbeitet hat, gibt es auf dem Bildschirm oder auf dem Drucker eine Expertise aus. Für jeden untersuchten Bereich werden in der Reihenfolge der Analyse die bestätigten Symptome und die daraus abgeleiteten Hypothesen zusammen mit ihren Konfidenzfaktoren aufgeführt. Bei Bedarf sind Hinweise auf Querverbindungen zu anderen Gebieten eingestreut. Im PPS-Bereich wird dieses Schema geringfügig erweitert: Die Zusammenfassung der Ergebnisse beginnt hier mit einer Auflistung jener Schwachstellen, die möglicherweise auf das Fehlen einzelner Bausteine zurückgehen; im Falle der PPS-Module kommen die vom Benutzer bestätigten Schwachstellenursachen und im Falle der PPS-Verfahren die verletzten Einsatzvoraussetzungen hinzu. Abbildung 9.3/5 zeigt den Anfang einer DIPSEX-S-Expertise.

Abb. 9.3/5	Ausschnitt aus einer DIPSEX-S-Expertise

```
######################################
              PPS-Schwachstellendiagnose

          Mittwoch, den 30. Mai 1990, 12.53 Uhr
##################################################################
Untersuchungsergebnis für "Beispiel KG"
xxxxxxxxxxxxxxxxxxxxxxxxxxxxxxxxxxxxxxxxxxxxxxxxxxxxxxxxxxxxxxxxxxx
        Diagnose der PPS-Rahmenbedingungen
xxxxxxxxxxxxxxxxxxxxxxxxxxxxxxxxxxxxxxxxxxxxxxxxxxxxxxxxxxxxxxxxxxx

Bei der Untersuchung des Bereichs FABRIKLAYOUT
konnten folgende Schwachstellen ermittelt werden:

Symptom: Maschinen und Lager sind nicht am Materialfluß
         orientiert

Daraus leitet sich die Schwachstelle ab:
DIE RÄUMLICHE STRUKTUR IST SCHLECHT.
Ermittelt mit einer Zuverlässigkeit von 67 %
xxxxxxxxxxxxxxxxxxxxxxxxxxxxxxxxxxxxxxxxxxxxxxxxxxxxxxxxxxxxxxxxxxx
        Diagnose der Schwachstellen innerhalb der PPS
xxxxxxxxxxxxxxxxxxxxxxxxxxxxxxxxxxxxxxxxxxxxxxxxxxxxxxxxxxxxxxxxxxx
Hinweis: Gravierende Schwachstellen der PPS können auch
         darauf zurückzuführen sein, daß kein Modul zur
         Kapazitätsgrobplanung installiert ist.
xxxxxxxxxxxxxxxxxxxxxxxxxxxxxxxxxxxxxxxxxxxxxxxxxxxxxxxxxxxxxxxxxxx
Bei der Untersuchung des PPS-Moduls KAPAZITÄTSAUS-
GLEICH konnten folgende Schwachstellen ermittelt werden:

Symptom: Trotz Kapazitätsausgleich sind Überlastungen
         vorhanden.
```

10 Integrationsbeziehungen zwischen den PPS-Teilfunktionen "Schwachstellendiagnose", "Parametereinstellung" und "Umdisposition"

Es ist ein zentrales Anliegen der Wirtschaftsinformatik, betriebliche Teilfunktionen mit Hilfe der Datenverarbeitung zu **integrieren**. Daher wird im folgenden untersucht, inwieweit Programme zur Erstellung betriebswirtschaftlicher Diagnosen mit anderen PPS-Bausteinen kooperieren können.

10.1 Überblick

In den zurückliegenden Jahren zielten mehrere Forschungsvorhaben darauf ab, die Komplexität der Produktionsplanung und -steuerung durch den Einsatz Wissensbasierter Systeme besser zu beherrschen. Bislang schlugen jedoch sämtliche Bestrebungen fehl, PPS-Pakete in **allen** Teilfunktionen durch Expertensysteme zu **ersetzen**. Beispielsweise gelangten ISIS (**I**ntelligent **S**cheduling and **I**nformation **S**ystem) und sein Nachfolger OPIS (**Op**portunistic **I**ntelligent **S**cheduler), die beide als umfassende Planungssysteme gedacht waren, nicht über das Versuchsstadium hinaus (zu ISIS vgl. FOX/STROHM/WIMBERLY 82, FOX/SMITH 84 und FOX 87; zu OPIS vgl SMITH 87 und SMITH/HYNYNEN 87). Da nicht zu erwarten steht, daß auf absehbare Zeit ein entscheidender Durchbruch gelingen wird, erscheint als pragmatische Alternative ein anderes Konzept erfolgversprechend: An der Abteilung Wirtschaftsinformatik der Universität Erlangen-Nürnberg wird im Rahmen des Forschungsprojektes UPPEX (**U**nterstützung der **P**roduktions**p**lanung und -steuerung durch **Ex**pertensysteme) versucht, das auf dem klassischen MRP-Paradigma beruhende PPS-Paket COPICS **in einzelnen Teilfunktionen** durch Expertensysteme zu **ergänzen** (vgl. MERTENS/HELMER/ROSE/WEDEL 89, PRIES 89 und HILDEBRAND/WEDEL/MERTENS 90). Abbildung 10.1/1 zeigt das Projekt im Überblick.

Der UPPEX-Ansatz weist eine große Nähe zur Verteilten Künstlichen Intelligenz auf, die seit einiger Zeit auch im betriebswirtschaftlichen Bereich verstärkt in den Blickpunkt gerückt ist (vgl. PARUNAK 88, MERTENS/HILDEBRAND/KOTSCHENREUTHER 89 sowie KOTSCHENREUTHER 91). Die Arbeitsteilung zwischen den Expertensystemen ist folgendermaßen geregelt:

a) DIPSEX-P analysiert periodisch die Planvorgaben und Rückmeldedaten, um die Qualität der Produktionsplanung und -steuerung zu beurteilen und Hinweise auf Schwachstellen zu finden.

b) Dem System PAREX-CO (**Par**ametereinstellung durch ein **Ex**pertensystem - **CO**PICS) ist die Aufgabe zugedacht, die zahlreichen Parameter des PPS-Paketes COPICS situationsabhängig einzustellen (vgl. WEDEL 90).

c) UMDEX (**Umd**isposition durch ein **Ex**pertensystem) schlägt für den Fall, daß kurzfristig auftretende Störungen die Einhaltung des Plans gefährden, Umdispositionsmaßnahmen vor (vgl. ROSE 89).

Abb. 10.1/1 Projektüberblick über UPPEX

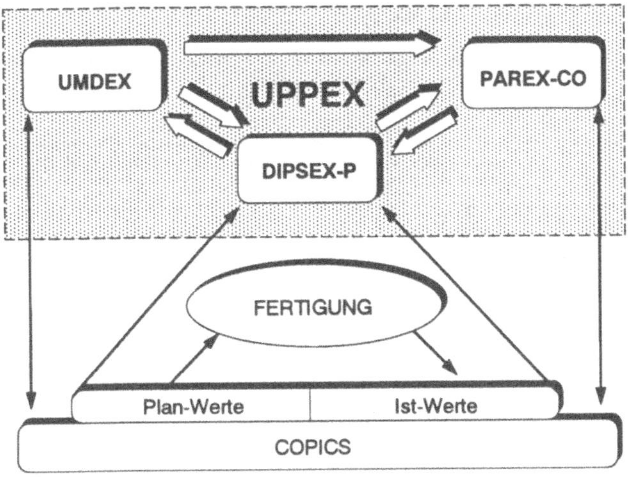

In Kapitel 10.2 werden PAREX-CO und UMDEX so weit erklärt, wie es für das Verständnis der Kooperation erforderlich ist. Kapitel 10.3 erörtert zunächst die in Abbildung 10.1/1 angedeuteten Kommunikationsbeziehungen und geht anschließend in Unterabschnitt 10.3.4 der Frage nach, wie sich aperiodische Diagnosesysteme wie DIPSEX-S, die in erster Linie für einen Stand-alone-Betrieb konzipiert sind und daher für eine Zusammenarbeit mit anderen Programmen wenig geeignet scheinen, in das UPPEX-Projekt einbeziehen lassen.

Im Mittelpunkt der nachfolgenden Ausführungen steht zwar in erster Linie die Kooperation zwischen den Prototypen DIPSEX-P, PAREX-CO, UMDEX und DIPSEX-S. Die Darlegungen bleiben mutatis mutandis jedoch auch dann gültig, wenn andere als die genannten Programme die Schwachstellendiagnose, die Parametereinstellung und die Umdisposition durchführen. Insofern zeichnen sich in diesem Kapitel Ansätze einer allgemeinen PPS-Theorie ab.

10.2 Systeme zur Parametereinstellung und Umdisposition

10.2.1 PAREX-CO

Bei der Konfiguration von Parametern gilt es zwei Aufgaben zu lösen: Das **statische Konfigurationsproblem** besteht darin, bei der Erstinstallation des PPS-Systems oder bei späteren Erweiterungen die Stellgrößen betriebsspezifisch zu initialisieren (vgl. GÜNZEL 90); daneben müssen die Parameter im laufenden Betrieb **dynamisch** an die Fertigungssituation und an sich verändernde unternehmerische Ziele angepaßt werden. PAREX-CO behandelt im Rahmen des UPPEX-Projektes das zuletzt beschriebene Problem.

Das System gliedert sich in drei Modulgruppen, die für die Problemerkennung, die Parameterselektion und die Parametereinstellung zuständig sind. Abbildung 10.2.1/1 zeigt die Architektur von PAREX-CO (vgl. WEDEL 90, S. 49).

Abb. 10.2.1/1	Architektur von PAREX-CO

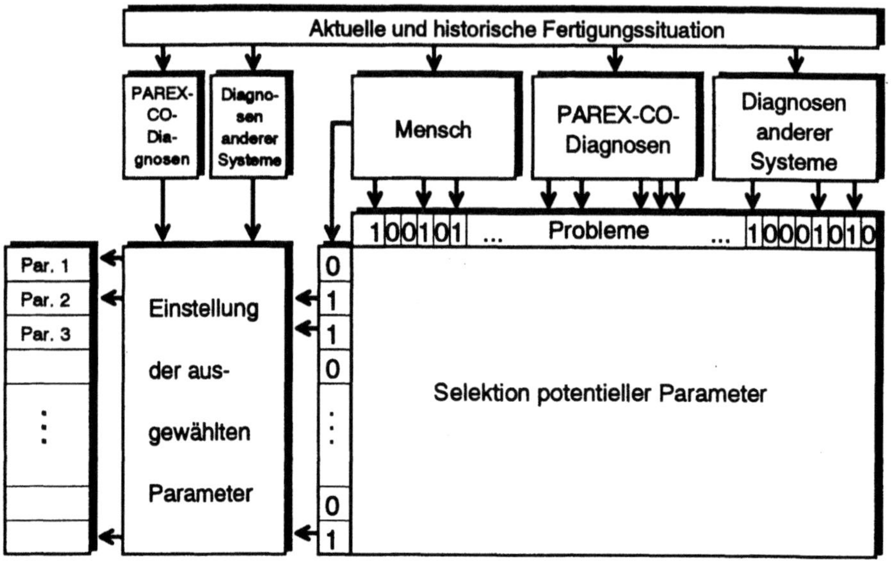

Im Rahmen der **Problemerkennung** benötigt PAREX-CO Angaben zu den gegenwärtig vorliegenden Schwachstellen. Sofern der Konfigurator im Stand-alone-Modus ohne ein Partnersystem betrieben wird, das ihm als Schwachstellen-Diagnostiker zuarbeitet, erhält er die Diagnosen von menschlichen Disponenten oder erzeugt sie mit seinem eigenen Diagnosemodul. Ist hingegen ein periodisches Überwachungssystem wie DIPSEX-P vorhanden, so liegt es nahe, die Informationen überwiegend von dort zu beziehen. Dadurch wird es möglich, das Modul "Problemerkennung" funktionell zu vereinfachen und weitgehend auf die Entgegennahme extern erzeugter Analyseergebnisse zu beschränken.

Die gemeldeten Defizite stellen die Eingaben der **Parameterselektion** dar. In diesem zweiten Schritt werden aus den verfügbaren Parametern gezielt jene ausgewählt, die für die nachfolgende Einstellung in Frage kommen. Dabei berücksichtigt PAREX-CO die komplexen Wechselwirkungen, die zwischen den Stellgrößen herrschen und als positive Verbundwirkungen oder schädliche Nebenwirkungen in Erscheinung treten.

In einem dritten Schritt weist das Programm den selektierten Parametern neue Werte zu. In die **Parametereinstellung** fließen sowohl heuristisches Wissen als auch detaillierte Diagnosen über den Zustand der Fertigung ein.

10.2.2 UMDEX

UMDEX unterstützt die Disponenten bei der Analyse kurzfristig auftretender Störungen und bei der Suche nach Gegenmaßnahmen. Das System zerfällt in einen **Diagnose-** und einen **Beratungsbereich**; diese gliedern sich ihrerseits in die in Abbildung 10.2.2/1 aufgeführten Teilfunktionen.

Abb. 10.2.2/1	Teilfunktionen von UMDEX

DIAGNOSEBEREICH

- **Abweichungserkennung**
  Überprüfung der Fertigungsrückmeldungen auf Plan-Ist-Differenzen
- **Abweichungsbeurteilung**
  Bewertung des Ausmaßes der festgestellten Differenzen

BERATUNGSBEREICH

- **Maßnahmenermittlung**
  Abschätzung der Eignung der Umdispositionsmaßnahmen anhand der Kriterien "Anwendbarkeit", "Nutzen" und "Aufwand"
- **Maßnahmenauswahl**
  Übersicht über alle anwendbaren Maßnahmen mit ihren jeweiligen Nutzen- und Aufwandswerten

10.3 Informationstransfer zwischen den Teilfunktionen

10.3.1 Informationstransfer zwischen DIPSEX-P und PAREX-CO

10.3.1.1 Gründe für den Informationstransfer

Was die Vielfalt der ausgetauschten Informationen anbelangt, so besteht die engste Kommunikationsbeziehung zwischen DIPSEX-P und PAREX-CO. In diesem Dioskuren-Verhältnis spiegelt sich die Arbeitsteilung zwischen dem Schwachstellendiagnosesystem, das gleichsam als medizinischer Diagnostiker fungiert, und dem mit der Therapie betrauten Konfigurationssystem wider. Viele der von PAREX-CO benötigten Daten fallen bei den periodischen DIPSEX-P-Untersuchungen als Haupt- oder Zwischenresultate an. Daher greift PAREX-CO naheliegenderweise auf die Ergebnisse seines Partnersystems zurück, anstatt in großem Umfang eigene Analysen anzustellen und damit unnötige Doppelarbeit zu leisten.

Da sich die von PAREX-CO vorgeschlagenen Eingriffe auf die Konfiguration von Parametern beschränken, ohne daß die Strukturen des Fertigungssystems angetastet werden, ist die Zusammenarbeit zwischen beiden Systemen rein **reaktiv**.

10.3.1.2 DIPSEX-P als Informationslieferant

Im Rahmen der **Problemerkennung** müssen PAREX-CO jene Defizite angezeigt werden, die sich durch Parameter des PPS-Pakets beeinflussen lassen. Dies kann beispielsweise mit Hilfe eines Bit-Vektors geschehen, wobei der Eintrag "1" vereinbarungsgemäß für "Schwachstelle vorhanden" und der Eintrag "0" für "Schwachstelle nicht vorhanden" steht. Um aus den maschinen-, teile-, werkstattauftragsspezifischen und globalen Stellgrößen gezielt jene auswählen zu können, die Heilung versprechen, braucht das System weitergehende Informationen, die es in die Lage versetzen, die gemeldeten Schwachstellen zu klassifizieren. Diese zusätzlichen Angaben betreffen die **Bezugsobjekte** und die **Aktivierungsmodi** der Diagnosen:

a) Als Bezugsobjekte kommen - analog zur Einteilung der Parameter - **Maschinen**, **Teile** oder **Werkstattaufträge** in Frage. Daneben gibt es **globale** Diagnosen, die sich auf die gesamte Fertigung beziehen; ein derartiger Befund könnte etwa lauten: "hoher prozentualer Anteil verspäteter Werkstattaufträge". Die Bezugsobjekte decken sich weitgehend mit den in Kapitel 5 erläuterten Untersuchungsgebieten von DIPSEX-P: In den Bereichen "Kapazitätsnutzung", "Arbeitsgang-Durchlaufzeit" und "Arbeitsgang-Verzug" werden maschinenbezogene, im Bereich "Bestände" teilebezogene und in den Bereichen "Werkstattauftrags-Durchlaufzeit" sowie "Werkstattauftrags-Verzug" werkstattauftragsbezogene Analysen durchgeführt; globale Diagnosen erzeugt das System im Rahmen seiner Überblicksbetrachtungen.

b) Bei den Aktivierungsmodi ist zwischen **vergangenheits-** und **zukunftsorientierten** DIPSEX-P-Diagnosen zu differenzieren. Je nachdem, ob eine Schwachstelle schon eingetreten ist oder erst für die Zukunft erwartet wird, verfährt PAREX-CO sowohl bei der Parameterselektion als auch bei der Parametereinstellung unterschiedlich: Wegen der Unsicherheit, die Aussagen über das künftige Produktionsgeschehen anhaftet, reagiert das System auf prognostizierte Probleme meist vorsichtiger als auf bereits bestehende. Daher fügt DIPSEX-P seinen Diagnosen ein Attribut bei, das die Ausprägungen "bereits eingetreten" oder "prognostiziert" annehmen kann. Im Falle vorhergesagter Schwachstellen teilt es seinem Partnersystem zusätzlich mit, wieviel Zeit voraussichtlich noch verbleibt, bis die zugehörige Kennzahl den als tolerierbar erachteten Bereich überschreitet. Prognosen eröffnen die Möglichkeit, das Zusammenspiel von DIPSEX-P und PAREX-CO, das vorwiegend auf vergangenheitsbezogenen Untersuchungen aufbaut und sich daher im wesentlichen als Feed-back-Kontrolle darstellt, um Elemente einer Feed-forward-Kontrolle anzureichern (vgl. STEINMANN/KLAUS 86, S. 158 ff.).

Im Rahmen der **Parametereinstellung** benötigt PAREX-CO außer den aktuellen Parameterwerten, die den COPICS-Datenbanken zu entnehmen sind, vor allem detaillierte Informationen zur Fertigungssituation. Zum Teil erhält es diese Angaben von seinen eigenen Diagnosemodulen. Sofern allerdings sein Pendant DIPSEX-P installiert ist, kann es seinen Informationsbedarf weitgehend aus dessen Datenbeständen befriedigen, so daß sich PAREX-CO-Diagnosen nahezu erübrigen. Die von DIPSEX-P übermittelten Angaben zerfallen in zwei Kategorien:

a) Die **Diagnosen** und deren **Bezugsobjekte** und **Aktivierungsmodi** betreffen zwar in erster Linie die Problemerkennung; sie sind aber auch für die Parametereinstellung von Interesse. Dies hat seinen Grund darin, daß die dazwischengeschaltete Parameterselektions-Operation im allgemeinen nicht eindeutig invertierbar ist und es sich deshalb als unmöglich erweist, aufgrund der ausgewählten Parameter eindeutige Rückschlüsse auf die zugrunde liegenden Fertigungsprobleme zu ziehen. Die genaue Kenntnis der Schwachstellen ist jedoch eine Conditio sine qua non, um die Parameter sinnvoll konfigurieren zu können.

b) Die von den DIPSEX-P-Verdichtungsprogrammen errechneten **Kennzahlen-Zeitreihen** lassen erkennen, wie sich die Fertigung während eines mittelfristigen Zeitraums entwikkelt hat. Derartige Informationen sind für PAREX-CO insofern bedeutsam, als seine Konfigurationsentscheidungen in der Regel auf mittelfristigen Betrachtungen basieren. So verstreicht beispielsweise ein Zeitraum, der ungefähr der durchschnittlichen Auftragsdurchlaufzeit entspricht, ehe Veränderungen von Belastungsschranken oder Plan-Durchlaufzeiten die beabsichtigte Wirkung zu entfalten beginnen. Nur wenn sich der Konfigurator von einer myopischen Sichtweise, die auf zufällige Einflüsse vorschnell reagiert, löst und statt dessen auf Analysen zurückgreift, die mehrere Perioden in die Vergangenheit zurückreichen, kann er unkontrollierte Bestands-, Durchlaufzeit- und Auslastungsschwankungen vermeiden.

10.3.1.3 PAREX-CO als Informationslieferant

Vom Parameterkonfigurator zum Diagnosesystem fließen wesentlich weniger Daten als in die umgekehrte Richtung: Die einzigen Informationen, die PAREX-CO seinem Partnersystem mitteilt, sind die **an Plan-Werten vorgenommenen Veränderungen**.

Die Bedeutung dieser Kommunikationsbeziehung liegt vor allem darin, daß die Analysen von DIPSEX-P zum großen Teil auf Plan-Ist-Vergleichen beruhen. Sooft Plan-Werte modifiziert werden, verschiebt sich der Beurteilungsmaßstab, anhand dessen festgestellt wird, ob Plan-Ist-Differenzen vorliegen. Wenn beispielsweise PAREX-CO die Diagnose "Materialknappheit" erhält und daraufhin den Parameter "geplanter Ausschußfaktor" auf den von DIPSEX-P gelieferten mittleren Ist-Wert anhebt, unterläßt es das Diagnosesystem in den folgenden Analyseläufen, einen weiteren Anstieg des Ausschußanteils als außerplanmäßige Abweichung zu bemängeln. Dadurch kann der irrige Eindruck entstehen, die Lage habe sich in bezug auf den Ausschuß nicht verschlechtert. Derartige Fehlurteile lassen sich dadurch verhindern, daß DIPSEX-P nicht nur Ist-, sondern auch Plan-Werte auf Veränderungen untersucht.

10.3.1.4 Abstimmungsprobleme zwischen DIPSEX-P und PAREX-CO

Die Kooperation zwischen DIPSEX-P und PAREX-CO ist an zwei Voraussetzungen gebunden:

a) Die Konzepte beider Systeme müssen so aufeinander abgestimmt sein, daß sich das Datenangebot von DIPSEX-P mit dem Datenbedarf von PAREX-CO weitgehend deckt.

b) Darüber hinaus gilt es sicherzustellen, daß die Partnersysteme im Hinblick auf die Gewichtung der betrieblichen Ziele miteinander harmonieren. Änderungen der Zielvorstellungen müssen an beiden Programmen stets in synchroner Weise nachvollzogen werden.

Während die erstgenannte Bedingung ausschließlich die Konzeptionsphase berührt und in den Abschnitten 10.3.1.2 und 10.3.1.3 bereits abgehandelt wurde, bezieht sich die zweite Voraussetzung auf den laufenden Betrieb. Die Bedeutung der Ziele läßt sich bei DIPSEX-P durch Referenz-Werte und Toleranzschwellen und bei PAREX-CO durch Stellgrößen des Parameterselektions- und des Parametereinstellungs-Moduls berücksichtigen. Herrschen zwischen beiden Systemen Disparitäten in bezug auf die anzustrebenden Ziele, so kann ihre Zusammenarbeit in zweifacher Hinsicht Schaden nehmen:

a) Möglicherweise mißt PAREX-CO den vom Diagnosesystem übermittelten Schwachstellen keine Relevanz zu, weil es die zugrunde liegenden Ziele als unwichtig betrachtet.

b) Umgekehrt kann es vorkommen, daß DIPSEX-P Fertigungsprobleme, denen gemäß der Zieldefinition von PAREX-CO große Aufmerksamkeit gebührt, als nebensächlich einstuft und daher sein Partnersystem über ihr Vorhandensein nicht benachrichtigt.

Die betrieblichen Ziele, die im Zeitablauf Wandlungen unterliegen, sind indessen nicht der einzige Grund, warum sich die Kooperation zwischen DIPSEX-S und PAREX-CO nur als Entwicklungsprozeß begreifen läßt. Zum evolutionären Charakter der Schwachstellendiagnose und -beseitigung tragen in nicht geringem Maße zwei weitere Eigenarten des Fertigungsbereiches bei:

a) In vielen Unternehmungen ändert sich das Produktionsprogramm in rascher Folge. Es ist deshalb erforderlich, die Fertigung fortlaufend zu überwachen und die Planungsdaten den jeweils neuesten Erfordernissen anzupassen. Dazu müssen die beiden Expertensysteme den elementaren Problemlösungszyklus, der aus einem Diagnoselauf von DIPSEX-P und einem Therapielauf von PAREX-CO besteht, periodisch wiederholen. Die Frage, wie groß der zeitliche Abstand zwischen zwei aufeinanderfolgenden Zyklen zu wählen ist, läßt keine allgemeingültige Antwort zu. Die verantwortlichen Instanzen sind angehalten, betriebsspezifisch eine Güterabwägung vorzunehmen und dabei einen Mittelweg zwischen zwei gleichermaßen unerwünschten Extremen zu finden: Ist die Zeitspanne zu klein, so messen DIPSEX-P und PAREX-CO kurzfristigen Ausschlägen zu großes Gewicht bei und stören die Planungsruhe; ist der Abstand hingegen zu groß, so laufen sie Gefahr, auf signifikante Veränderungen nicht hinreichend flexibel reagieren zu können.

b) Darüber hinaus sieht sich das Diagnosesystem der Schwierigkeit gegenüber, daß in der Regel nur ein Teil der Defizite sichtbar ist. Insbesondere in Betrieben, deren Fertigung *durch ein hohes* Bestandsniveau gekennzeichnet ist, werden zahlreiche latente Schwächen durch Bestände überdeckt. In einer derartigen Situation vermag DIPSEX-P lediglich sehr allgemeine und wenig trennscharfe Diagnosen zu liefern. Erst wenn es gelungen ist, das Bestandsniveau abzusenken, treten sukzessive Mißstände zutage, die zuvor unerkannt geblieben sind. Dadurch eröffnet sich die Möglichkeit, Schwachstellen genauer als vorher einzugrenzen und dem Konfigurationssystem detailliertere Befunde zu übergeben, die ihm die Erarbeitung gezielterer Therapievorschläge erlauben. Die Kooperation zwischen DIPSEX-P und PAREX-CO stellt sich somit als ein Entwicklungsprozeß dar, in dessen Verlauf sich die Lage der Fertigung peu à peu bessert.

10.3.2 Informationstransfer zwischen DIPSEX-P und UMDEX

10.3.2.1 Gründe für den Informationstransfer

Wie aus der UMDEX-Kurzbeschreibung in Abschnitt 10.2.2 hervorgeht, verfügt das Umdispositionssystem über einen eigenen Diagnoseteil. Daß es dennoch auf die Kooperation mit DIPSEX-P angewiesen ist, erklärt sich aus den unterschiedlichen Zeithorizonten beider Programme: Während DIPSEX-P-Analysen nur jene Entwicklungen aufzeigen, in denen sich der Zustand der Fertigung symptomatisch widerspiegelt, zielt UMDEX auf kurzfristige Umdispositionen ab; seine Diagnosen weisen - anders als die Untersuchungen von DIPSEX-P - auf zufällige, zeitlich begrenzte Plan-Ist-Abweichungen hin.

UMDEX bezieht Informationen seines Partnersystems insbesondere deshalb ein, weil es bei seinen Umdispositionen Sachverhalte berücksichtigen muß, die sich einzig aufgrund mittelfristiger Betrachtungen erschließen. Würde es diese Angaben nicht von DIPSEX-P erhalten, so wäre es notwendig, dem System ein Analysemodul zur Erzeugung mittelfristiger Diagnosen hinzuzufügen. Daher ist die Kooperation mit DIPSEX-P, wenngleich sie nur den Transfer einiger weniger Informationen vorsieht, für UMDEX von großer Wichtigkeit.

Auch diese Kommunikationsbeziehung ist ihrem Wesen nach **reaktiv**, da sie die Struktur des Fertigungssystems nicht in Frage stellt, sondern ausschließlich die Einhaltung der vom PPS-System erzeugten Pläne zu gewährleisten versucht.

10.3.2.2 DIPSEX-P als Informationslieferant

Bei der Abweichungsbeurteilung schätzt UMDEX die Wichtigkeit der im Rahmen der Abweichungserkennung lokalisierten Störungen ein. Bei der Maßnahmenermittlung bestimmt es, welcher Aufwand mit den einzelnen Umdispositionsmaßnahmen verbunden ist. In beiden Fällen bezieht es von DIPSEX-P folgende Informationen:

- die **Engpaßkategorie**, die ein Maß dafür ist, wie häufig eine Kapazitätseinheit im Mittel zum Engpaß wird,
- die tendenziell angewendeten **Prioritätsregeln** sowie
- Auswertungen über die **Häufigkeit von Verzügen**.

10.3.2.3 UMDEX als Informationslieferant

Obwohl der Informationsfluß von UMDEX nach DIPSEX-P für die Kooperation nicht konstitutiv ist, scheint es dennoch sinnvoll, DIPSEX-P-Analysen mit Daten anzureichern, die vom

Umdispositionssystem stammen. Für das Diagnoseprogramm sind insbesondere die an UMDEX gemeldeten **Störungen** sowie die **Umdispositionsmaßnahmen**, die der Disponent aufgrund der Vorschläge von UMDEX veranlaßt hat, von Interesse.

Durch diese Angaben wird DIPSEX-P in die Lage versetzt, einerseits zu überprüfen, ob während eines längerfristigen Zeitraums bestimmte Störungsarten gehäuft aufgetreten sind, und andererseits die Wirksamkeit der von UMDEX angeregten Maßnahmen a posteriori zu beurteilen. Sollte sich bei derartigen Erfolgskontrollen herausstellen, daß das Umdispositionssystem keine befriedigenden Resultate erbracht hat, so ist zu erwägen, die UMDEX-Wissensbasis entsprechend abzuändern. Hier ergeben sich bemerkenswerte Anknüpfungspunkte zur Software-Qualitätssicherung und -Wartung.

10.3.3 Informationstransfer zwischen UMDEX und PAREX-CO

In den Abschnitten 10.3.1 und 10.3.2 wurden alle Kommunikationsbeziehungen abgehandelt, an denen DIPSEX-P entweder als Sender oder als Empfänger teilhat. Daneben tauschen in geringem Umfang auch UMDEX und PAREX-CO Informationen aus. Die Notwendigkeit, beide Systeme aufeinander abzustimmen, resultiert aus dem Umstand, daß UMDEX bei der Umsetzung von Splittungs- und Überlappungsmaßnahmen Parameter modifiziert und somit in eine Domäne einbricht, die üblicherweise dem Konfigurationsprogramm vorbehalten ist. Daher empfiehlt es sich, PAREX-CO über derartige Eingriffe zu unterrichten. Stellt der Konfigurator anhand dieser Informationen fest, daß bestimmte Parameter von UMDEX auffallend häufig geändert werden, so kann er in den zugehörigen Stammdaten gegebenenfalls die Voreinstellungen anpassen.

10.3.4 Ansätze zu einer Einbeziehung von DIPSEX-S

Aperiodische Diagnosesysteme wie DIPSEX-S sind in erster Linie für den Stand-alone-Betrieb konzipiert. Dennoch weisen sie auf der Eingabe- wie auf der Ausgabe-Seite Berührungspunkte zu DIPSEX-P, PAREX-CO und UMDEX auf:

a) Um Irrtümer zu vermeiden, sollte der Anwender seine Einschätzungen soweit als möglich durch quantitative Daten absichern. Die Referenz-Werte, die DIPSEX-S auf Wunsch anzeigt, stellen einen ersten Schritt in diese Richtung dar. Als weitere Informationsquellen kommen **unverdichtete PPS-Daten**, **DIPSEX-P-Diagnosen** sowie Dateien, welche die von UMDEX angeregten **Umdispositionsmaßnahmen** enthalten, in Frage.

b) Die Ausgaben von DIPSEX-S beziehen sich sowohl auf Schwachstellen, die im Sinne **reaktiver Strategien** durch die Modifikation von PPS-Parametern behoben werden können, als auch auf solche, die über rein dispositive Maßnahmen hinausgehen und radikalere Eingriffe, wie etwa den Austausch von PPS-Modulen, den Übergang zu einem anderen PPS-Verfahren oder Veränderungen an der Fabrikstruktur, erfordern. Dementsprechend müssen die Befunde von DIPSEX-S zum Teil an das Problemerkennungs-Modul von PAREX-CO und zum Teil an menschliche Entscheidungsträger weitergeleitet werden. Damit verliert die Kooperation zwischen den Expertensystemen ihren ausschließlich reaktiven Charakter und wird um Elemente **aktiver Strategien** angereichert.

11 Zusammenfassung und Ausblick

11.1 Kritische Würdigung von DIPSEX-P

Das in den Kapiteln 4 bis 6 behandelte DIPSEX-P-Konzept ist auf periodische kennzahlenbasierte Schwachstellendiagnosen zugeschnitten. Der Entwurf zeichnet sich vor allem durch seine Modularität aus, die es Anwendern erlaubt, ihn entweder vollständig oder in Teilen zu übernehmen:

a) Den betriebsunabhängigen Kern bildet die in Kapitel 4 erläuterte Diagnosemethodik, die einen praktikablen Weg zur Automatisierung von Diagnoseprozessen weist. Sie läßt sich nahezu unverändert auf jedes beliebige Analysegebiet übertragen, das in Form von Kennzahlen-Hierarchien repräsentierbar ist, und behält ihre Gültigkeit selbst dann, wenn der Analytiker in zahlreichen anderen Punkten vom DIPSEX-P-Konzept abweicht.

b) Die in Kapitel 5 dargelegte Wissensbasis faßt, ausgehend von den vier Zielen der Fertigungssteuerung, typische Ursache-Wirkungs-Ketten zusammen. Teils handelt es sich um definitorische, teils um heuristische Beziehungen. Insbesondere bei letzteren ist nicht auszuschließen, daß sie auf manche Fertigungen **nicht** zutreffen; so muß bei allen Aussagen zur Reihenfolgeplanung der Vorbehalt angemeldet werden, daß sie stark von strukturellen Gegebenheiten abhängen. Überdies dürften sich in der Regel nicht alle Betriebe, die periodische Diagnosesysteme zu installieren beabsichtigen, dazu bereitfinden, sämtliche von DIPSEX-P benötigten Kennzahlen zu errechnen. Aufgrund der Adaptibilität des DIPSEX-P-Konzeptes kann der Anwender sowohl einzelne Wissensbasis-Ausschnitte aussparen als auch neue Ursache-Wirkungs-Ketten hinzufügen, ohne daß davon die Diagnosemethodik tangiert würde. Die Wissensbasis eignet sich indessen nicht nur für automatische Schwachstellendiagnosen, sondern ist darüber hinaus auch für Anwender von Monitor-Systemen sowie für Schulungszwecke von Nutzen.

c) Der in Kapitel 6 dargestellte Prototyp ist maßgeblich vom eingesetzten Expertensystem-Tool geprägt. Für Entwickler, die sich anderer Werkzeuge bedienen, sind daher viele Implementierungsdetails nicht relevant. Seine zentralen Gestaltungsprinzipien, die beispielsweise den Maskenaufbau oder die Präsentation der Befunde betreffen, können hingegen auch auf andere Programme übertragen werden.

Daneben sollte man die Unzulänglichkeiten des Konzeptes nicht übersehen. Diese Nachteile, die zugleich Ansatzpunkte für mögliche Weiterentwicklungen aufzeigen, konzentrieren sich unter anderem auf folgende Bereiche:

a) Methodisch stehen die Kennzahlen-Hierarchien von DIPSEX-P den in Kapitel 3.1.1.1 erwähnten "Kennzahlensystemen im weiteren Sinne" nahe. Damit sind deren Nachteile auch für DIPSEX-P von Belang. Die gelockerten Anforderungen in bezug auf die Kennzahlenverknüpfung bergen vor allem die Gefahr in sich, daß die Stringenz, wie sie auf arithmetischen Zusammenhängen basierende Kennzahlensysteme auszeichnet, zum großen Teil verlorengeht.

b) DIPSEX-S bezieht in seine Analysen ausschließlich Kennzahlen ein. Seine Auswertungen sind zwar fundiert und objektiv nachprüfbar, erstrecken sich aber auf einen vergleichsweise engen Untersuchungsbereich. Will man sich in weiteren Ausbaustufen von dieser Beschränkung lösen, so liegt es nahe, in die Diagnosen zusätzlich Größen einzubeziehen, die sich einer exakten Quantifizierung entziehen. Dadurch würde sich das DIPSEX-P-Konzept partiell an die Vorgehensweise dialogorientierter Programme wie etwa DIPSEX-S annähern.

c) Angesichts der komplexen Wechselbeziehungen, von denen der Fertigungsbereich durchzogen ist, erwies sich der Entwurf der Kennzahlen-Hierarchien als äußerst schwierig. Es galt, zwei gegensätzliche Anforderungen miteinander in Einklang zu bringen: Einerseits mußten die zwischen den Kennzahlen herrschenden Interdependenzen berücksichtigt werden, andererseits sollte der Umfang der Hierarchien auf überschaubare Größenordnungen begrenzt bleiben. Abhilfe verspricht unter Umständen ein von Koch für die Zwecke der wissensbasierten Unternehmensanalyse ausgearbeitetes Integrationskonzept, bei dem auf unterschiedliche Teilgebiete, beispielsweise die Erfolgs-, Finanz- und Vermögensanalyse, spezialisierte Expertensysteme bei Bedarf Informationen austauschen (vgl. KOCH 91). In ähnlicher Weise könnte man die Wissensbasis von DIPSEX-P auf mehrere miteinander kooperierende Systeme aufteilen, um die Expertisen flexibler zu gestalten.

11.2 Kritische Würdigung von DIPSEX-S

Das in den Kapiteln 7 bis 9 beschriebene System DIPSEX-S dient dazu, aperiodische interaktive Schwachstellendiagnosen zu unterstützen. Auch hier ist es möglich, sowohl das Gesamtkonzept als auch Teile davon zu verwenden:

a) Die in Kapitel 7 diskutierte Diagnosemethodik gibt einen allgemeinen Rahmen für dialogorientierte Analysen ab. Besonders hervorzuheben sind die auf die Erfordernisse des Produktionssektors ausgerichtete Aufteilung der Untersuchungsbereiche, die Unterscheidung zwischen der klientenspezifischen Vorauswahl und der Diagnoseerstellung sowie das konservative Dialogkonzept, bei dem Schlußfolgerungen zunächst probeweise deduziert und anschließend dem Anwender explizit zur Begutachtung vorgelegt werden.

b) Der in Kapitel 8 und im Anhang abgedruckten Wissensbasis liegt eine umfangreiche Auswertung fertigungswirtschaftlicher Publikationen zugrunde. Die Zusammenhänge beruhen zum Teil auf definitorischen Begriffsbestimmungen und zum Teil auf Erfahrungswissen. Im praktischen Einsatz kann sich stets die Notwendigkeit ergeben, den Fragenkatalog aufgrund neuer empirischer Befunde zu revidieren. DIPSEX-S trägt diesem Umstand dadurch Rechnung, daß es ein universelles und leicht modifizierbares Ordnungsschema bereitstellt. Überdies ist daran zu denken, die Wissensbasis zu Schulungszwecken oder als konventionelle Checkliste einzusetzen.

c) Der in Kapitel 9 dargestellte Prototyp ist stark durch toolspezifische Besonderheiten beeinflußt. Nichtsdestoweniger sind seine grundlegenden Gestaltungsprinzipien auf andere vergleichbare Systeme weitgehend unverändert übertragbar. Aufgrund seiner Dialogorientierung eignet sich der Prototyp nicht nur als Diagnose-, sondern auch als Schulungssystem.

Die Nachteile des Konzeptes lassen sich folgendermaßen resümieren:

a) Die Wissensbasis besteht überwiegend aus heuristischen Zusammenhängen. Daher gibt es keine zuverlässigen Kriterien, anhand deren sich die Vollständigkeit des DIPSEX-S-Wissens überprüfen läßt.

b) Die Analysen von DIPSEX-S bauen einzig auf Benutzereingaben auf. Das System deckt ein breites Analysegebiet ab, beschränkt sich aber im Vergleich zu seinem kennzahlengestützten Pendant DIPSEX-P auf relativ oberflächliche Untersuchungen. Es bietet sich deshalb an, neben Dialogeingaben auch Kennzahlen zu verwenden; dabei kann man auf Erfahrungen zurückgreifen, die mit Programmpaketen wie dem in Abschnitt 3.2.1.2 erwähnten DUBAF gewonnen worden sind.

c) Hinsichtlich der Dialoggestaltung sind zwei Extremfälle denkbar: Auf der einen Seite stehen kurze Dialoge, die den Benutzer wenig beanspruchen, jedoch unter Umständen sprunghafte und zum Teil schwer nachvollziehbare Schlußfolgerungen bieten, auf der anderen Seite lange Dialoge, deren Schlüsse zwar leicht verständlich sind, den Anwender jedoch gerade dadurch zu ermüden drohen. DIPSEX-S tendiert eher zur erstgenannten Alternative und zielt auf eine Begrenzung des Eingabeaufwandes ab, um den Benutzer nicht mit umfangreichen Dialogen zu behelligen. Bei der Implementierung von Nachfolgesystemen bleibt zu prüfen, inwieweit dialogintensivere Varianten aufgrund der besseren Nachvollziehbarkeit ihrer Inferenzen auf geringere Akzeptanzprobleme stoßen.

11.3 Ansätze zu einem unternehmensweiten Diagnosesystem

In Kapitel 10 wurde ein Integrationsansatz skizziert, der die PPS-Teilfunktionen "Schwachstellendiagnose", "Parametereinstellung" und "Umdispositionen" umfaßt. Da diese Aufgaben ausschließlich dem Bereich der Produktionsplanung und -steuerung angehören, könnte man hier von einer **horizontalen Integration** sprechen. Diesen Gedanken sollten künftige Forschungen im Sinne einer **vertikalen Integration** erweitern; hierbei gilt es, eine Kooperation zwischen Diagnosesystemen zu verwirklichen, die im Rahmen der Gesamtunternehmung in einer hierarchischen Beziehung stehen. Eine derartige Zusammenarbeit könnte in vier Ebenen ablaufen. Auf der untersten Stufe befinden sich Systeme zur **Diagnose technischer Prozesse**. Auf der nächsten Stufe sind Programme wie etwa DIPSEX-P oder DIPSEX-S angesiedelt, welche die **Planung und Steuerung der Produktion** überwachen. Auf der dritten Ebene wird der gesamte **Kundenbedienungszyklus** von der Kundenanfrage bis zur After-Sales-Phase untersucht. Die oberste Ebene bilden Expertensysteme zur **Unternehmensanalyse**. Um die Programme in die Lage zu versetzen, systemübergreifend Informationen auszutauschen, müssen einheitliche Koordinationsmechanismen und insbesondere ein gemeinsamer Datenpool geschaffen werden. Bereits dieser Umstand läßt erahnen, welch anspruchsvolle Aufgabe sich hinter dem plakativen Schlagwort "unternehmensweites Diagnosesystem" verbirgt.

Anhang: Ausschnitte aus der Wissensbasis von DIPSEX-S

Bei der Lektüre des Fragenkatalogs mag der Eindruck entstehen, das DIPSEX-S-Wissen sei vergleichsweise undifferenziert. Dieser Einwand wäre dann gerechtfertigt, wenn der Anwender lediglich die Alternative hätte, die vom System vorgelegten Fragen entweder mit Ja oder mit Nein zu beantworten. Das auf Benutzereinschätzungen und Konfidenzfaktoren basierende Dialogkonzept von DIPSEX-S bietet ihm jedoch die Möglichkeit, seine Meinung nuanciert zum Ausdruck zu bringen und auch unsicheres oder unvollständiges Wissen zu berücksichtigen, das sich nicht in das Prokrustesbett binärer Entscheidungen zwängen läßt.

Die Wissensbasis von DIPSEX-S zerfällt in die drei Teilbereiche "**PPS-Rahmenbedingungen**", "**PPS-Module**" und "**PPS-Verfahren**". Für jedes dieser drei Gebiete wird im folgenden jeweils ein längerer Wissensbasis-Ausschnitt wiedergegeben.

Bei den PPS-Verfahren zieht das System lediglich sehr einfache Schlußfolgerungen. Daher reicht es aus, in der Dokumentation die Einsatzvoraussetzungen aufzuzählen und die Beziehungen zwischen Beschwerden und Schwachstellen in Form von Thesen zusammenzufassen. In den beiden anderen Gebieten sind die Ableitungen wesentlich komplexer. Die Wiedergabe der DIPSEX-S-Wissensbasis baut hier auf den nachfolgend erläuterten Konventionen auf.

Die Hypothesen werden entsprechend der Stellung, die ihnen innerhalb der Ableitungsbäume zukommt, in "**Beschwerden**", "**Symptome**" und "**Schwachstellen**" unterteilt:

a) Beschwerden sind elementare Hypothesen, die DIPSEX-S mit Hilfe von Beurteilungs-Masken unmittelbar vom Benutzer erfragt.

b) Daraus abgeleitete Hypothesen, die das System dem Anwender gegebenenfalls zur Begutachtung vorlegt, werden als Symptome bezeichnet.

c) Symptome, die am Ende von Schlußfolgerungsketten stehen, heißen Schwachstellen.

Die Dokumentation der komplexen Ableitungsketten basiert auf den Prinzipien der **Numerierung** und der **Einrückungen**:

a) Die Numerierung orientiert sich unmittelbar am Ableitungsprozeß. DIPSEX-S schreitet bei seinen Diagnosen von elementaren Beschwerden zu immer komplexeren Symptomen fort und dringt schließlich zur zugrunde liegenden Schwachstelle vor. In Anlehnung an diesen Modus procedendi werden in der Dokumentation die Ableitungsbäume ebenfalls in synthetischer Richtung durchlaufen. Um den Leser in die Lage zu versetzen, die Schlußfolgerungsketten eindeutig nachzuvollziehen, sind die Hypothesen gemäß den Grundsätzen der Dezimalklassifikation durchnumeriert. Die Numerierung erfolgt - anders als die Ableitungen - in analytischer Richtung: Sie geht von den Schwachstellen aus und setzt sich über die Symptome schrittweise bis zur Stufe der Beschwerden fort. Innerhalb der einzelnen Untersuchungsbereiche werden die Schwachstellen fortlaufend durchnumeriert. Die Symptome, aus denen sich z. B. Schwachstelle Nr. 3 herleitet, erhalten die

Nummern 3.1, 3.2, 3.3 ..., die Symptome, aus denen sich Symptom Nr. 3.2 ergibt, die Nummern 3.2.1, 3.2.2, 3.3.3 ...

b) Die Einrückung der Hypothesen zeigt an, welche Position sie innerhalb der Ableitungen einnehmen. Im Gegensatz zur Numerierung ist sie kein notwendiges Strukturierungsmittel, sondern dient lediglich der Veranschaulichung. Der Grad der Einrückung ergibt sich aus der folgenden induktiven Definition:

- Beschwerden besitzen die Einrückungsstufe 0 und werden daher nicht eingerückt.

- Symptome, die sich unmittelbar aus Beschwerden ableiten, erhalten die Einrükkungsstufe 1 und sind deshalb durch einfaches Einrücken kenntlich gemacht.

- Die Einrückungsstufe von Symptomen oder Schwachstellen, die Bestandteile längerer Schlußfolgerungsketten sind, errechnet sich, indem die maximale Einrük kungsnummer jener Symptome, die ihnen innerhalb der Ableitungsbäume unmittelbar vorangehen, um 1 erhöht wird; dem entspricht in der textuellen Wiedergabe eine um eine Stufe tiefere Einrückung.

Wissensbasis-Ausschnitt "Fertigungsprogramm"

Schwachstelle 1: Die Erzeugnisprogrammbreite (d. h. die Anzahl der Endprodukte und Teile) ist falsch dimensioniert.

(1.1.1) Beschwerden:
Es werden nur in geringem Umfang gleiche Materialien verwendet.
Es werden zuwenig gemeinsame Fertigungseinrichtungen benutzt.
Es wird zuwenig gemeinsames Know-how eingesetzt.
Es gibt viele unterschiedliche Tätigkeitsprofile für die Betriebsmittel.

(1.1) Symptome:
Fertigungsverwandtschaft fehlt.
Forschungs- und Entwicklungs-Verwandtschaft fehlt.

(1.2.1) Beschwerden:
Die Lieferzeiten sind zu lang und die Bevorratungsebene zu niedrig.
Die Lagerbestände und die Bevorratungsebene sind zu hoch.

(1.2) Symptom:
Das Verhältnis zwischen Verdachts- und Auftragsfertigung ist falsch.

(1.3.1) Beschwerden:
Der Bestand an Rohmaterialien ist zu hoch.
Der Lagerumschlag ist zu gering.

(1.3) Symptom:
Die Anzahl der Erzeugnisse und Erzeugnisarten ist hoch.

(1.4.1) Beschwerden:
Die Fertigung ist häufig überlastet.
Es treten oft Terminverzüge auf.

(1.4) Symptom:
Es werden zu kurze Lieferzeiten akzeptiert.

(1.5.1.1) Beschwerden:
Die Transportzeiten sind zu lang.
Die Materialflüsse sind sehr kompliziert.

(1.5.1) Symptom:
Die räumliche Struktur ist schlecht
(Querverweis zum Bereich "Fabriklayout").

(1.5) Symptom:
Das Erzeugnisprogramm ist nicht mit dem Fabriklayout abgestimmt.

(1) Schwachstelle:
Die Erzeugnisprogrammbreite (d. h. die Anzahl der Endprodukte und Teile) ist falsch dimensioniert.

Schwachstelle 2: Die Erzeugnisprogrammdichte (d. h. die Zahl der Ausführungsformen) ist zu hoch.

(2.1.1.1) Beschwerden:
Die Produktionskosten sind zu hoch.
Die Rechenzeiten sind zu lang und der Speicherbedarf für die Produktdaten zu hoch.
Es gibt viele unterschiedliche Tätigkeitsprofile für die Betriebsmittel.

(2.1.1) Symptom:
Die Variantenvielfalt ist hoch.

(2.1.2.1) Beschwerden:
Der Rüstzeitanteil ist zu hoch.
Die Rüstkosten sind zu hoch.
Die Bearbeitungszeiten sind zu lang.
Es treten häufig Terminverzüge auf.
Die Lieferzeiten sind zu lang.
Die Teilevielfalt ist sehr groß.

(2.1.2) Symptom:
Es werden zu viele Sonderwünsche akzeptiert.

(2.1) Symptom:
Die Anzahl der Ausführungsformen pro Artikel ist hoch.

(2.2.1.1) Beschwerden:
Die Lagerbestände sind zu hoch.
Die Konstruktionskosten sind zu hoch.
Die Datenvielfalt und die Datenverwaltung sind schwer handhabbar.
Die Rechenzeiten sind zu lang und der Speicherbedarf zu hoch.

(2.2.1) Symptom:
Normung fehlt.

(2.2.2.1) Beschwerden:
Die Festlegung auf das Endprodukt erfolgt sehr früh.
Die Lieferzeiten sind zu lang.
Die Rüstzeiten sind zu lang.
Der Rüstzeitanteil ist zu hoch.
Die Rüstkosten sind zu hoch.
Verdachtsfertigung ist kaum möglich.
Die Flexibilität ist zu gering.

(2.2.2) Symptom:
Typung bzw. Baukastensystem fehlt.

(2.2) Symptom:
Standardisierung fehlt.

(2) Schwachstelle:
Die Erzeugnisprogrammdichte (d. h. die Zahl der Ausführungsformen) ist zu hoch.

<u>Schwachstelle 3: Die Erzeugnisprogrammtiefe (d. h. die Anzahl der Produktionsstufen bzw. der Grad der Eigenfertigung) ist zu hoch.</u>

(3.1.1.1) Beschwerden:
Die Durchlaufzeiten sind zu lang.
Die Transportzeiten sind zu lang.

(3.1.1) Symptom:
Arbeitsplatzwechsel sind zu häufig.

(3.1.2.1) Beschwerden:
Die Lagerbestände sind zu hoch.
Die Durchlaufzeiten sind zu lang.

(3.1.2) Symptom:
Die Stücklisten sind zu tief.

(3.1.3.1) Beschwerden:
Die Transportzeiten sind zu lang.
Die Rüstkosten sind zu hoch.

(3.1.3) Symptom:
Die Fertigungsorganisation ist nicht optimal
(Querverweis zum Bereich "Fertigungsorganisation").

(3.1) Symptom:
Die Anzahl der Fertigungsstufen ist zu hoch.

(3.2.1) Beschwerden:
Die Werkstatt ist häufig unter- oder überlastet.

(3.2) Symptom:
Das Verhältnis zwischen Eigenfertigung und Fremdbezug ist falsch.

(3) Schwachstelle:
Die Erzeugnisprogrammtiefe (d. h. die Anzahl der Produktionsstufen bzw. der Grad der Eigenfertigung) ist zu hoch.

Wissensbasis-Ausschnitt "Kapazitätsausgleich"

Schwachstelle 1: Das Kapazitätsgebirge ist auch nach dem Kapazitätsausgleich unrealistisch.

(1.1.1) Beschwerde:
Es treten vorher nicht ausgewiesene Terminverzüge auf.

(1.1) Symptom:
Auch nach dem Kapazitätsausgleich sind noch Überlastungen vorhanden.

(1.2.1) Beschwerde:
Ursprünglich ausgewiesene Terminverzüge treten nicht auf.

(1.2) Symptom:
Auch nach dem Kapazitätsausgleich sind noch Unterlastungen vorhanden.

(1) Schwachstelle:
Das Kapazitätsgebirge ist auch nach dem Kapazitätsausgleich unrealistisch.

Ursachen:

- Es werden unrealistische Basisdaten zugrunde gelegt, weil z. B. die Durchlaufzeiten stark streuen.
- In der Fertigung treten zu häufig Störungen auf.
- Bedarfsänderungen modifizieren häufig das Kapazitätsgebirge.
- Bei den meisten Planungsläufen ergeben sich Änderungen.
- Bestehende Ausweichkapazitätseinheiten werden nicht berücksichtigt.

Schwachstelle 2: Der Kapazitätsausgleich der Aufträge ist zum Teil fraglich.

(2.1) Beschwerden:

Es treten häufig Terminverzüge auf.
Die Werkstattbestände sind zu hoch.
Die Lagerbestände sind zu hoch.
Es erfolgt häufig Fremdvergabe von Aufträgen, die auch selbst gefertigt werden könnten.
Die Kosten für Ausweichkapazitäten sind zu hoch.

(2) Schwachstelle:
Der Kapazitätsausgleich der Aufträge ist zum Teil fraglich.

Ursachen:

- Bei dauernder Über- bzw. Unterlastung ist kein sinnvoller Kapazitätsausgleich möglich.
- Es treten häufig Eilaufträge, Zurückstellungen in der Verfügbarkeitsprüfung oder Ausfälle auf; dadurch werden die Kapazitätsgebirge unrealistisch.
- Die Bildung der Kapazitätsgruppen erfolgt zu pauschal.
- In den Arbeitsplänen ist die Zuordnung der Arbeitsgänge zu den Kapazitätseinheiten falsch.
- Mögliche Kapazitätsanpassungsmaßnahmen werden nur unzureichend berücksichtigt.
- Bestehende Ausweichkapazitätseinheiten werden nicht genügend berücksichtigt.

Schwachstelle 3: Der Kapazitätsausgleich stellt die von der Stücklistenauflösung und der Durchlaufterminierung erzeugten Termine in Frage.

(3.1.1) Beschwerden:

Der Steuerungs- bzw. Kontrollaufwand ist hoch.
Der Umdispositionsaufwand ist hoch.

(3.1) Symptom:
Durch fragmentierte Fertigungsaufträge ergibt sich ein erhöhter Steuerungs- bzw. Kontrollaufwand.

(3.2.1) Beschwerde:

Die Werkstattbestände sind zu hoch.
Es treten Terminverzüge auf.

(3.2) Symptom:
Es tritt ein Bestandsaufbau ein, da Aufträge auf Teile anderer Aufträge warten, die zeitlich verschoben wurden.

(3) Schwachstelle:
Der Kapazitätsausgleich stellt die von der Stücklistenauflösung und der Durchlaufterminierung erzeugten Termine in Frage.

Ursachen:
- Maßnahmen der Übergangszeitreduzierung werden nicht rückgängig gemacht, obwohl der Grund dafür zwischenzeitlich entfallen ist.
- Nach dem Kapazitätsausgleich erfolgt keine neue Durchlaufterminierung.
- Die Bedarfszeitpunkte für die Materialdisposition werden verändert.

Einflüsse anderer PPS-Bausteine:
- Prognoserechnung:
  Wegen fehlender oder unzureichender Prognoserechnung sind Überlastungen möglich.
- Kapazitätsgrobplanung:
  Eine fehlende oder unzureichende Kapazitätsgrobplanung kann Kapazitätsprobleme verursachen.
- Verfügbarkeitsprüfung:
  Die Ergebnisse des Kapazitätsausgleichs werden durch die Zurückstellung von Aufträgen verzerrt.

Mögliche Schwachstellen durch Fehlen des Kapazitätsausgleichs:
Die Kapazitäten sind später ungleichmäßig ausgelastet.

Wissensbasis-Ausschnitt "MRP"

Einsatzvoraussetzungen:

- MRP eignet sich am besten für
  - Werkstattfertigung mit Einzelmaschinen und für Baustellenfertigung in der Einzel- und Kleinserienfertigung
  - sowie für getaktete Fließfertigung in der Großserien- und Massenfertigung.

- Die Bearbeitungs- und Durchlaufzeiten sollten sicher prognostizierbar sein und eine geringe Streuung um den Mittelwert aufweisen, so daß man die Bedarfszeitpunkte und Termine zuverlässig bestimmen kann.

- Die Belastungssituation muß in etwa dem Kapazitätsangebot entsprechen, damit sich zuverlässige Maschinenbelegungspläne erstellen lassen.

- Der Anteil der Eilaufträge muß gering sein, da diese aufwendige Umplanungsmaßnahmen verursachen.

Probleme in der Kapazitätsplanung

Die Kapazitätsplanung findet auf den Ebenen der Kapazitätsgrobplanung, der Durchlaufterminierung und des Kapazitätsausgleichs statt. Das Hauptproblem von MRP-Systemen liegt darin, daß sie bei ihren Dispositionen die Frage, ob zu den erforderlichen Terminen Kapazitäten und Materialien in ausreichender Menge bereitstehen, weitgehend ausklammern.

Beschwerden:
Kapazitätsüberlastungen, Lieferterminverzüge
Schwachstelle:
Sowohl die Kapazitätsgrobplanung als auch die Durchlaufterminierung planen die Aufträge unter der fiktiven Annahme ein, Kapazitäten und Materialien seien zu den errechneten Zeitpunkten potentiell unbegrenzt verfügbar; deshalb fließen Kapazitätsrestriktionen in die Planungen allenfalls am Rande ein.

Beschwerden:
Umplanungsaufwand, Lieferterminverzüge
Schwachstelle:
Kapazitätsüberlastungen werden erst sichtbar, nachdem im Anschluß an die Auftragseinplanung der Kapazitätsausgleich erfolgt ist.

Beschwerden:
Lieferterminverzüge, Endlagerbestände, Kapitalbindung
Schwachstelle:
Der Kapazitätsausgleich korrigiert nachträglich die von den vorangegangenen Planungsstufen erzeugten unrealistischen Pläne, indem er kapazitätserhöhende Maßnahmen veranlaßt oder Arbeitsgänge zeitlich verschiebt oder auf andere Maschinen verlagert. Dadurch geht häufig die zeitliche Koordination der Teile und Rohstoffe verloren.

Beschwerden:
Kapazitätsüberlastungen, hohe Durchlaufzeiten, Lieferterminverzüge.
Schwachstelle:
Der Kapazitätsausgleich gelingt oft nicht oder unterbleibt völlig.

Beschwerden:
unrealistische Termine, Kapazitätsüberlastungen
Schwachstelle:
Treten viele Eilaufträge auf oder fehlt die Kapazitätsgrobplanung, so können die Durchlaufterminierung und der Kapazitätsausgleich die ihnen zugedachten Aufgaben der Kapazitätsplanung nur unzureichend wahrnehmen.

Probleme in der Terminplanung

Für die Terminplanung sind die Prognoserechnung, die Stücklistenauflösung sowie die Durchlauf- und die Kapazitätsterminierung zuständig. Schwierigkeiten ergeben sich vornehmlich daraus, daß die Berechnungen auf starren Plan-Durchlaufzeiten aufbauen.

Beschwerden:
Lieferterminverzüge, Bestände, Kapitalbindung
Schwachstelle:
Die fixen Plan-Durchlaufzeiten berücksichtigen nicht den Einfluß, den wechselnde Kapazitätsauslastungen, unterschiedliche Auftragsprioritäten und Losgrößen sowie Eilaufträge und Maßnahmen zur Durchlaufzeitverkürzung auf das Durchlaufverhalten der Aufträge ausüben.

Beschwerden:
Warteschlangen, Werkstattbestände, lange Durchlaufzeiten
Schwachstelle:
Angesichts schlecht kontrollierbarer und streuender Durchlaufzeiten neigen Disponenten dazu, die entsprechenden Plan-Werte zu großzügig anzusetzen. Dadurch laufen sie Gefahr, in das sogenannte Durchlaufzeit-Syndrom zu geraten: Wegen der verlängerten Plan-Durchlaufzeiten gelangen die Aufträge früher in die Fertigung, infolgedessen steigen die Bestände und die Ist-Durchlaufzeiten, die Planer sehen sich dazu genötigt, die Vorgabezeiten ein weiteres Mal anzupassen, die Aufträge werden noch früher freigegeben, und der Circulus vitiosus beginnt von neuem.

Beschwerden:
Terminverzüge, Bestände, lange Durchlaufzeiten
Schwachstelle:
Die Plan-Durchlaufzeiten der einzelnen Arbeitsgänge kumulieren sich zu unter Umständen hohen Gesamtwerten, wenn sie bei der Stücklistenauflösung im Rahmen der Vorlaufverschiebung über die Fertigungsstufen hinweg aufaddiert werden; dieser Effekt macht sich insbesondere dann störend bemerkbar, wenn die Stücklisten sehr tief sind.

Probleme in der Bestandsregelung

Da MRP-Systeme keine explizite Bestandskontrolle besitzen, erstaunt es nicht, daß sie im Bereich der Bestandsregelung mit eklatanten Schwächen behaftet sind. Ein Auftrag erfüllt die von MRP geforderte Freigabebedingung genau dann, wenn sein geplanter Starttermin innerhalb eines vorgegebenen Vorschauhorizontes liegt und das erforderliche Material verfügbar ist.

Beschwerden:
Warteschlangen, Bestände, lange Durchlaufzeiten, Lieferterminverzüge
Schwachstelle:
Es ist kein Bestandsregelungsmechanismus vorhanden, so daß alle Aufträge, deren geplanter Starttermin innerhalb eines Vorschauhorizontes zu liegen kommt, ohne Rücksicht auf die Kapazitätsverfügbarkeit freigegeben werden.

Beschwerden:
Warteschlangen, Bestände, lange Durchlaufzeiten, Lieferterminverzüge
Schwachstelle:
Infolge der wenig restriktiven Freigabebedingung differenziert die Auftragsfreigabe zu wenig zwischen Engpässen und Nicht-Engpässen.

Beschwerde:
Bestände
Schwachstelle:
Auftragsnetze werden nicht beachtet und Arbeitsgänge selbst dann in die Werkstatt eingestoßen, wenn die für Folgearbeitsgänge benötigten Betriebsmittel fehlen.

Beschwerde:
Kapitalbindung
Schwachstelle:
Wegen der langwierigen Bedarfsermittlung und der unsicheren Planvorgaben besteht die Tendenz, Bestände als Versicherung gegen etwaige Störungen vorzuhalten. Mit dieser Maßnahme verbindet sich zudem die Hoffnung, rasch auf Kundenwünsche reagieren zu können.

Sonstige Probleme

Beschwerden:
Neu- und Umplanungsaufwand
Schwachstelle:
MRP-Systeme sind sehr rechenintensiv und weisen ein schlechtes Laufzeitverhalten auf; deshalb führen Disponenten Planungsläufe häufig nur in größeren Zeitabständen durch.

Beschwerden:
Bestände, hohe Durchlaufzeiten
Schwachstelle:
In der Mengenplanung werden oftmals keine optimalen Fertigungslosgrößen bestimmt, sondern die Kundenauftragslosgrößen unverändert übernommen.

Abbildungsverzeichnis

Literaturverzeichnis

ADAM 87
Adam, D., Ansätze zu einem integrierten Konzept der Fertigungssteuerung bei Werkstattfertigung, in: Adam, D. (Hrsg.), Neuere Entwicklungen in der Produktions- und Investitionspolitik, Wiesbaden 1987, S. 17 ff.

ADAM 88a
Adam, D., Aufbau und Eignung klassischer PPS-Systeme, in: o. Hrsg., Schriften zur Unternehmensführung, Band 38, Wiesbaden 1988, S. 5 ff.

ADAM 88b
Adam, D., Die Eignung der belastungsorientierten Auftragsfreigabe für die Steuerung von Fertigungsprozessen mit diskontinuierlichem Materialfluß, Zeitschrift für Betriebswirtschaft 58 (1988), S. 98 ff.

ADAM 89
Adam, D., Probleme der belastungsorientierten Auftragsfreigabe - Entgegnung, Zeitschrift für Betriebswirtschaft 59 (1989), S. 443 ff.

AGGARWAL 85
Aggarwal, S. C., MRP, JIT, OPT, FMS? Making Sense of Production Operation Systems, Harvard Business Review 63 (1985) 5, S. 8 ff.

ALLGEYER 87
Allgeyer, K., Das Expertensystemtool HEXE und seine Anwendung zur Schwachstellendiagnose in der Produktion, Dissertation, Nürnberg 1987.

ALTFELDER 83
Altfelder, K., Überbetriebliche Produktivitätskennzahlen als Orientierungshilfen, Fortschrittliche Betriebsführung/Industrial Engineering 32 (1983) 1, S. 28 ff.

ANDERSON/SCHROEDER/TUPY/WHITE 82
Anderson, J. C., Schroeder, R. G., Tupy, S. E. und White, E. M., Material Requirements Planning Systems: The State of the Art, Production and Inventory Management 23 (1982) 4, S. 51 ff.

ANTOINE 56
Antoine, H., Kennzahlen, Richtzahlen, Planungszahlen, Wiesbaden 1956.

ARENZ 88
Arenz, U., Entwicklung eines flexiblen Modellbetriebs für Simulationen mit dem PPS-Paket COPICS unter besonderer Berücksichtigung von Produktionsprozeß und Zeitwirtschaft, Diplomarbeit, Nürnberg 1988.

AWF o. J.
Ausschuß für wirtschaftliche Fertigung e. V. (AWF) (Hrsg.), Schwachstellenforschung und Rationalisierungsmaßnahmen im Betrieb, Frankfurt u. a. o. J.

BAITELLA 87
Baitella, R., Flexibles Produktionsmanagement, Grundlagen eines Expertensystems für die Produktionsdiagnose mit PPS-Daten, Zürich 1987.

BARTH 89
Barth, G., Vernunftehe: Expertensysteme und Datenbanken, EXTRA, Beilage (1/89) zur Computerwoche 16 (1989) 7, S. 42 ff.

BAUMGÄRTNER/KUNKEL 89
Baumgärtner, R. und Kunkel, M., MELDEANALYSE - Ein Ansatz für technische Expertensysteme bei der Prozeßüberwachung im fossilen Kraftwerk, in: Kerndlmaier, M. (Hrsg.), Technische Expertensysteme für Prozeßführung und Diagnose, München u. a. 1989, S. 209 ff.

BECHTE 79
Bechte, W., Methoden und Hilfsmittel der Durchlaufzeit- und Bestandsanalyse in Klein- und Mittelbetrieben, Fachbericht aus dem Institut für Fabrikanlagen der Technischen Universität Hannover, Berlin u. a. 1979.

BECHTE 80
Bechte, W., Steuerung der Durchlaufzeiten durch belastungsorientierte Auftragsfreigabe bei Werkstattfertigung, Dissertation, Hannover 1980.

BECHTE 83
Bechte, W., Arbeitsinhalt-Zeit-Funktionen - ein Kontrollinstrument für die Fertigungssteuerung, Fortschrittliche Betriebsführung/Industrial Engineering 32 (1983) 2, S. 91 ff.

BECHTE 84
Bechte, W., Durchlaufzeit- und Bestandsanalysen als bewährter Einstieg in die Rationalisierung von Fertigungsabläufen - Vorgehensweise, in: Institut für Fabrikanlagen der Technischen Universität Hannover (IFA) (Hrsg.), Statistisch orientierte Fertigungssteuerung - Grundlagen, Systeme, Anwendungserfahrungen, Tagungsbericht, Hannover 1984, S. 215 ff.

BECHTE 85
Bechte, W., Rechnergestütztes Durchlaufzeit- und Bestands-Kontrollsystem (KOSYF) als Basis einer flußorientierten Fertigungssteuerung, Broschüre von Krautzig und Bechte, Unternehmensberater, Hannover 1985.

BECHTE/TIETJENS 90
Bechte, W. und Tietjens, J., Ein Monitorsystem auf der Basis von Kennzahlen und Farbgraphiken als neuer PPS-Baustein, in: Mertens, P., Wiendahl, H.-P. und Wildemann, H. (Hrsg.), PPS im Wandel, Tagungsbericht, München 1990, S. 381 ff.

BECKS/CREMERS/HEMKER 89
Becks, K.-H., Cremers, A. B. und Hemker, A., Entwurf einer Expertensystemshell für die Fehlerdiagnose in Detektoren des DELPHI-Experiments, KI 3 (1989) 1, S. 37 ff.

BEHRENDT 87
Behrendt, R., Expert System Environment - eine Entwicklungsschale von IBM, in: o. Hrsg., State of the Art 3: Expertensysteme, München 1987, S. 42 ff.

BELT 76
Belt, B., Integrating Capacity Planning and Capacity Control, Production and Inventory Management 17 (1976) 1, S. 9 ff.

BERG 84
Berg, C. C., Prioritätsregeln in der Reihenfolgeplanung, in: Kern, W. (Hrsg.), Handwörterbuch der Produktionswirtschaft, Stuttgart 1984, S. 1425 ff.

BISWAS/OLIFF/SEN 88
Biswas, G., Oliff, M. und Sen, A., An Expert Decision Support System for Production Control, Decision Support Systems 4 (1988), S. 235 ff.

BLACKSTONE/PHILLIPS/HOGG 82
Blackstone, J. H., Phillips, D. T. und Hogg, G. L., A State-of-the-Art Survey of Dispatching Rules for Manufacturing Job Shop Operations, International Journal of Production Research 20 (1982) 1, S. 27 ff.

BOTT/RITZMANN 83
Bott, K. und Ritzmann, L., Irregular Workloads with MRP Systems: Some Causes and Consequences, Journal of Operations Management 3 (1983) 4, S. 169 ff.

BOTTA 84
Botta, V., Kennzahlensysteme als Führungsinstrumente - Planung, Steuerung und Kontrolle der Rentabilität im Unternehmen, Berlin 1984.

BRETZKE 89
Bretzke, W.-R., Grundvoraussetzungen einer erfolgreichen Bestandssenkungsstrategie, Logistik im Unternehmen 3 (1989) 10, S. 26 ff.

BROWNE/HARHEN/SHIVNAN 88
Browne, J., Harhen, J. und Shivnan, J., Production Management Systems, A CIM Perspective, Wokingham u.a. 1988.

BUCHANAN 88
Buchanan, A., TQA Demo Package, unveröffentlichtes Manuskript einer Präsentation auf der DECWORLD 88, Cannes 1988.

BUNSE/JUDICA 89
Bunse, P. und Judica, N., Expertensysteme zur Verfügbarkeitsoptimierung flexibler Fertigungszellen, Zeitschrift für wirtschaftliche Fertigung 84 (1989) 4, S. 211 ff.

BUSCH 87
Busch, U., Entwicklung eines PPS-Systems, Praktische Anleitung für Auswahl und Realisation von Produktionsplanungs- und -steuerungssystemen, Berlin 1987.

BUXEY 89
Buxey, G., Production Scheduling: Practice and Theory, European Journal of Operational Research 39 (1989), S. 17 ff.

COHEN 88
Cohen, O., The Drum-Buffer-Rope (DBR) Approach to Logistics, in: Rolstadås, A. (Hrsg.), Computer-Aided Production Management, Berlin u. a. 1988, S. 51 ff.

CONWAY/MAXWELL/MCCLAIN/THOMAS 88
Conway, R., Maxwell, W., McClain, J. O. und Thomas, L. J., The Role of Work-in-Process Inventory in Serial Production Lines, Operations Research 36 (1988) 2, S. 229 ff.

DÖTSCH 91
Dötsch, K., Weiterentwicklung eines prototypischen Expertensystems zur Schwachstellendiagnose unter besonderer Berücksichtigung von Durchlaufzeiten und Termineinhaltung, Diplomarbeit, Nürnberg 1991.

DOMBROWSKI 84
Dombrowski, U., Durchlaufzeit- und Bestandsanalyse im Fertigungsbereich (DUBAF), in: Institut für Fabrikanlagen der Technischen Universität Hannover (IFA) (Hrsg.), Statistisch orientierte Fertigungssteuerung - Grundlagen, Systeme, Anwendungserfahrungen, Tagungsbericht, Hannover 1984, Tagungsbericht, Hannover 1984, S. 190 ff.

DRÄGER 90a
Dräger, U., Wissensbasierte Logistik-Berichterstattung, in: Mertens, P., Wiendahl, H.-P. und Wildemann, H. (Hrsg.), PPS im Wandel, Tagungsbericht, München 1990, S. 401 ff.

DRÄGER 90b
Dräger, U., Ansätze zur Unterstützung des Top-Managements durch wissensbasierte Systeme, Dissertation, Nürnberg 1990.

DUDA/HART/NILSSON 76
Duda, R. O., Hart, P. E. und Nilsson, N. J., Subjective Bayesian Methods for Rule-Based Inference Systems, in: American Federation of Information Processing Societies (AFIPS) (Hrsg.), Proceedings of the AFIPS National Computer Conference, o. O. 1976, S. 1075 ff.

EILON 79
Eilon, S., Production Scheduling, in: Haley, K. B. (Hrsg.), OR '78, Amsterdam u. a. 1979, S. 237 ff.

EXPERTEAM 89
ExperTeam GmbH (Hrsg.), Xi Plus V3.00, Benutzerhandbuch, Duisburg 1989.

FANDEL/FRANÇOIS 89
Fandel, G. und François, P., Just-in-Time-Produktion und -Beschaffung: Funktionsweise, Einsatzvoraussetzungen und Grenzen, Zeitschrift für Betriebswirtschaft 59 (1989), S. 531 ff.

FIEDLER 90
Fiedler, R., CONTREX - Ein Beitrag zum wissensbasierten Controlling unter Verwendung der Modularsoftware SAP-RK, Dissertation, Nürnberg 1990.

FOX 85
Fox, R. E., Build Your Own OPT, in: American Production and Inventory Control Society (APICS) (Hrsg.), Proceedings of the 28th Annual International Conference, Toronto 1985, S. 568 ff.

FOX 87
Fox, M. S., Constraint-Directed Search: A Case Study of Job-Shop Scheduling, London 1987.

FOX/SMITH 84
Fox, M. S. und Smith, S. F., ISIS - A Knowledge-Based System for Factory Scheduling, Expert Systems 1 (1984) 1, S. 25 ff.

FOX/STROHM/WIMBERLY 82
Fox, M. S., Strohm, G. A. und Wimberly, F. C., Job-Shop Scheduling: An Investigation in Constraint-Directed Reasoning, in: American Association for Artificial Intelligence (AAAI) (Hrsg.), Proceedings of the AAAI'82, o. O. 1982, S. 155 ff.

FUHRMANN/HEISTERKAMP/SCHRÖTER 83a
Fuhrmann, K.-W., Heisterkamp, H. und Schröter, K., Fertigungs- und Materialwirtschaft - Strukturen - Schwachstellen - Rationalisierungsansätze, Berlin u. a. 1983.

FUHRMANN/HEISTERKAMP/SCHRÖTER 83b
Fuhrmann, K.-W., Heisterkamp, H. und Schröter, K., Methoden der Rationalisierung - Zweck - Kurzbeschreibungen - Besonderheiten, Berlin - Köln 1983.

GEITNER/CHEN 90
Geitner, U. W. und Chen, J., PPS-Marktübersicht 1990 - 121 Systeme im Vergleich, Fortschrittliche Betriebsführung/Industrial Engineering 39 (1990) 2, S. 52 ff.

GELDERS/WASSENHOVE 81
Gelders, L. F. und Wassenhove, L. N. van, Production Planning: A Review, European Journal of Operations Research 7 (1981), S. 101 ff.

GELDERS/WASSENHOVE 85
Gelders, L. F. und Wassenhove, L. N. van, Capacity Planning in MRP, JIT and OPT: A Critique, in: o. Hrsg., Production Economics: Trends and Issues, Proceedings of the 3rd International Working Seminar on Production Economics in Austria, o.O. 1985, S. 201 ff.

GOODMAN/NGUYEN 85
Goodman, I. R. und Nguyen, H. T., Uncertainty Models for Knowledge-Based Systems: A Unified Approach to the Measurement of Uncertainty, Amsterdam u. a. 1985.

GRAF 89
Graf, J.-P., Just-in-Time im Logistikkonzept, Eine Strategie verändert Unternehmensstrukturen, Logistik im Unternehmen 3 (1989) 9, S. 88 ff.

GROCHLA 83
Grochla, E. (Hrsg.), Erfolgsorientierte Materialwirtschaft durch Kennzahlen, Baden-Baden 1983.

GROSSE-OETRINGHAUS 74
Große-Oetringhaus, W. F., Fertigungstypologie unter dem Gesichtspunkt der Fertigungsablaufanpassung, Berlin 1974.

GÜNZEL 90
Günzel, U., Möglichkeiten der wissensbasierten Einstellung von Parametern bei der Erstinstallation des PPS-Modularprogramms SAP-RM am Beispiel der Materialwirtschaftsparameter in einem Unternehmen der Hausgeräte-Industrie, Diplomarbeit, Nürnberg 1990.

GUTZMANN/WYSK 96
Gutzmann, K. M. und Wysk, R. A., Capacity Control Policies for MRP Systems, International Journal of Production Research 24 (1986) 2, S. 359 ff.

HACKSTEIN 84
Hackstein, R., Produktionsplanung und -steuerung (PPS), Düsseldorf 1984.

HÄRDER/MATTOS/PUPPE 87
Härder, Th., Mattos, N. und Puppe, F., Zur Kopplung von Datenbank- und Expertensystemen, in: o. Hrsg., State of the Art 3: Expertensysteme, München 1987, S. 23 ff.

HAHN 90
Hahn, O., Unbekannte Risiken, Wirtschaftswoche 44 (1990) 43, S. 88 ff.

HANSMANN 87
Hansmann, K.-W., PC-gestützte Produktionssteuerung bei Gruppen- oder Gemischtfertigung, in: Adam, D. (Hrsg.), Neuere Entwicklungen in der Produktions- und Investitionspolitik, Wiesbaden 1987, S. 79 ff.

HARHEN 88
Harhen, J., MRP/MRP II, in: Rolstadås, A. (Hrsg.), Computer-Aided Production Management, Berlin 1988, S. 23 ff.

HAUPT 89
Haupt, R., A Survey of Priority Rule-Based Scheduling, OR Spektrum 11 (1989) 11, S. 3 ff.

HECKEL 89
Heckel, Th., Konzeption und Teilimplementierung eines Expertensystems zur Schwachstellendiagnose in der Produktion unter besonderer Berücksichtigung des PPS-Systems COPICS, Diplomarbeit, Nürnberg 1989.

HEINEMEYER 84
Heinemeyer, W., Fortschrittszahlen - ein Ansatz zur Steuerung in der Serienfertigung, in: Institut für Fabrikanlagen der Technischen Universität Hannover (IFA) (Hrsg.), Statistisch orientierte Fertigungssteuerung - Grundlagen, Systeme, Anwendungserfahrungen, Tagungsbericht, Hannover 1984, S. 98 ff.

HEINEMEYER 85
Heinemeyer, W., Just-In-Time mit Fortschrittszahlen, in: Gesellschaft für Management & Technologie (gfmt) (Hrsg.), Produktionslogistik in der Fabrik der Zukunft - Organisationskonzepte und technische Einrichtungen, München 1985, S. 306 ff.

HEINRICH 89
Heinrich, C., Das MRP II-Planungskonzept (Manufacturing Resource Planning) und dessen Realisierung mit Standard-Software, dargestellt am System R/2 der SAP AG, in: Zäpfel, G. (Hrsg.), Neuere Konzepte der Produktionsplanung und -steuerung, Linz 1989, S. 95 ff.

HEISMANN 89
Heismann, G., Therapie gegen Krebs, manager magazin 19 (1989) 10, S. 260 ff.

HELBERG 87
Helberg, P., PPS als CIM-Baustein, Berlin 1987.

HESS 83
Heß, G., Entwicklung von Meßkriterien und Auswertungsmethoden zur Analyse der Planungsergebnisse von CAPOSS-E, Diplomarbeit, Nürnberg 1983.

HILDEBRAND/WEDEL/MERTENS 90
Hildebrand, R. J. N., Wedel, Th. und Mertens, P., Zusammenarbeit mehrerer Expertensysteme mit einem großen PPS-Modularprogramm, in: Reuter, A. (Hrsg.), GI - 20. Jahrestagung II, Informatik auf dem Weg zum Anwender, Berlin u. a. 1990, S. 36 ff.

HLAVSA/GILS 89
Hlavsa, J. und Gils, A. C. E. van, Knowledge-Based Systems in Philips - A Catalogue, Eindhoven 1989.

HOFMANN 84
Hofmann, F., Betriebssysteme: Grundkonzepte und Modellvorstellungen, Stuttgart 1984.

HOITSCH 85
Hoitsch, H.-J., Produktionswirtschaft: Grundlagen einer industriellen Betriebswirtschaftslehre, München 1985.

HOLZKÄMPER 84
Holzkämper, R., Konzeption eines Kontroll- und Diagnosesystems zur Überwachung des Fertigungsablaufs, Zeitschrift für wirtschaftliche Fertigung 79 (1984) 9, S. 451 ff.

HOLZKÄMPER 85
Holzkämper, R., Voraussetzungen für die Realisierung eines Kontroll- und Diagnosesystems zur organisatorischen Fertigungsablaufüberwachung, Zeitschrift für wirtschaftliche Fertigung 80 (1985) 6, S. 238 ff.

HOLZKÄMPER 87
Holzkämper, R., Kontrolle und Diagnose des Fertigungsablaufs auf der Basis des Durchlaufdiagramms, Fortschritt-Berichte VDI, Reihe 2: Fertigungstechnik, Nr. 131, Düsseldorf 1987.

IBM 87
IBM Deutschland GmbH (Hrsg.), COPICS Belastungsorientierte Auftragsfreigabe, IBM-Form 5775-DKA, o. O. 1987.

IBM 88a
IBM (Hrsg.), Expert System Environment - Expert System Development Environment - User's Guide, IBM-Form SC38-7006-1, 2. Aufl., o. O. 1988.

IBM 88b
IBM (Hrsg.), Expert System Environment - Reference Manual, IBM-Form SC38-7004-1, 2. Aufl., o. O. 1988.

IBM 89a
IBM (Hrsg.), COPICS Shop Order Load Analysis and Reporting, User Guide and Reference Manual, IBM-Form SH19-6361-02, o. O. 1989.

IBM 89b
IBM (Hrsg.), COPICS Shop Order Load Analysis and Reporting, Operations Guide, IBM-Form SH19-6360-03, o. O. 1989.

IBM 89c
IBM (Hrsg.), COPICS Master Production Schedule Planning, User Guide and Reference Manual, IBM-Form SH30-0739-02, o. O. 1989.

IBM 90
IBM (Hrsg.), COPICS Master Production Schedule Planning, Operations Guide, IBM-Form SH30-0740-01, o. O. 1990.

IRASTORZA/DEANE 74
Irastorza, J. und Deane, R., A Loading and Balancing Methodology for Job Shop Control, AIIE Transactions 6 (1974), S. 302 ff.

JAEGER/KLEIN/KUNTZE 82
Jaeger, F., Klein, A. und Kuntze, W., Betriebliche Fertigungswirtschaft, Betriebswirtschaftliche Aspekte moderner industrieller Produktion, Stuttgart 1982.

JENDRALSKI 84
Jendralski, J., Kapazitätsterminierung zur Bestandsregelung in der Werkstattfertigung, Dissertation, Hannover 1984.

JOHN 84
John, R. St., The Evils of Lot Sizing in MRP, Production and Inventory Management 25 (1984) 4, S. 75 ff.

KAISER 84
Kaiser, D., Konzepte zur Rüstzeit- und Bestandsoptimierung, in: Wildemann, H. (Hrsg.), Computergestütztes Produktionsmanagement 2, Flexible Werkstattsteuerung durch Integration von KANBAN-Prinzipien, München 1984, S. 257 ff.

KANET/HAYYA 82
Kanet, J. J. und Hayya, J. C., Priority Dispatching with Operation Due Dates, Journal of Operations Management 2 (1982) 3, S. 167 ff.

KARMARKAR 87
Karmarkar, U. S., Lot Sizes, Lead Times and In-Process Inventories, Management Science 33 (1987) 3, S. 409 ff.

KARNI 82
Karni, R., Capacity Requirements Planning - A Systematization, International Journal of Production Research 20 (1982) 6, S. 715 ff.

KERNLER 83
Kernler, H., Die Struktur moderner PPS-Systeme, Handbuch der modernen Datenverarbeitung 20 (1983) 112, S. 3 ff.

KERNLER 89
Kernler, H., PPS - Stand und Tendenzen, Handbuch der modernen Datenverarbeitung 26 (1989) 150, S. 98 ff.

KETTNER 76
Kettner, H. (Hrsg.), Neue Wege der Bestandsanalyse im Fertigungsbereich, Fachbericht des Arbeitsausschusses Fertigungswirtschaft (AFW) der Deutschen Gesellschaft für Betriebswirtschaft (DGfB), Institut für Fabrikanlagen der Technischen Universität Hannover, Hannover 1976.

KETTNER/KREUTZFELDT 78
Kettner, H. und Kreutzfeldt, H.-F., DUBAF - eine Methodenbeschreibung zur Durchlaufzeit- und Bestandsanalyse im Fertigungsbereich, wt - Zeitschrift für industrielle Fertigung 68 (1978) 3, S. 157 ff.

KETTNER/WEGNER 79
Kettner, H. und Wegner, N., Zusammenwirken von Einplanungs- und Durchführungsstrategien bei Werkstattfertigung, Fortschrittliche Betriebsführung/Industrial Engineering 28 (1979) 2, S. 85 ff.

KING 90
King, D., Intelligent Decision Support: Strategies for Integrating Decision Support, Database Management, and Expert System Technologies, Expert Systems with Applications 1 (1990) 1, S. 23 ff.

KISTNER/SWITALSKI 89
Kistner, K.-P. und Switalski, M., Hierarchische Produktionsplanung, Zeitschrift für Betriebswirtschaft 59 (1989), S. 477 ff.

KNOLMAYER 87
Knolmayer, G., Materialflußorientierung statt Materialbestandsoptimierung: Ein Paradigmawechsel in der Theorie des Produktionsmanagements, in: Baetge, J., Lilienstern, H. R. von und Schäfer, H. (Hrsg.), Logistik - eine Aufgabe der Unternehmenspolitik, Berlin 1987, S. 53 ff.

KNOLMAYER 90
Knolmayer, G. F., A Widely Acclaimed Method of Load-Oriented Job Release and its Conceptual Deficiencies, Working Paper Nr. 21, präsentiert auf der "International Conference on Modern Production Concepts - Theory and Applications", Fernuniversität Hagen, 20. - 24. August 1990, Bern 1990.

KNOOP 86
Knoop, J., Online-Kostenrechnung für die CIM-Planung, Berlin 1986.

KOCH 91
Koch, H., Ausgewählte Weiterentwicklungen einer wissensbasierten Unternehmensanalyse für Steuerberater unter besonderer Berücksichtigung von Integrationserfordernissen, Dissertation, Nürnberg 1991.

KOTSCHENREUTHER 91
Kotschenreuther, W., Unterstützung der Störungsbewältigung in der Produktion durch Verteilte Wissensbasierte Systeme, Dissertation, Nürnberg 1991.

KRAEMER/SPANG 89
Kraemer, W. und Spang, S., Expertensysteme zum intelligenten Soll-Ist-Kostenvergleich, Handbuch der modernen Datenverarbeitung 26 (1989) 147, S. 77 ff.

KRAJEWSKI/KING/RITZMANN/WONG 87
Krajewski, L., King, B., Ritzmann, L. und Wong, D., Kanban, MRP, and Shaping the Manufacturing Environment, Management Science 33 (1987) 1, S. 39 ff.

KRAUSE 88
Krause, J., Entwicklung eines flexiblen Modellbetriebs für Simulationen mit dem PPS-Paket COPICS unter besonderer Berücksichtigung der Produktstruktur und der Materialplanung, Diplomarbeit, Nürnberg 1988.

KRAUTZIG 82
Krautzig, J., Rechnergestützte Analyse und Darstellung realer Fertigungsabläufe, Fortschrittliche Betriebsführung/Industrial Engineering 31 (1982) 3, S. 191 ff.

KRÜGER 86
Krüger, M., Termin- und bestandsorientierte Logistik unter besonderer Berücksichtigung japanischer KANBAN-Prinzipien, in: Wildemann, H. (Hrsg.), Just-in-Time-Produktion, München 1986, S. B1-1 ff.

KUHN 90
Kuhn, A., Argumente für eine neue Planungsqualität in der Logistik, Fördertechnik o. Jg. (1990) 11/12, S. 11 ff.

KURBEL/PIETSCH 88
Kurbel, K. und Pietsch, W., Projektmanagement bei einer Expertensystem-Entwicklung, Information Management 3 (1988) 1, S. 6 ff.

LAFORGE/STURR 86
LaForge, R. L. und Sturr, V. L., MRP Practices in a Random Sample of Manufacturing Firms, Production and Inventory Management 28 (1986) 3, S. 129 ff.

LEDER/TREPTOW 88
Leder, H. J. und Treptow, P., Fehler in komplexen Anlagen schnell orten, MEGA o. Jg. (1988) 2, S. 71 ff.

LÖFFELHOLZ 90
Löffelholz, F. von, Umfang und Kosten der Datenhaltung in PPS, in: Mertens, P., Wiendahl, H.-P. und Wildemann, H. (Hrsg.), PPS im Wandel, Tagungsbericht, München 1990, S. 513 ff.

LORMANN 90
Lormann, O., Schwachstellen bei der Kapazitätsauslastung und den Beständen im Expertensystem DIPSEX-P zur Diagnose des PPS-Bereiches, Diplomarbeit, Nürnberg 1990.

LUDWIG 89
Ludwig, E., Stand und Entwicklung eines Expertensystems zur Fertigungsablaufdiagnose, in: Wiendahl, H.-P. (Hrsg.), Belastungsorientierte Fertigungssteuerung, Praxis und Weiterentwicklung, Tagungsbericht, Hannover 1989, S. 189 ff.

MALUCHE 79
Maluche, C., Entwicklung eines Kennzahlensystems für den Produktionsbereich auf der Basis sekundärstatistischer Daten, Dissertation, Aachen 1979.

MAMDANI 86
Mamdani, P., Inference under Uncertainty, in: Merry, M. (Hrsg.), Expert Systems 85, Cambridge 1986, S. 178 ff.

MATHER/PLOSSL 78
Mather, H. und Plossl, G., Priority Fixation versus Throughput Planning, Production and Inventory Management 20 (1978) 3, S. 27 ff.

MERTENS 89
Mertens, P., Expertisesysteme als Variante der Expertensysteme zur Führungsinformation, Zeitschrift für betriebswirtschaftliche Forschung 41 (1989), S. 835 ff.

MERTENS 91
Mertens, P., Integrierte Informationsverarbeitung 1, Administrations- und Dispositionssysteme in der Industrie, 8., völlig neu bearbeitete und erweiterte Auflage, Wiesbaden 1991.

MERTENS/BORKOWSKI/GEIS 90
Mertens, P., Borkowski, V. und Geis, W., Betriebliche Expertensystem-Anwendungen, 2., völlig neu bearbeitete und erweiterte Auflage, Berlin u. a. 1990.

MERTENS/GRIESE 91
Mertens, P. und Griese, J., Integrierte Informationsverarbeitung 2: Planungs- und Kontrollsysteme in der Industrie, 6., völlig neu bearbeitete und erweiterte Auflage, Wiesbaden 1991.

MERTENS/HELMER/ROSE/WEDEL 89
Mertens, P., Helmer, J., Rose, H. und Wedel, Th., Ein Ansatz zu kooperierenden Expertensystemen bei der Produktionsplanung und -steuerung, in: Kurbel, K., Mertens, P. und Scheer, A.-W. (Hrsg.), Interaktive betriebswirtschaftliche Informations- und Steuerungssysteme, Berlin u.a. 1989, S. 13 ff.

MERTENS/HILDEBRAND/KOTSCHENREUTHER 89
Mertens, P., Hildebrand, R. J. N. und Kotschenreuther, W., Verteiltes wissensbasiertes Problemlösen im Fertigungsbereich, Zeitschrift für Betriebswirtschaft 59 (1989) 8, S. 839 ff.

MERTENS/STEPPAN 88
Mertens, P. und Steppan, G., Die Ausdehnung des CIM-Gedankens in den Vertrieb, CIM Management 4 (1988) 3, S. 24 ff.

MEYER 76
Meyer, C., Betriebswirtschaftliche Kennzahlen und Kennzahlensysteme, Stuttgart 1976.

MEYER/HANSEN 85
Meyer, M. und Hansen, K., Planungsverfahren des Operations Research für Informatiker, Ingenieure und Wirtschaftswissenschaftler, München 1985.

MIEBACH 90
Miebach, J., Klassifikation betriebswirtschaftlicher Schwachstellen in der Fertigung unter Berücksichtigung ausgewählter Ansätze der Produktionsplanung und -steuerung, Diplomarbeit, Nürnberg 1990.

MISSBAUER 89
Missbauer, H., Auftragsfreigabe im Rahmen dezentraler PPS-Systeme, in: Zäpfel, G. (Hrsg.), Neuere Konzepte der Produktionsplanung und -steuerung, Linz 1989, S. 61 ff.

MÜLLER-MERBACH 84
Müller-Merbach, H., Optimierungsmodelle zur Ablaufplanung, in: Kern, W. (Hrsg.), Handwörterbuch der Produktionswirtschaft, Stuttgart 1984, S. 38 ff.

NANDAKUMAR 84
Nandakumar, G., Lot-Sizing Techniques in a Multiproduct Multilevel Environment, Production and Inventory Management 25 (1984) 4, S. 46 ff.

NYHUIS 84
Nyhuis, F., Ziele bestimmen den Aufwand: Fertigungsablaufanalyse benötigt für gute Ergebnisse systematische Planung, Maschinenmarkt 90 (1984) 20, S. 442 ff.

NYHUIS 86
Nyhuis, F., PC-DUBAF - ein Baustein eines dialogorientierten Durchlaufzeitcontrolling, in: Gesellschaft für Management & Technologie (gfmt) (Hrsg.), Planen und Steuern der Produktion - Bausteine für eine computergestützte Fertigung, München 1986, S. 429 ff.

NYHUIS 89
Nyhuis, P., Einfluß der Losgröße auf das Durchlaufverhalten von Fertigungsaufträgen - Ein Denkansatz zur Verbesserung der Losgrößenbildung, in: Wiendahl, H.-P. (Hrsg.), Belastungsorientierte Fertigungssteuerung, Praxis und Weiterentwicklung, Tagungsbericht, Hannover 1989, S. 401 ff.

NYHUIS 90
Nyhuis, P., Durchlauforientierte Losbildung - ein Ansatz zur Verbesserung des Fertigungsflusses, in: Mertens, P., Wiendahl, H.-P. und Wildemann, H. (Hrsg.), PPS im Wandel, Tagungsbericht, München 1990, S. 453 ff.

OLHAGER/RAPP 85
Olhager, J. und Rapp, B., Balancing Capacity and Lot Sizes, European Journal of Operational Research 19 (1985), S. 337 ff.

O.V. 89
O. V., KPSF, Kontroll- und Planungssystem zur Fertigungssteuerung, Broschüre von Krautzig und Bechte, Unternehmensberater, Hannover 1989.

PABST 85
Pabst, H.-J., Analyse der betriebswirtschaftlichen Effizienz einer computergestützten Fertigungssteuerung mit CAPOSS-E in einem Maschinenbauunternehmen mit Einzel- und Kleinserienfertigung, Frankfurt a. M. u. a. 1985.

PACK 89
Pack, L., Gewinnmaximale oder rentabilitätsmaximale Losgröße bzw. Bestellmenge?, Zeitschrift für Betriebswirtschaft 59 (1989) 1, S. 5 ff.

PANWALKAR/ISKANDER 77
Panwalkar, S. S. und Iskander, W., A Survey of Scheduling Rules, Operations Research 25 (1977) 1, S. 45 ff.

PARUNAK 88
Parunak, H. V. D., Distributed Artificial Intelligence Systems, in: Kusiak, A. (Hrsg.), Artificial Intelligence: Implications for Computer Integrated Manufacturing, Berlin u.a 1988, S. 225 ff.

PAUL 90
Paul, G., Rechnergestütztes Fertigungs-Audit, EDV-Hilfsmittel für die Diagnose des Fertigungsablaufes und des PPS-Einsatzes, Zeitschrift für wirtschaftliche Fertigung 85 (1990) 12, S. 621 ff.

PLATTFAUT 88
Plattfaut, E., DV-Unterstützung strategischer Unternehmensplanung: Beispiele und Expertensystemansatz, Berlin u.a. 1988.

PRENTIS/KHUMAWALA 89
Prentis, E. L. und Khumawala, B. M., MRP Lot Sizing with Variable Production/Purchasing Costs: Formulation and Solution, International Journal of Production Research 27 (1989) 6, S. 965 ff.

PRIES 89
Pries, S., Konzeption des Informationstransfers zwischen drei kooperierenden Expertensystemen zur Produktionsplanung und -steuerung, Diplomarbeit, Nürnberg 1989.

PUPPE 87
Puppe, F., Diagnostik-Expertensysteme, Informatik-Spektrum 10 (1987) 10, S. 293 ff.

PUPPE 88
Puppe, F., Einführung in Expertensysteme, Berlin u. a. 1988.

PUPPE 89
Puppe, F., KI-Lexikon: Modellgestützte Diagnostik, KI 3 (1989) 3, S. 14.

RABUS 80
Rabus, H. O., Typologie zum überbetrieblichen Vergleich von Fertigungssteuerungsverfahren im Maschinenbau, Stuttgart 1980.

RAIBSTEIN 86
Raibstein, A., OPT - die Konkurrenzfähigkeit steigern, in: Gesellschaft für Management & Technologie (gfmt) (Hrsg.), Produktionslogistik in der Fabrik der Zukunft, Stuttgart 1986, S. 706 ff.

REESE 88
Reese, J., Consequences of the Organizational Structure for the Production Planning System, in: Fandel, G., Dyckhoff, H. und Reese, J. (Hrsg.), Essays on Production Theory and Planning, Heidelberg 1988, S. 3 ff.

REICHMANN/LACHNIT 76
Reichmann, T. und Lachnit, L., Planung, Steuerung und Kontrolle mit Hilfe von Kennzahlen, Zeitschrift für betriebswirtschaftliche Forschung 28 (1976), S. 705 ff.

RENNINGHOFF 87
Renninghoff, R., Kurze Durchlaufzeiten oder hohe Maschinenauslastung?, Fortschrittliche Betriebsführung/Industrial Engineering 36 (1987) 6, S. 266 ff.

ROSE 89
Rose, H., Computergestützte Störungsbewältigung beim Durchlauf von Produktionsaufträgen unter besonderer Berücksichtigung wissensbasierter Elemente, Dissertation, Nürnberg 1989.

RÜCKERT/LEDER/BODE 87
Rückert, M., Leder, H.-J. und Bode, H., Expertensysteme für die Metallindustrie, METALL 41 (1987) 4, S. 408 ff.

SACHS 78
Sachs, L., Angewandte Statistik: statistische Methoden und ihre Anwendung, Zugleich fünfte, neubearbeitete und erweiterte Auflage der "Statistischen Auswertungsmethoden" mit neuer Bibliographie, Berlin u. a. 1978.

SAGRALOFF 89
Sagraloff, T., Wissensbasierte Systeme bei Siemens in Produktion und Logistik, Siemens-Bericht, München 1989.

SCHÄFER 69/71
Schäfer, E., Der Industriebetrieb - Industriebetriebslehre auf typologischer Grundlage, Band 1 und 2, Köln 1969 und 1971.

SCHAPER 82
Schaper, M., Gesamtbetriebliche Produktivität, Zürich 1982.

SCHEUING 67
Scheuing, E. E., Unternehmensführung mit Kennzahlen, Baden-Baden 1967.

SCHOMBURG 81
Schomburg, E., Entwicklung eines betriebstypologischen Instrumentariums zur systematischen Ermittlung der Anforderungen an EDV-gestützte PPS-Systeme im Maschinenbau, Dissertation, Aachen 1981.

SCHOTT 65
Schott, G., Kennzahlen, Kompaß des Unternehmens, Stuttgart 1965.

SCHOTT 81
Schott, G., Kennzahlen - Instrument der Unternehmensführung, Stuttgart 1981.

SCHUMANN 90
Schumann, M., Nutzeffekte und Strategiebeiträge betrieblicher Informationsverarbeitung unter besonderer Berücksichtigung großintegrierter DV-Systeme, Habilitationsschrift, Nürnberg 1990.

SHORTLIFFE/BUCHANAN 75
Shortliffe, E. H. und Buchanan, G. B., A Model of Inexact Reasoning in Medicine, Mathematical Biosciences 23 (1975), S. 351 ff.

SIPPER/SHAPIRA 89
Sipper, D. und Shapira, R., JIT vs. WIP - A Trade-off Analysis, International Journal of Production Research 27 (1989) 6, S. 903 ff.

SMITH 87
Smith, S. F., A Constraint-Based Framework for Reactive Management of Factory Schedules, in: Oliff, M. D. (Hrsg.), Intelligent Manufacturing: Proceedings of the First International Conference on Expert Systems and the Leading Edge in Production and Control, Reading u. a. 1987, S. 113 ff.

SMITH/HYNYNEN 87
Smith, S. F. und Hynynen, J. E., Integrated Decentralization of Production Management: An Approach for Factory Scheduling, in: American Society of Mechanical Engineers (ASME) (Hrsg.), Proceedings 1987 Symposium on Integrated and Intelligent Manufacturing, ASME Annual Winter Conference, Boston 1987, o. S.

SPIEGELHALTER 86
Spiegelhalter, D. J., A Statistical View of Uncertainty in Expert Systems, in: Gale, W. A. (Hrsg.), Artificial Intelligence and Statistics, Reading (Ma.) u. a. 1986, S. 17 ff.

STAHL/WIEDENMANN 89
Stahl, W. und Wiedenmann, H., Die bestandsoptimierte Fabrik: Wie man Bestände verringern kann - Eine Anleitung zur Vorgehensweise, Logistik im Unternehmen 3 (1989) 10, S. 44 f.

STEINBUCH/OLFERT 84
Steinbuch, P. und Olfert, K., Fertigungswirtschaft, Kiel 1984.

STEINMANN/KLAUS 86
Steinmann, H. und Klaus, H., Einführung in die betriebswirtschaftliche Führungslehre: Der Managementprozeß (Planung, Organisation, Personalführung, Kontrolle), Nürnberg 1986.

STENGEL 87
Stengel, H., Untersuchung verschiedener Ansätze der Produktionsplanung und -steuerung im Hinblick auf die Möglichkeiten kurzfristiger Umdispositionen bei Störungen, Diplomarbeit, Erlangen 1987.

STEPPAN 90
Steppan, G., Informationsverarbeitung im industriellen Vertriebsaußendienst - Computer Aided Selling (CAS), Berlin u. a. 1990.

STREBEL 84
Strebel, H., Industriebetriebslehre, Stuttgart 1984.

SWANN 86
Swann, D., Using MRP for Optimized Schedules (Emulating OPT), Production and Inventory Management 27 (1986) 2, S. 30 ff.

TATSIOPOULOS/KINGSMAN 83
Tatsiopoulos, I. P. und Kingsman, B. G., Lead Time Management, European Journal of Operational Research 14 (1983), S. 351 ff.

TÜRKE 82
Türke, D., Das KANBAN-System aus Japan oder wie man fast lagerlos fertigt, Nürnberg 1982.

ULLMANN 89
Ullmann, W., Datenbank-orientiertes Monitorsystem als universelles Analyse-Instrument für Fertigungsabläufe, in: Wiendahl, H.-P. (Hrsg.), Belastungsorientierte Fertigungssteuerung, Praxis und Weiterentwicklungen, Tagungsbericht, Hannover 1989, S. 167 ff.

VDMA 83
Verband Deutscher Maschinen- und Anlagenbau e.V. (VDMA) (Hrsg.), Unternehmensplanung und -kontrolle mit Branchen-Kennzahlen - Unternehmenssteuerung in mittleren Firmen des Maschinen-, Anlagen- und Apparatebaus, Frankfurt a. M. 1983.

VINRICH 85
Vinrich, M., Voraussetzungen schaffen für eine erfolgreiche Auswahl und Einführung von PPS-Systemen, in: Hackstein, R. (Hrsg.), Produktionsplanungs- und -steuerungssysteme: Auswahl und Einführung in Klein- und Mittelbetriebe, Köln 1985, S. 1 ff.

VOGEL 90
Vogel, A., Implementierung einer intelligenten Checkliste zur Unterstützung externer Berater bei Schwachstellenanalysen im Fertigungssektor, Diplomarbeit, Nürnberg 1990.

VOLLMER 89
Vollmer, M., Der Komplexitäts-Komplex, Online o. Jg. (1989) 9, S. 58 ff.

WEDEL 90
Wedel, Th., Wissensbasierte dynamische Konfiguration der Parameter von Standardpaketen zur Produktionsplanung und -steuerung am Beispiel des IBM-Modularprogramms COPICS, Grundkonzept und Einstellregeln, Dissertation, Nürnberg 1990.

WEISSENFLUH 87
Weissenfluh, D. von, Überblick über Einsatzgebiete betrieblicher Expertensysteme, Arbeitsbericht Nr. 15, Institut für Wirtschaftsinformatik der Universität Bern, Bern 1987.

WIENDAHL 83
Wiendahl, H.-P., Betriebsorganisation für Ingenieure, München u. a. 1983.

WIENDAHL 87a
Wiendahl, H.-P., Trichter verknüpft CIM- und Logistik-Ansatz, Computerwoche 14 (1987) 43, S. 42 ff.

WIENDAHL 87b
Wiendahl, H.-P., Belastungsorientierte Fertigungssteuerung, Grundlagen, Verfahrensaufbau, Realisierung, München 1987.

WIENDAHL 88
Wiendahl, H.-P., Erwiderung: Probleme der belastungsorientierten Auftragsfreigabe, Zeitschrift für Betriebswirtschaft 58 (1988), S. 1224 ff.

WIENDAHL 90
Wiendahl, H.-P., Monitoring- und Diagnosesysteme als neue PPS-Komponenten, in: Mertens, P., Wiendahl, H.-P. und Wildemann, H. (Hrsg.), PPS im Wandel, Tagungsbericht, München 1990, S. 617 ff.

WIENDAHL/LUDWIG 87
Wiendahl, H.-P. und Ludwig, E., Grundlagen eines modellorientierten Expertensystems zur kurzfristigen Fertigungsablaufdiagnose, in: Wildemann, H. (Hrsg.), Expertensysteme in der Produktion, Passau 1987, S. 297 ff.

WIENDAHL/LUDWIG 90a
Wiendahl, H.-P. und Ludwig, E., Modellgestützte Diagnose von Fertigungsabläufen, Handbuch der modernen Datenverarbeitung 27 (1990) 151, S. 3 ff.

WIENDAHL/LUDWIG 90b
Wiendahl, H.-P. und Ludwig, E., Monitoring- und Diagnosesysteme als neue PPS-Komponente, in: Mertens, P., Wiendahl, H.-P. und Wildemann, H. (Hrsg.), PPS im Wandel, Tagungsbericht, München 1990, S. 617 ff.

WIENDAHL/LÜSSENHOP 85
Wiendahl, H.-P. und Lüssenhop, T., Ein neuartiges Produktionsprozeßmodell als Basis eines Expertensystems für die Fertigungssteuerung, in: Warnecke, H. J. (Hrsg.), Produktionsplanung, Produktionssteuerung in der CIM-Realisierung, Berlin u.a. 1985, S. 433 ff.

WIENDAHL/WALENDA 88
Wiendahl, H.-P. und Walenda, H., Wissensbasierte Nutzungssteigerung flexibler Montageanlagen in Planung und Betrieb, in: Mertens, P., Wiendahl, H.-P. und Wildemann, H. (Hrsg.), CIM-Komponenten zur Planung und Steuerung, München 1988, S. 97 ff.

WIENDAHL/WALENDA/MAYER 88
Wiendahl, H.-P., Walenda, H. und Mayer, C., Diagnose des Betriebsverhaltens verketteter automatischer Montageanlagen auf der Basis eines Expertensystems, Zeitschrift für wirtschaftliche Fertigung 83 (1988) 1, S. 40 ff.

WIENDAHL/WEDEMEYER 90
Wiendahl, H.-P. und Wedemeyer, H.-G. von, Das Dilemma der Fertigungssteuerung: Ein altes Problem neu betrachtet, Zeitschrift für Betriebswirtschaft 60 (1990) 4, S. 407 ff.

WILDEMANN 87a
Wildemann, H., Auftragsabwicklung in einer computergestützten Fertigung, Zeitschrift für Betriebswirtschaft 57 (1987) 1, S. 6 ff.

WILDEMANN 87b
Wildemann, H., Logistische Kette - durch neue Steuerungsprinzipien optimiert, IBM Nachrichten 37 (1987) 291, S. 17 ff.

WILDEMANN 88
Wildemann, H., Die modulare Fabrik: Kundennahe Produktion durch Fertigungssegmentierung, München 1988.

WILDEMANN 89a
Wildemann, H., PPS als Erfolgsfaktor für eine kundennahe Produktion, in: Wiendahl, H.-P. (Hrsg.), Belastungsorientierte Fertigungssteuerung, Praxis und Weiterentwicklung, Tagungsbericht, Hannover 1989, S. 7 ff.

WILDEMANN 89b
Wildemann, H., Fabrikorganisation: Kundennahe Produktion durch Fertigungssegmentierung, Zeitschrift für Betriebswirtschaft 59 (1989) 1, S. 27 ff.

WILDEMANN 90
Wildemann, H., Kundennähe durch Just-in-Time in Konstruktion, Produktion und Beschaffung, Office Management 38 (1990) 1/2, S. 14 ff.

ZAJONC 76
Zajonc, H., Bestimmungsfaktoren des EDV-Einsatzes, Meisenheim 1976.

ZÄPFEL 82
Zäpfel, G., Produktionswirtschaft: Operatives Produktions-Management, Berlin 1982.

ZÄPFEL 89
Zäpfel, G., Dezentrale PPS-Systeme - Konzepte und theoretische Fundierung, in: Zäpfel, G. (Hrsg.), Neuere Konzepte der Produktionsplanung und -steuerung, Linz 1989, S. 29 ff.

ZÄPFEL/MISSBAUER 87a
Zäpfel, G. und Missbauer, H., Produktionsplanung und -steuerung für die Fertigungsindustrie - ein Systemvergleich, Zeitschrift für Betriebswirtschaft 57 (1987) 9, S. 882 ff.

ZÄPFEL/MISSBAUER 87b
Zäpfel, G. und Missbauer, H., PPS-Systeme mit Bestandsregelung zur Senkung von Durchlaufzeiten und Beständen, Information Management 2 (1987) 1, S. 65 ff.

ZÄPFEL/MISSBAUER 88
Zäpfel, G. und Missbauer, H., Bestandskontrollierte Produktionsplanung und -steuerung, in: Adam, D. (Hrsg.), Fertigungssteuerung I, Grundlagen der Produktionsplanung und -steuerung, Wiesbaden 1988, S. 23 ff.

ZELEWSKI 89
Zelewski, S., Expertensysteme zur Diagnose von technischen Anlagesystemen, Handbuch der modernen Datenverarbeitung 26 (1989) 147, S. 63 ff.

ZIMMERMANN 84a
Zimmermann, G., Quantifizierung der Bestimmungsfaktoren von Durchlaufzeiten und Werkstattbeständen, Zeitschrift für Betriebswirtschaft 54 (1984) 10, S. 1016 ff.

ZIMMERMANN 84b
Zimmermann, G., Ursachen, Möglichkeiten und Grenzen der Reduktion von Beständen durch Anwendung von KANBAN-Prinzipien, in: Wildemann, H. (Hrsg.), Computergestütztes Produktionsmanagement 2, Flexible Werkstattsteuerung durch Integration von KANBAN-Prinzipien, München 1984, S. 267 ff.

ZIMMERMANN 87
Zimmermann, G., PPS-Methoden auf dem Prüfstand - was leisten sie, wann versagen sie?, Landsberg/Lech 1987.

ZIMMERMANN 89
Zimmermann, G., Neue Ansätze zur Strukturierung von PPS-Systemen, Fortschrittliche Betriebsführung/Industrial Engineering 38 (1989) 2, S. 72 ff.

ZVEI 71
Betriebswirtschaftlicher Ausschuß des Zentralverbandes der Elektrotechnischen Industrie e.V. (Hrsg.), ZVEI-Kennzahlensystem, Ein Instrument zur Unternehmenssteuerung, Frankfurt a. M. 1971.

Batch number: 10815974

Printed by Printforce, the Netherlands